RAPHAEL'S ASTRONOMICAL
# Ephemeris of the Planet's Places
### for 2006

# A Complete Aspectarian
**Mean Obliquity of the Ecliptic, 2006, 23° 26′ 18″**

## INTRODUCTION

*Greenwich Mean Time (G.M.T.) has been used as the basis for all tabulations and times. The tabular data are for Greenwich Mean Time 12h., except for the Moon tabulations headed 24h. All phenomena and aspect times are now in G.M.T. To obtain Local Mean Time of aspect, add the time equivalent of the longitude if East and subtract if West.*

*Both in the Aspectarian and the Phenomena the 24-hour clock replaces the old a.m./p.m. system.*

**The zodiacal sign entries are now incorporated in the Aspectarian as well as being given in a separate table.**

### BRITISH SUMMER TIME

*British Summer Time* begins on March 26 and ends on October 29. When *British Summer Time* (one hour in advance of G.M.T.) is used, subtract one hour from B.S.T. before entering this Ephemeris.
These dates are believed to be correct at the time of printing.

T0347598

ted in Great Britain

© Strathearn Publishing Ltd. 2005

ISBN 0-572-03065-7

*Published by*
## LONDON: W. FOULSHAM & CO. LTD.
**BENNETTS CLOSE, SLOUGH, BERKS. ENGLAND**
NEW YORK   TORONTO   CAPE TOWN   SYDNEY

| 2 | | | | | | JANUARY | 2006 | | | [ RAPHAEL'S |

| D | D | Sidereal | ☉ | ☉ | ☽ | ☽ | ☽ | ☽ | | 24h. | |
|---|---|---|---|---|---|---|---|---|---|---|---|
| M | W | Time | Long. | Dec. | Long. | Lat. | Dec. | Node | | ☽ Long. | ☽ Dec. |

| | | h m s | ° ′ ″ | ° ′ | ° ′ ″ | ° ′ | ° ′ | ° ′ | | ° ′ ″ | ° ′ |
| 1 | Su | 18 44 00 | 10♉55 52 | 22 S 59 | 29♉51 03 | 4 S 40 | 24 S 45 | 8 ♈ 58 | 7 ≈ 18 48 | 22 S 41 |
| 2 | M | 18 47 56 | 11 57 03 | 22 54 | 14≈45 47 | 4 03 | 20 16 | 8 55 | 22 10 56 | 17 33 |
| 3 | T | 18 51 53 | 12 58 13 | 22 49 | 29 33 23 | 3 09 | 14 35 | 8 52 | 6 ✕ 52 21 | 11 26 |
| 4 | W | 18 55 50 | 13 59 23 | 22 42 | 14✕07 17 | 2 04 | 8 09 | 8 49 | 21 17 46 | 4 S 49 |
| 5 | Th | 18 59 46 | 15 00 33 | 22 36 | 28 23 34 | 0 S 52 | 1 S 26 | 8 45 | 5 ♈ 24 34 | 1 N55 |

| 6 | F | 19 03 43 | 16 01 43 | 22 29 | 12 ♈ 20 47 | 0 N21 | 5 N12 | 8 42 | 19 12 20 | 8 24 |
| 7 | S | 19 07 39 | 17 02 52 | 22 21 | 25 59 25 | 1 32 | 11 28 | 8 39 | 2 ♉ 42 16 | 14 22 |
| 8 | Su | 19 11 36 | 18 04 00 | 22 13 | 9 ♉ 21 08 | 2 36 | 17 05 | 8 36 | 15 56 16 | 19 33 |
| 9 | M | 19 15 32 | 19 05 08 | 22 05 | 22 27 57 | 3 31 | 21 47 | 8 33 | 28 56 24 | 23 43 |
| 10 | T | 19 19 29 | 20 06 16 | 21 56 | 5 ♊ 21 49 | 4 13 | 25 21 | 8 30 | 11 ♊ 44 24 | 26 39 |

| 11 | W | 19 23 25 | 21 07 24 | 21 47 | 18 04 17 | 4 43 | 27 36 | 8 26 | 24 21 34 | 28 11 |
| 12 | Th | 19 27 22 | 22 08 30 | 21 37 | 0♋36 22 | 4 58 | 28 25 | 8 23 | 6 ♋ 48 44 | 28 16 |
| 13 | F | 19 31 19 | 23 09 37 | 21 27 | 12 58 45 | 4 59 | 27 46 | 8 20 | 19 06 26 | 26 56 |
| 14 | S | 19 35 15 | 24 10 43 | 21 17 | 25 11 54 | 4 46 | 25 47 | 8 17 | 1 ♌ 15 12 | 24 21 |
| 15 | Su | 19 39 12 | 25 11 48 | 21 06 | 7 ♌16 28 | 4 20 | 22 39 | 8 14 | 13 15 49 | 20 43 |

| 16 | M | 19 43 08 | 26 12 53 | 20 55 | 19 13 28 | 3 43 | 18 36 | 8 11 | 25 09 39 | 16 17 |
| 17 | T | 19 47 05 | 27 13 58 | 20 43 | 1♍04 37 | 2 57 | 13 51 | 8 07 | 6 ♍ 58 44 | 11 17 |
| 18 | W | 19 51 01 | 28 15 02 | 20 31 | 12 52 23 | 2 03 | 8 37 | 8 04 | 18 46 00 | 5 53 |
| 19 | Th | 19 54 58 | 29♍16 06 | 20 18 | 24 40 05 | 1 N03 | 3 N05 | 8 01 | 0 ♎ 35 10 | 0 N15 |
| 20 | F | 19 58 54 | 0 ≈17 10 | 20 05 | 6♎31 50 | 0 00 | 2 S 35 | 7 58 | 12 30 44 | 5 S 26 |

| 21 | S | 20 02 51 | 1 18 13 | 19 52 | 18 32 28 | 1 S 03 | 8 15 | 7 55 | 24 37 45 | 11 01 |
| 22 | Su | 20 06 48 | 2 19 15 | 19 39 | 0♏47 14 | 2 05 | 13 42 | 7 51 | 7 ♏ 01 35 | 16 18 |
| 23 | M | 20 10 44 | 3 20 18 | 19 25 | 13 21 28 | 3 03 | 18 46 | 7 48 | 19 47 29 | 21 03 |
| 24 | T | 20 14 41 | 4 21 20 | 19 10 | 26 20 08 | 3 53 | 23 07 | 7 45 | 2 ♐ 59 53 | 24 55 |
| 25 | W | 20 18 37 | 5 22 21 | 18 56 | 9 ♐47 02 | 4 33 | 26 25 | 7 42 | 16 41 43 | 27 32 |

| 26 | Th | 20 22 34 | 6 23 22 | 18 41 | 23 43 55 | 4 57 | 28 15 | 7 39 | 0 ♐ 53 25 | 28 30 |
| 27 | F | 20 26 30 | 7 24 22 | 18 25 | 8 ♑09 45 | 5 04 | 28 15 | 7 36 | 15 32 14 | 27 31 |
| 28 | S | 20 30 27 | 8 25 22 | 18 10 | 22 59 58 | 4 52 | 26 16 | 7 32 | 0 ≈ 31 54 | 24 33 |
| 29 | Su | 20 34 23 | 9 26 21 | 17 54 | 8 ≈06 47 | 4 18 | 22 24 | 7 29 | 15 43 17 | 19 51 |
| 30 | M | 20 38 20 | 10 27 18 | 17 37 | 23 20 20 | 3 27 | 16 59 | 7 26 | 0 ✕ 55 44 | 13 52 |
| 31 | T | 20 42 17 | 11 ≈28 15 | 17 S 21 | 8 ✕29 07 | 2 S 20 | 10 S 33 | 7 ♈ 23 | 15 ✕ 59 04 | 7 S 07 |

| D | | Mercury | | Venus | | Mars | | | Jupiter | |
|---|---|---|---|---|---|---|---|---|---|---|
| M | Lat. | | Dec. | Lat. | | Dec. | Lat. | | Dec. | Lat. | Dec. |

| | ° | ° ° | | ° | ° | ° | ° | ° ° | | ° | ° |
| 1 | 0 S 13 | 23 S 37 | 23 S 46 | 2 N 27 | 17 S 44 | 17 S 33 | 1 N 33 | 16 N40 | 16 N 45 | 1 N 06 | 14 S 49 |
| 3 | 0 27 | 23 54 | 24 00 | 2 58 | 17 22 | 17 12 | 1 35 | 16 51 | 16 57 | 1 06 | 14 54 |
| 5 | 0 41 | 24 06 | 24 10 | 3 30 | 17 02 | 16 53 | 1 36 | 17 03 | 17 09 | 1 06 | 14 59 |
| 7 | 0 53 | 24 13 | 24 14 | 4 00 | 16 44 | 16 35 | 1 38 | 17 15 | 17 21 | 1 07 | 15 05 |
| 9 | 1 05 | 24 15 | 24 14 | 4 30 | 16 27 | 16 20 | 1 39 | 17 27 | 17 33 | 1 07 | 15 09 |

| 11 | 1 16 | 24 11 | 24 08 | 4 58 | 16 12 | 16 05 | 1 40 | 17 40 | 17 46 | 1 07 | 15 14 |
| 13 | 1 26 | 24 03 | 23 56 | 5 25 | 15 59 | 15 53 | 1 41 | 17 53 | 17 59 | 1 07 | 15 19 |
| 15 | 1 35 | 23 48 | 23 39 | 5 48 | 15 48 | 15 43 | 1 42 | 18 06 | 18 13 | 1 08 | 15 23 |
| 17 | 1 44 | 23 28 | 23 16 | 6 09 | 15 38 | 15 34 | 1 43 | 18 19 | 18 26 | 1 08 | 15 28 |
| 19 | 1 50 | 23 02 | 22 47 | 6 27 | 15 31 | 15 28 | 1 44 | 18 33 | 18 40 | 1 08 | 15 32 |

| 21 | 1 56 | 22 31 | 22 13 | 6 41 | 15 25 | 15 23 | 1 44 | 18 47 | 18 54 | 1 08 | 15 36 |
| 23 | 2 01 | 21 53 | 21 32 | 6 52 | 15 22 | 15 21 | 1 45 | 19 01 | 19 08 | 1 09 | 15 39 |
| 25 | 2 04 | 21 09 | 20 45 | 7 00 | 15 20 | 15 20 | 1 45 | 19 15 | 19 22 | 1 09 | 15 43 |
| 27 | 2 05 | 20 20 | 19 52 | 7 05 | 15 20 | 15 20 | 1 46 | 19 29 | 19 36 | 1 09 | 15 46 |
| 29 | 2 05 | 19 24 | 18 S 54 | 7 07 | 15 21 | 15 22 | 1 46 | 19 43 | 19 N 50 | 1 10 | 15 49 |
| 31 | 2 S 03 | 18 S 22 | | 7 N 07 | 15 S 23 | 15 S 22 | 1 N 47 | 19 N57 | | 1 N 10 | 15 S 52 |

FULL MOON–Jan.14,09h.48m. (24°♋05′)

| EPHEMERIS ] | | | | JANUARY 2006 | | | | | | | | | | | | | | 3 |
|---|---|---|---|---|---|---|---|---|---|---|---|---|---|---|---|---|---|---|
| D | ☿ | ♀ | ♂ | ♃ | ♄ | ♅ | ♆ | ♇ | Lunar Aspects | | | | | | | | | |
| M | Long. | Long. | Long. | Long. | Long. | Long. | Long. | Long. | ☉ | ☿ | ♀ | ♂ | ♃ | ♄ | ♅ | ♆ | ♇ |
| | ° ′ | ° ′ | ° ′ | ° ′ | ° ′ | ° ′ | ° ′ | ° ′ | | | | | | | | | |
| 1 | 26♐24 | 0♒07 | 11♉12 | 13♏23 | 9♌53 | 7♓44 | 16♒00 | 24♐54 | | ⚺ | ☌ | | | | ∠ | | ⚺ |
| 2 | 27 54 | 29♑46 | 11 27 | 13 32 | 9R 49 | 7 47 | 16 02 | 24 57 | ⚺ | ∠ | | □ | □ | ☍ | ⚺ | ☌ | ∠ |
| 3 | 29♐24 | 29R 23 | 11 43 | 13 42 | 9 45 | 7 49 | 16 04 | 24 59 | ∠ | ⚹ | ⚺ | | | | | | ⚹ |
| 4 | 0♑55 | 28 57 | 11 59 | 13 51 | 9 41 | 7 51 | 16 06 | 25 01 | ⚹ | | ∠ | ⚹ | △ | | ☌ | ⚺ | |
| 5 | 2 26 | 28 30 | 12 16 | 14 01 | 9 37 | 7 54 | 16 08 | 25 03 | | □ | ⚹ | ∠ | ⚼ | ⚼ | | ∠ | □ |
| 6 | 3 58 | 28 00 | 12 33 | 14 10 | 9 33 | 7 56 | 16 10 | 25 05 | □ | | | ⚺ | | △ | ⚺ | ⚹ | |
| 7 | 5 30 | 27 29 | 12 51 | 14 19 | 9 28 | 7 58 | 16 12 | 25 07 | | | □ | | | | ∠ | | △ |
| 8 | 7 02 | 26 57 | 13 09 | 14 28 | 9 24 | 8 01 | 16 14 | 25 09 | | △ | | ☌ | ☍ | □ | ⚹ | | ⚼ |
| 9 | 8 35 | 26 23 | 13 28 | 14 36 | 9 20 | 8 03 | 16 16 | 25 12 | △ | ⚼ | △ | | | | | □ | |
| 10 | 10 08 | 25 48 | 13 47 | 14 45 | 9 15 | 8 06 | 16 18 | 25 14 | ⚼ | | ⚼ | | | ⚹ | □ | | |
| 11 | 11 42 | 25 12 | 14 06 | 14 54 | 9 11 | 8 08 | 16 20 | 25 16 | | | | ⚺ | | ∠ | | △ | |
| 12 | 13 16 | 24 35 | 14 26 | 15 02 | 9 06 | 8 11 | 16 22 | 25 18 | | | | ∠ | ⚼ | | | ⚼ | ☍ |
| 13 | 14 50 | 23 59 | 14 46 | 15 10 | 9 02 | 8 14 | 16 24 | 25 20 | | ☍ | | ⚹ | △ | ⚺ | △ | | |
| 14 | 16 25 | 23 22 | 15 07 | 15 19 | 8 57 | 8 16 | 16 26 | 25 22 | ☍ | | ☍ | | | | ⚼ | | |
| 15 | 18 01 | 22 45 | 15 28 | 15 27 | 8 52 | 8 19 | 16 28 | 25 24 | | | | | | ☌ | | | ⚼ |
| 16 | 19 37 | 22 08 | 15 49 | 15 35 | 8 47 | 8 22 | 16 31 | 25 26 | | | | □ | □ | | | ☍ | |
| 17 | 21 13 | 21 33 | 16 11 | 15 42 | 8 43 | 8 25 | 16 33 | 25 28 | | | ⚼ | | | | | | △ |
| 18 | 22 50 | 20 58 | 16 33 | 15 50 | 8 38 | 8 27 | 16 35 | 25 30 | ⚼ | ⚼ | | △ | ⚹ | ⚺ | ☍ | | |
| 19 | 24 28 | 20 24 | 16 56 | 15 58 | 8 33 | 8 30 | 16 37 | 25 32 | △ | △ | △ | | | ∠ | | | □ |
| 20 | 26 06 | 19 52 | 17 19 | 16 05 | 8 28 | 8 33 | 16 39 | 25 34 | | | | ⚼ | ∠ | ⚹ | | ⚼ | |
| 21 | 27 45 | 19 22 | 17 42 | 16 12 | 8 23 | 8 36 | 16 42 | 25 36 | | | □ | | ⚺ | | ⚼ | △ | |
| 22 | 29♑24 | 18 53 | 18 05 | 16 19 | 8 19 | 8 39 | 16 44 | 25 38 | □ | □ | | | | | | | ⚹ |
| 23 | 1♒04 | 18 26 | 18 29 | 16 26 | 8 14 | 8 42 | 16 46 | 25 39 | | | ⚹ | ☍ | ☌ | □ | △ | □ | ∠ |
| 24 | 2 44 | 18 01 | 18 53 | 16 33 | 8 09 | 8 45 | 16 48 | 25 41 | | | ∠ | | | | | | ⚺ |
| 25 | 4 25 | 17 38 | 19 18 | 16 40 | 8 04 | 8 48 | 16 50 | 25 43 | ⚹ | ⚹ | | | | △ | □ | | |
| 26 | 6 07 | 17 18 | 19 42 | 16 46 | 7 59 | 8 51 | 16 53 | 25 45 | ∠ | ∠ | ⚺ | | ⚺ | ⚼ | | ⚹ | ☌ |
| 27 | 7 49 | 17 00 | 20 07 | 16 53 | 7 54 | 8 54 | 16 55 | 25 47 | ⚺ | ⚺ | | ⚼ | ∠ | | ⚹ | ∠ | |
| 28 | 9 32 | 16 44 | 20 33 | 16 59 | 7 49 | 8 57 | 16 57 | 25 49 | | | ☌ | △ | ⚹ | | ∠ | ⚺ | ⚺ |
| 29 | 11 16 | 16 31 | 20 58 | 17 05 | 7 44 | 9 00 | 17 00 | 25 50 | ☌ | ☌ | | | | ☍ | ⚺ | | ∠ |
| 30 | 13 00 | 16 20 | 21 24 | 17 11 | 7 39 | 9 03 | 17 02 | 25 52 | | | ⚺ | □ | □ | | | ☌ | ⚹ |
| 31 | 14♒45 | 16♑11 | 21♉50 | 17♏17 | 7♌34 | 9♓06 | 17♒04 | 25♐54 | ⚺ | ⚺ | ∠ | | | | ☌ | | |

| D | Saturn | | Uranus | | Neptune | | Pluto | |
|---|---|---|---|---|---|---|---|---|
| M | Lat. | Dec. | Lat. | Dec. | Lat. | Dec. | Lat. | Dec. |
| | ° ′ | ° ′ | ° ′ | ° ′ | ° ′ | ° ′ | ° ′ | ° ′ |
| 1 | 0N38 | 18N23 | 0S45 | 9S22 | 0S09 | 16S12 | 7N28 | 15S53 |
| 3 | 0 38 | 18 25 | 0 45 | 9 20 | 0 09 | 16 10 | 7 28 | 15 53 |
| 5 | 0 38 | 18 28 | 0 45 | 9 18 | 0 09 | 16 09 | 7 28 | 15 53 |
| 7 | 0 39 | 18 30 | 0 45 | 9 16 | 0 09 | 16 08 | 7 28 | 15 54 |
| 9 | 0 39 | 18 33 | 0 45 | 9 15 | 0 09 | 16 07 | 7 28 | 15 54 |
| 11 | 0 39 | 18 35 | 0 45 | 9 13 | 0 10 | 16 06 | 7 28 | 15 54 |
| 13 | 0 39 | 18 38 | 0 45 | 9 11 | 0 10 | 16 04 | 7 28 | 15 54 |
| 15 | 0 40 | 18 41 | 0 45 | 9 08 | 0 10 | 16 03 | 7 28 | 15 54 |
| 17 | 0 40 | 18 43 | 0 45 | 9 06 | 0 10 | 16 02 | 7 28 | 15 54 |
| 19 | 0 40 | 18 46 | 0 45 | 9 04 | 0 10 | 16 01 | 7 28 | 15 54 |
| 21 | 0 40 | 18 49 | 0 45 | 9 02 | 0 10 | 15 59 | 7 28 | 15 54 |
| 23 | 0 40 | 18 52 | 0 44 | 9 00 | 0 10 | 15 58 | 7 28 | 15 54 |
| 25 | 0 41 | 18 54 | 0 44 | 8 58 | 0 10 | 15 57 | 7 28 | 15 54 |
| 27 | 0 41 | 18 57 | 0 44 | 8 55 | 0 10 | 15 55 | 7 28 | 15 54 |
| 29 | 0 41 | 19 00 | 0 44 | 8 53 | 0 10 | 15 54 | 7 28 | 15 54 |
| 31 | 0N41 | 19N03 | 0S44 | 8S50 | 0S10 | 15S53 | 7N29 | 15S54 |

**Mutual Aspects**

1 ☉△♂. ☿⚼♂. ☿Q♅. ♄⚼♇.
2 ☿∠♃. 3 ☿⚺♀.
4 ☉⚹♃. ☿∠♆.
5 ♀#♂.
6 ☉⚺♆. ☿±♄.
9 ☿∇♄. ☿⚹♅. ♀Q♃.
10 ☿⊥♆. 11 ♀⚺♇.
12 ♀∥♆.
13 ☉☌♀. ☉∠♅. ☿△♂. ☿⚹♃.
14 ☿⚺♆. ♀∠♅. ♀∥♇.
15 ☉⚺♇. ♂☍♃.
17 ☿☌♀.
18 ☉Q♃. ☿∠♅. ♂□♆.
19 ♄∇♅. ♀∥♃.
20 ☿⚺♇.
21 ☉⊥♇. ☿Q♃. ♂∥♄.
22 ☉⊥♅.
23 ☿⊥♇. ♀△♂.
24 ☿⊥♅. ☉#♂.
25 ☉#♄.
26 ☉☌☿. ♂±♇.
27 ☉☍♄. ☿☍♄. ♀⚹♃. ♀⚺♆.
28 ☿⚺♅. ♃□♆. ☿#♂. ♆∥♇.
29 ☉⚺♅. ☿∠♇. ♂Q♅.
30 ☉∠♇. ☿#♄.
31 ♃∥♆.

LAST QUARTER–Jan.22,15h.14m. ( 2°♍27′)

NEW MOON–Feb.28,00h.31m. ( 9°♓16′)

| D | D | Sidereal | ☉ | ☉ | ☽ | ☽ | ☽ | ☽ | 24h. | |
|---|---|---|---|---|---|---|---|---|---|---|
| M | W | Time | Long. | Dec. | Long. | Lat. | Dec. | Node | ☽ Long. | ☽ Dec. |
| | | h m s | ° ′ ″ | ° ′ | ° ′ ″ | ° ′ | ° ′ | ° ′ | ° ′ | ° ′ |
| 1 | W | 20 46 13 | 12≈29 10 | 17 S 04 | 23 ♓ 24 38 | 1 S 05 | 3 S 37 | 7 ♈ 20 | 0 ♈ 45 06 | 0 S 06 |
| 2 | Th | 20 50 10 | 13 30 04 | 16 46 | 7 ♈ 59 55 | 0 N13 | 3 N22 | 7 17 | 15 08 43 | 6 N45 |
| 3 | F | 20 54 06 | 14 30 57 | 16 29 | 22 11 20 | 1 28 | 10 00 | 7 13 | 29 07 45 | 13 05 |
| 4 | S | 20 58 03 | 15 31 49 | 16 11 | 5 ♉ 58 06 | 2 36 | 15 58 | 7 10 | 12 ♉ 42 34 | 18 36 |
| 5 | Su | 21 01 59 | 16 32 39 | 15 53 | 19 21 29 | 3 33 | 20 59 | 7 07 | 25 55 11 | 23 05 |
| 6 | M | 21 05 56 | 17 33 27 | 15 34 | 2 ♊ 24 02 | 4 18 | 24 51 | 7 04 | 8 ♊ 48 28 | 26 18 |
| 7 | T | 21 09 52 | 18 34 14 | 15 16 | 15 08 50 | 4 49 | 27 24 | 7 01 | 21 25 34 | 28 08 |
| 8 | W | 21 13 49 | 19 35 00 | 14 57 | 27 39 00 | 5 05 | 28 30 | 6 57 | 3 ♋ 49 29 | 28 31 |
| 9 | Th | 21 17 46 | 20 35 44 | 14 38 | 9 ♋ 57 20 | 5 07 | 28 10 | 6 54 | 16 02 50 | 27 29 |
| 10 | F | 21 21 42 | 21 36 27 | 14 18 | 22 06 15 | 4 55 | 26 29 | 6 51 | 28 07 49 | 25 10 |
| 11 | S | 21 25 39 | 22 37 08 | 13 59 | 4 ♌ 07 44 | 4 30 | 23 36 | 6 48 | 10 ♌ 06 14 | 21 46 |
| 12 | Su | 21 29 35 | 23 37 48 | 13 39 | 16 03 30 | 3 53 | 19 44 | 6 45 | 21 59 43 | 17 30 |
| 13 | M | 21 33 32 | 24 38 26 | 13 19 | 27 55 06 | 3 06 | 15 07 | 6 42 | 3 ♍ 49 51 | 12 35 |
| 14 | T | 21 37 28 | 25 39 03 | 12 58 | 9 ♍ 44 12 | 2 12 | 9 57 | 6 38 | 15 38 24 | 7 14 |
| 15 | W | 21 41 25 | 26 39 38 | 12 38 | 21 32 45 | 1 11 | 4 N26 | 6 35 | 27 27 34 | 1 N37 |
| 16 | Th | 21 45 21 | 27 40 12 | 12 17 | 3 ♎ 23 11 | 0 N07 | 1 S 14 | 6 32 | 9 ♎ 20 00 | 4 S 05 |
| 17 | F | 21 49 18 | 28 40 45 | 11 56 | 15 18 27 | 0 S 58 | 6 55 | 6 29 | 21 18 58 | 9 42 |
| 18 | S | 21 53 15 | 29≈41 17 | 11 35 | 27 22 04 | 2 01 | 12 25 | 6 26 | 3 ♏ 28 17 | 15 02 |
| 19 | Su | 21 57 11 | 0 ♓41 47 | 11 14 | 9 ♏ 38 08 | 2 59 | 17 32 | 6 23 | 15 52 11 | 19 53 |
| 20 | M | 22 01 08 | 1 42 16 | 10 52 | 22 10 59 | 3 51 | 22 02 | 6 19 | 28 35 05 | 23 57 |
| 21 | T | 22 05 04 | 2 43 10 | 10 31 | 5 ♐ 04 59 | 4 32 | 25 37 | 6 16 | 11 ♐ 41 08 | 26 57 |
| 22 | W | 22 09 01 | 3 43 10 | 10 09 | 18 23 56 | 5 01 | 27 56 | 6 13 | 25 13 39 | 28 30 |
| 23 | Th | 22 12 57 | 4 43 35 | 9 47 | 2 ♑ 10 25 | 5 13 | 28 38 | 6 10 | 9 ♑ 14 15 | 28 19 |
| 24 | F | 22 16 54 | 5 43 59 | 9 25 | 16 24 58 | 5 07 | 27 30 | 6 07 | 23 42 10 | 26 13 |
| 25 | S | 22 20 50 | 6 44 21 | 9 02 | 1 ≈ 05 19 | 4 41 | 24 29 | 6 03 | 8 ≈ 33 36 | 22 18 |
| 26 | Su | 22 24 47 | 7 44 42 | 8 40 | 16 06 04 | 3 55 | 19 45 | 6 00 | 23 41 37 | 16 51 |
| 27 | M | 22 28 44 | 8 45 01 | 8 17 | 1 ♓ 18 59 | 2 52 | 13 41 | 5 57 | 8 ♓ 56 54 | 10 19 |
| 28 | T | 22 32 40 | 9 ♓45 19 | 7 S 55 | 16 ♓ 34 02 | 1 S 37 | 6 S 47 | 5 ♈ 54 | 24 ♓ 09 08 | 3 S 11 |

| D | Mercury | | | Venus | | | Mars | | | Jupiter | | |
|---|---|---|---|---|---|---|---|---|---|---|---|---|
| M | Lat. | Dec. | | Lat. | Dec. | | Lat. | Dec. | | Lat. | Dec. | |
| | ° ′ | ° ′ | ° ′ | ° ′ | ° ′ | ° ′ | ° ′ | ° ′ | ° ′ | ° ′ | ° ′ | |
| 1 | 2 S 01 | 17 S 49 | 17 S 14 | 7 N 06 | 15 S 25 | 15 S 27 | 1 N 47 | 20 N04 | 20 N 11 | 1 N 10 | 15 S 54 | |
| 3 | 1 56 | 16 38 | 16 00 | 7 02 | 15 29 | 15 32 | 1 47 | 20 18 | 20 25 | 1 10 | 15 57 | |
| 5 | 1 49 | 15 21 | 14 41 | 6 57 | 15 34 | 15 37 | 1 47 | 20 32 | 20 38 | 1 11 | 15 59 | |
| 7 | 1 39 | 13 59 | 13 17 | 6 50 | 15 40 | 15 43 | 1 48 | 20 45 | 20 52 | 1 11 | 16 01 | |
| 9 | 1 27 | 12 33 | 11 47 | 6 41 | 15 46 | 15 49 | 1 48 | 20 59 | 21 06 | 1 11 | 16 04 | |
| 11 | 1 12 | 11 01 | 10 14 | 6 31 | 15 51 | 15 54 | 1 48 | 21 12 | 21 19 | 1 12 | 16 05 | |
| 13 | 0 54 | 9 27 | 8 39 | 6 20 | 15 57 | 16 00 | 1 48 | 21 26 | 21 32 | 1 12 | 16 07 | |
| 15 | 0 34 | 7 50 | 7 02 | 6 09 | 16 03 | 16 05 | 1 48 | 21 39 | 21 45 | 1 12 | 16 09 | |
| 17 | 0 S 10 | 6 14 | 5 26 | 5 56 | 16 08 | 16 10 | 1 48 | 21 52 | 21 58 | 1 13 | 16 10 | |
| 19 | 0 N15 | 4 39 | 3 53 | 5 43 | 16 12 | 16 14 | 1 48 | 22 04 | 22 11 | 1 13 | 16 11 | |
| 21 | 0 43 | 3 08 | 2 26 | 5 30 | 16 15 | 16 16 | 1 48 | 22 17 | 22 23 | 1 14 | 16 12 | |
| 23 | 1 12 | 1 45 | 1 08 | 5 16 | 16 17 | 16 18 | 1 48 | 22 29 | 22 35 | 1 14 | 16 13 | |
| 25 | 1 42 | 0 S 33 | 0 S 01 | 5 02 | 16 18 | 16 19 | 1 48 | 22 41 | 22 46 | 1 14 | 16 13 | |
| 27 | 2 12 | 0 N26 | 0 N 50 | 4 48 | 16 18 | 16 18 | 1 48 | 22 52 | 22 58 | 1 15 | 16 14 | |
| 29 | 2 39 | 1 09 | 1 N 24 | 4 33 | 16 17 | 16 S 15 | 1 47 | 23 03 | 23 N 08 | 1 15 | 16 14 | |
| 31 | 3 N03 | 1 N34 | | 4 N 19 | 16 S 13 | | 1 N 47 | 23 N14 | | 1 N 15 | 16 S 14 | |

FIRST QUARTER–Feb. 5,06h.29m. (16°♉19′)

FULL MOON–Feb.13,04h.44m. (24°♌20′)



| D M | ☿ Long. | ♀ Long. | ♂ Long. | ♃ Long. | ♄ Long. | ♅ Long. | ♆ Long. | ♇ Long. | ☉ | ☿ | ♀ | ♂ | ♃ | ♄ | ♅ | ♆ | ♇ |
|---|---|---|---|---|---|---|---|---|---|---|---|---|---|---|---|---|---|
| | ° ′ | ° ′ | ° ′ | ° ′ | ° ′ | ° ′ | ° ′ | ° ′ | | | | | | | | | |
| 1 | 16♒30 | 16♑06 | 22♉16 | 17♏22 | 7♌29 | 9♓09 | 17♒06 | 25♐55 | ∠ | | ✱ | ✱ | △ | ⚻ | | ⚺ | □ |
| 2 | 18 16 | 16R 02 | 22 43 | 17 28 | 7R 25 | 9 13 | 17 09 | 25 57 | ✱ | ∠ | | ∠ | ⚻ | △ | ⚺ | ∠ | |
| 3 | 20 03 | 16D 01 | 23 10 | 17 33 | 7 20 | 9 16 | 17 11 | 25 59 | | ✱ | □ | ⚺ | | | ∠ | ✱ | △ |
| 4 | 21 50 | 16 03 | 23 37 | 17 38 | 7 15 | 9 19 | 17 13 | 26 00 | | | | | | □ | ✱ | | ⚻ |
| 5 | 23 37 | 16 07 | 24 04 | 17 43 | 7 10 | 9 22 | 17 15 | 26 02 | □ | □ | △ | ☌ | ☍ | | | □ | |
| 6 | 25 24 | 16 13 | 24 31 | 17 48 | 7 05 | 9 25 | 17 18 | 26 04 | | | ⚻ | | | ✱ | | | |
| 7 | 27 12 | 16 21 | 24 59 | 17 53 | 7 00 | 9 29 | 17 20 | 26 05 | △ | | | | | | □ | △ | |
| 8 | 29♒00 | 16 32 | 25 27 | 17 57 | 6 56 | 9 32 | 17 22 | 26 07 | | △ | | ⚺ | ⚻ | ∠ | | ⚻ | ☍ |
| 9 | 0♓48 | 16 45 | 25 55 | 18 02 | 6 51 | 9 35 | 17 25 | 26 08 | ⚻ | | | ∠ | | ⚺ | △ | | |
| 10 | 2 35 | 17 00 | 26 24 | 18 06 | 6 46 | 9 39 | 17 27 | 26 10 | | ⚻ | ☍ | ✱ | △ | | ⚻ | | |
| 11 | 4 22 | 17 17 | 26 52 | 18 10 | 6 42 | 9 42 | 17 29 | 26 11 | | | | | | ☌ | | | |
| 12 | 6 08 | 17 36 | 27 21 | 18 13 | 6 37 | 9 45 | 17 31 | 26 13 | | | | | □ | | | ☍ | ⚻ |
| 13 | 7 54 | 17 57 | 27 50 | 18 17 | 6 32 | 9 49 | 17 34 | 26 14 | ☍ | | ⚻ | □ | | | | | △ |
| 14 | 9 37 | 18 19 | 28 19 | 18 21 | 6 28 | 9 52 | 17 36 | 26 15 | | ☍ | | | | ⚺ | ☍ | | |
| 15 | 11 19 | 18 44 | 28 48 | 18 24 | 6 24 | 9 55 | 17 38 | 26 17 | | | △ | | ✱ | ∠ | | | □ |
| 16 | 12 59 | 19 10 | 29 17 | 18 27 | 6 19 | 9 59 | 17 40 | 26 18 | | | | △ | ∠ | ✱ | | ⚻ | |
| 17 | 14 36 | 19 38 | 29♉47 | 18 30 | 6 15 | 10 02 | 17 43 | 26 19 | ⚻ | | □ | ⚻ | ⚺ | | | △ | |
| 18 | 16 09 | 20 08 | 0♊16 | 18 33 | 6 10 | 10 06 | 17 45 | 26 20 | △ | ⚻ | | | | | ⚻ | | ✱ |
| 19 | 17 39 | 20 39 | 0 46 | 18 35 | 6 06 | 10 09 | 17 47 | 26 22 | | | | | | □ | △ | | ∠ |
| 20 | 19 05 | 21 12 | 1 16 | 18 38 | 6 02 | 10 12 | 17 49 | 26 23 | | △ | ✱ | | ☌ | | | □ | ⚺ |
| 21 | 20 25 | 21 46 | 1 46 | 18 40 | 5 58 | 10 16 | 17 52 | 26 24 | □ | | ∠ | ☍ | | △ | □ | | |
| 22 | 21 39 | 22 21 | 2 17 | 18 42 | 5 54 | 10 19 | 17 54 | 26 25 | | □ | ⚺ | | ⚺ | ⚻ | | ✱ | |
| 23 | 22 47 | 22 58 | 2 47 | 18 44 | 5 50 | 10 23 | 17 56 | 26 26 | ✱ | | | | ∠ | | | ∠ | ☌ |
| 24 | 23 48 | 23 36 | 3 18 | 18 45 | 5 46 | 10 26 | 17 58 | 26 27 | ∠ | | | ⚻ | ✱ | | ✱ | ⚺ | |
| 25 | 24 41 | 24 15 | 3 49 | 18 47 | 5 42 | 10 30 | 18 00 | 26 28 | ⚺ | ✱ | ☌ | △ | | ☍ | ∠ | | ⚺ |
| 26 | 25 26 | 24 55 | 4 19 | 18 48 | 5 38 | 10 33 | 18 03 | 26 30 | | ∠ | | | □ | | ⚺ | ☌ | ∠ |
| 27 | 26 02 | 25 37 | 4 50 | 18 49 | 5 34 | 10 36 | 18 05 | 26 30 | | ⚺ | ⚺ | □ | | | | | ✱ |
| 28 | 26♓29 | 26♑19 | 5♊22 | 18♏50 | 5♌31 | 10♓40 | 18♒07 | 26♐31 | ☌ | | ∠ | | △ | ⚻ | ☌ | ⚺ | |

| D M | Saturn Lat. | Saturn Dec. | Uranus Lat. | Uranus Dec. | Neptune Lat. | Neptune Dec. | Pluto Lat. | Pluto Dec. |
|---|---|---|---|---|---|---|---|---|
| | ° ′ | ° ′ | ° ′ | ° ′ | ° ′ | ° ′ | ° ′ | ° ′ |
| 1 | 0N41 | 19N04 | 0S44 | 8S49 | 0S10 | 15S52 | 7N29 | 15S54 |
| 3 | 0 42 | 19 07 | 0 44 | 8 47 | 0 10 | 15 50 | 7 29 | 15 54 |
| 5 | 0 42 | 19 09 | 0 44 | 8 44 | 0 10 | 15 49 | 7 29 | 15 54 |
| 7 | 0 42 | 19 12 | 0 44 | 8 42 | 0 10 | 15 48 | 7 29 | 15 54 |
| 9 | 0 42 | 19 14 | 0 44 | 8 39 | 0 10 | 15 46 | 7 29 | 15 54 |
| 11 | 0 42 | 19 17 | 0 44 | 8 37 | 0 10 | 15 45 | 7 30 | 15 54 |
| 13 | 0 42 | 19 19 | 0 44 | 8 34 | 0 10 | 15 44 | 7 30 | 15 54 |
| 15 | 0 43 | 19 22 | 0 44 | 8 32 | 0 10 | 15 42 | 7 30 | 15 53 |
| 17 | 0 43 | 19 24 | 0 44 | 8 29 | 0 10 | 15 41 | 7 30 | 15 53 |
| 19 | 0 43 | 19 26 | 0 44 | 8 27 | 0 10 | 15 40 | 7 31 | 15 53 |
| 21 | 0 43 | 19 29 | 0 44 | 8 24 | 0 10 | 15 38 | 7 31 | 15 53 |
| 23 | 0 43 | 19 31 | 0 44 | 8 21 | 0 10 | 15 37 | 7 31 | 15 53 |
| 25 | 0 43 | 19 33 | 0 44 | 8 19 | 0 10 | 15 36 | 7 31 | 15 53 |
| 27 | 0 43 | 19 35 | 0 44 | 8 16 | 0 10 | 15 34 | 7 32 | 15 52 |
| 29 | 0 43 | 19 37 | 0 44 | 8 14 | 0 10 | 15 33 | 7 32 | 15 52 |
| 31 | 0N44 | 19N38 | 0S44 | 8S11 | 0S10 | 15S32 | 7N32 | 15S52 |

Mutual Aspects

1 ☿⚺♀. ☿☌♆. ♃∥♇.
2 ☿□♃.
3 ☉∥☿. ♀Stat.
4 ☿⊥♀. ☿∥♃. ☿∥♆. ☿∥♇.
5 ☉⚺♀. ☿□♂. ☉∥♃. ☉∥♆. ☉∥♇.
☿∥♀.
6 ☉□♃. ☉☌♆. ☿✱♇. ☉∥♀.
7 ♂Q♄.
9 ♂∇♇. ♀∥♆.
10 ☿∠♀.
12 ☉⊥♀. ☿∇♄. ♀⚺♆. ♀∥♇.
13 ☿Q♇.
14 ☿☌♅. ♀✱♃. ☿∥♅.
15 ☉✱♇. 16 ☿±♄.
18 ♀∥♃.
19 ☉□♂. ☿⚺♆.
20 ☿Q♂. ☿△♃.
21 ☿⚻♄. 23 ☿✱♀.
24 ☉∇♄. ☿⊥♆.
27 ☉Q♇. ♀∠♅. ☉∥♅.
28 ☿✱♀. ☿□♇. ♀⚺♇. ♂✱♄.

LAST QUARTER–Feb.21,07h.17m. ( 2°♐31′)

| 6 | | | | | MARCH | 2006 | | | [ RAPHAEL'S | |
|---|---|---|---|---|---|---|---|---|---|---|
| D | D | Sidereal | ☉ | ☉ | ☽ | ☽ | ☽ | ☽ | 24h. | |
| M | W | Time | Long. | Dec. | Long. | Lat. | Dec. | Node | ☽ Long. | ☽ Dec. |
| | | h m s | ° ′ ″ | ° ′ | ° ′ ″ | ° ′ | ° ′ | ° ′ | ° ′ ″ | ° ′ |
| 1 | W | 22 36 37 | 10 ♓ 45 34 | 7 S 32 | 1 ♈ 41 01 | 0 S 15 | 0 N26 | 5 ♈ 51 | 9 ♈ 08 38 | 4 N01 |
| 2 | Th | 22 40 33 | 11 45 48 | 7 09 | 16 31 07 | 1 N06 | 7 31 | 5 48 | 23 47 47 | 10 52 |
| 3 | F | 22 44 30 | 12 46 00 | 6 46 | 0 ♉ 58 08 | 2 21 | 14 01 | 5 44 | 8 ♉ 01 52 | 16 57 |
| 4 | S | 22 48 26 | 13 46 09 | 6 23 | 14 58 48 | 3 25 | 19 36 | 5 41 | 21 48 59 | 21 58 |
| 5 | Su | 22 52 23 | 14 46 17 | 6 00 | 28 32 34 | 4 16 | 24 00 | 5 38 | 5 ♊ 09 47 | 25 41 |
| 6 | M | 22 56 19 | 15 46 23 | 5 37 | 11 ♊ 40 59 | 4 51 | 27 00 | 5 35 | 18 06 34 | 27 56 |
| 7 | T | 23 00 16 | 16 46 26 | 5 13 | 24 27 00 | 5 11 | 28 30 | 5 32 | 0 ♋ 42 46 | 28 42 |
| 8 | W | 23 04 13 | 17 46 27 | 4 50 | 6 ♋ 54 21 | 5 16 | 28 31 | 5 28 | 13 02 15 | 27 59 |
| 9 | Th | 23 08 09 | 18 46 27 | 4 26 | 19 06 58 | 5 06 | 27 07 | 5 25 | 25 08 57 | 25 57 |
| 10 | F | 23 12 06 | 19 46 24 | 4 03 | 1 ♌ 08 41 | 4 42 | 24 30 | 5 22 | 7 ♌ 06 34 | 22 47 |
| 11 | S | 23 16 02 | 20 46 19 | 3 39 | 13 03 02 | 4 07 | 20 51 | 5 19 | 18 58 26 | 18 42 |
| 12 | Su | 23 19 59 | 21 46 11 | 3 16 | 24 53 09 | 3 21 | 16 23 | 5 16 | 0 ♍ 47 28 | 13 55 |
| 13 | M | 23 23 55 | 22 46 02 | 2 52 | 6 ♍ 41 44 | 2 27 | 11 20 | 5 13 | 12 36 12 | 8 38 |
| 14 | T | 23 27 52 | 23 45 51 | 2 29 | 18 31 10 | 1 26 | 5 52 | 5 09 | 24 26 52 | 3 N02 |
| 15 | W | 23 31 48 | 24 45 37 | 2 05 | 0 ♎ 23 35 | 0 N22 | 0 N11 | 5 06 | 6 ♎ 21 32 | 2 S 42 |
| 16 | Th | 23 35 45 | 25 45 22 | 1 41 | 12 21 00 | 0 S 44 | 5 S 34 | 5 03 | 18 22 14 | 8 24 |
| 17 | F | 23 39 42 | 26 45 05 | 1 18 | 24 25 31 | 1 49 | 11 10 | 5 00 | 0 ♏ 31 07 | 13 51 |
| 18 | S | 23 43 38 | 27 44 46 | 0 54 | 6 ♏ 39 20 | 2 50 | 16 25 | 4 57 | 12 50 29 | 18 50 |
| 19 | Su | 23 47 35 | 28 44 25 | 0 30 | 19 04 54 | 3 44 | 21 05 | 4 54 | 25 22 54 | 23 06 |
| 20 | M | 23 51 31 | 29 ♓ 44 02 | 0 S 06 | 1 ♐ 44 51 | 4 28 | 24 53 | 4 50 | 8 ♐ 11 05 | 26 22 |
| 21 | T | 23 55 28 | 0 ♈ 43 38 | 0 N17 | 14 41 56 | 4 59 | 27 31 | 4 47 | 21 17 42 | 28 18 |
| 22 | W | 23 59 24 | 1 43 12 | 0 41 | 27 58 41 | 5 16 | 28 41 | 4 44 | 4 ♑ 45 05 | 28 39 |
| 23 | Th | 0 03 21 | 2 42 45 | 1 05 | 11 ♑ 37 05 | 5 15 | 28 10 | 4 41 | 18 34 44 | 27 14 |
| 24 | F | 0 07 17 | 3 42 15 | 1 28 | 25 38 01 | 4 56 | 25 52 | 4 38 | 2 ♒ 46 47 | 24 04 |
| 25 | S | 0 11 14 | 4 41 44 | 1 52 | 10 ♒ 00 46 | 4 18 | 21 53 | 4 34 | 17 19 31 | 19 20 |
| 26 | Su | 0 15 11 | 5 41 11 | 2 16 | 24 42 27 | 3 23 | 16 28 | 4 31 | 2 ♓ 08 53 | 13 21 |
| 27 | M | 0 19 07 | 6 40 36 | 2 39 | 9 ♓ 37 56 | 2 13 | 10 01 | 4 28 | 17 08 40 | 6 S 31 |
| 28 | T | 0 23 04 | 7 40 00 | 3 03 | 24 40 01 | 0 S 54 | 2 S 56 | 4 25 | 2 ♈ 10 55 | 0 N41 |
| 29 | W | 0 27 00 | 8 39 21 | 3 26 | 9 ♈ 40 17 | 0 N29 | 4 N17 | 4 22 | 17 07 02 | 7 48 |
| 30 | Th | 0 30 57 | 9 38 40 | 3 49 | 24 30 11 | 1 50 | 11 12 | 4 19 | 1 ♉ 48 52 | 14 24 |
| 31 | F | 0 34 53 | 10 ♈ 37 57 | 4 N13 | 9 ♉ 02 20 | 3 N01 | 17 N22 | 4 ♈ 15 | 16 ♉ 09 58 | 20 N03 |

| D | Mercury | | | Venus | | | Mars | | | Jupiter | |
|---|---|---|---|---|---|---|---|---|---|---|---|
| M | Lat. | Dec. | | Lat. | Dec. | | Lat. | Dec. | | Lat. | Dec. |
| | ° ′ | ° ′ | ° ′ | ° ′ | ° ′ | ° ′ | ° ′ | ° ′ | ° ′ | ° ′ | ° ′ |
| 1 | 2 N39 | 1 N09 | 1 N 24 | 4 N 33 | 16 S 17 | 16 S 15 | 1 N 47 | 23 N03 | 23 N 08 | 1 N 15 | 16 S 14 |
| 3 | 3 03 | 1 34 | 1 39 | 4 19 | 16 13 | 16 11 | 1 47 | 23 14 | 23 19 | 1 15 | 16 14 |
| 5 | 3 22 | 1 39 | 1 35 | 4 05 | 16 09 | 16 06 | 1 47 | 23 24 | 23 29 | 1 16 | 16 13 |
| 7 | 3 34 | 1 25 | 1 11 | 3 50 | 16 02 | 15 58 | 1 47 | 23 34 | 23 39 | 1 16 | 16 13 |
| 9 | 3 39 | 0 54 | 0 N 32 | 3 36 | 15 54 | 15 49 | 1 46 | 23 43 | 23 48 | 1 16 | 16 12 |
| 11 | 3 36 | 0 N08 | 0 S 20 | 3 21 | 15 44 | 15 38 | 1 46 | 23 52 | 23 57 | 1 17 | 16 11 |
| 13 | 3 25 | 0 S 49 | 1 19 | 3 07 | 15 32 | 15 26 | 1 46 | 24 01 | 24 05 | 1 17 | 16 10 |
| 15 | 3 06 | 1 50 | 2 21 | 2 53 | 15 19 | 15 11 | 1 46 | 24 09 | 24 13 | 1 17 | 16 09 |
| 17 | 2 42 | 2 52 | 3 21 | 2 39 | 15 03 | 14 55 | 1 45 | 24 17 | 24 20 | 1 17 | 16 07 |
| 19 | 2 15 | 3 50 | 4 16 | 2 25 | 14 47 | 14 37 | 1 45 | 24 24 | 24 27 | 1 18 | 16 06 |
| 21 | 1 45 | 4 41 | 5 03 | 2 12 | 14 27 | 14 16 | 1 44 | 24 30 | 24 33 | 1 18 | 16 04 |
| 23 | 1 14 | 5 23 | 5 40 | 1 58 | 14 06 | 13 54 | 1 44 | 24 36 | 24 39 | 1 18 | 16 02 |
| 25 | 0 44 | 5 56 | 6 08 | 1 45 | 13 43 | 13 30 | 1 44 | 24 42 | 24 44 | 1 19 | 15 59 |
| 27 | 0 N16 | 6 18 | 6 26 | 1 32 | 13 18 | 13 05 | 1 43 | 24 47 | 24 49 | 1 19 | 15 57 |
| 29 | 0 S 12 | 6 31 | 6 S 34 | 1 20 | 12 51 | 12 S 37 | 1 43 | 24 51 | 24 N 53 | 1 19 | 15 54 |
| 31 | 0 S 37 | 6 S 34 | | 1 N 08 | 12 S 23 | | 1 N 42 | 24 N55 | | 1 N 19 | 15 S 52 |

FULL MOON–Mar.14,23h.35m. (24°♍15′)

| EPHEMERIS ] | | | | MARCH 2006 | | | | | | | | | | | | | 7 |
|---|---|---|---|---|---|---|---|---|---|---|---|---|---|---|---|---|---|
| D | ☿ | ♀ | ♂ | ♃ | ♄ | ♅ | ♆ | ♇ | Lunar Aspects | | | | | | | | |
| M | Long. | Long. | Long. | Long. | Long. | Long. | Long. | Long. | ☉ | ☿ | ♀ | ♂ | ♃ | ♄ | ♅ | ♆ | ♇ |
| | ° ′ | ° ′ | ° ′ | ° ′ | ° ′ | ° ′ | ° ′ | ° ′ | | | | | | | | | |
| 1 | 26♓47 | 27♑03 | 5♊53 | 18♏51 | 5♌27 | 10♓43 | 18♒09 | 26♐32 | | ☌ | ✱ | ✱ | ⚼ | △ | | ∠ | □ |
| 2 | 26 55 | 27 48 | 6 24 | 18 51 | 5R 24 | 10 47 | 18 11 | 26 33 | ⚺ | | | ∠ | | | ⚺ | ✱ | |
| 3 | 26R 53 | 28 33 | 6 56 | 18 52 | 5 20 | 10 50 | 18 13 | 26 34 | ∠ | ⚺ | □ | ⚺ | | □ | ∠ | | △ |
| 4 | 26 43 | 29♑19 | 7 27 | 18 52 | 5 17 | 10 54 | 18 15 | 26 35 | ✱ | ∠ | | | ☍ | | ✱ | □ | ⚼ |
| 5 | 26 23 | 0♒07 | 7 59 | 18R 52 | 5 14 | 10 57 | 18 18 | 26 36 | | ✱ | △ | | | | | | |
| 6 | 25 55 | 0 55 | 8 31 | 18 51 | 5 11 | 11 01 | 18 20 | 26 37 | □ | | ⚼ | ☌ | | ✱ | □ | | |
| 7 | 25 19 | 1 44 | 9 03 | 18 51 | 5 08 | 11 04 | 18 22 | 26 37 | | □ | | | | ∠ | | △ | ☍ |
| 8 | 24 36 | 2 33 | 9 35 | 18 50 | 5 05 | 11 07 | 18 24 | 26 38 | | | | ⚺ | ⚼ | ⚺ | △ | ⚼ | |
| 9 | 23 48 | 3 24 | 10 07 | 18 50 | 5 02 | 11 11 | 18 26 | 26 39 | △ | △ | | | △ | | | | |
| 10 | 22 55 | 4 15 | 10 39 | 18 49 | 4 59 | 11 14 | 18 28 | 26 39 | ⚼ | | ☍ | ∠ | | ☌ | ⚼ | | |
| 11 | 21 59 | 5 07 | 11 12 | 18 47 | 4 56 | 11 18 | 18 30 | 26 40 | | ⚼ | | ✱ | □ | | | ☍ | ⚼ |
| 12 | 21 00 | 5 59 | 11 44 | 18 46 | 4 54 | 11 21 | 18 32 | 26 41 | | | | | | | | | △ |
| 13 | 20 02 | 6 52 | 12 17 | 18 45 | 4 51 | 11 24 | 18 34 | 26 41 | | | | □ | | ⚺ | ☍ | | |
| 14 | 19 04 | 7 46 | 12 49 | 18 43 | 4 49 | 11 28 | 18 36 | 26 42 | ☍ | ☍ | ⚼ | | ✱ | ∠ | | | |
| 15 | 18 08 | 8 40 | 13 22 | 18 41 | 4 47 | 11 31 | 18 38 | 26 42 | | | | | ∠ | ✱ | | ⚼ | □ |
| 16 | 17 15 | 9 35 | 13 55 | 18 39 | 4 44 | 11 35 | 18 40 | 26 42 | | | △ | △ | | | | | |
| 17 | 16 26 | 10 30 | 14 28 | 18 36 | 4 42 | 11 38 | 18 42 | 26 43 | | | | ⚼ | ⚺ | | ⚼ | △ | ✱ |
| 18 | 15 41 | 11 26 | 15 01 | 18 34 | 4 40 | 11 41 | 18 43 | 26 43 | | ⚼ | □ | | | □ | △ | | ∠ |
| 19 | 15 02 | 12 23 | 15 34 | 18 31 | 4 38 | 11 45 | 18 45 | 26 44 | ⚼ | △ | | | ☌ | | | □ | |
| 20 | 14 28 | 13 20 | 16 07 | 18 29 | 4 37 | 11 48 | 18 47 | 26 44 | △ | | | | | △ | | | ⚺ |
| 21 | 14 01 | 14 17 | 16 40 | 18 26 | 4 35 | 11 51 | 18 49 | 26 44 | | □ | ✱ | ☍ | ⚺ | ⚼ | □ | ✱ | |
| 22 | 13 39 | 15 15 | 17 13 | 18 22 | 4 33 | 11 55 | 18 51 | 26 44 | □ | | ∠ | | ∠ | | | ∠ | ☌ |
| 23 | 13 24 | 16 14 | 17 47 | 18 19 | 4 32 | 11 58 | 18 53 | 26 45 | | ✱ | ⚺ | | ✱ | | ✱ | | |
| 24 | 13 14 | 17 12 | 18 20 | 18 16 | 4 30 | 12 01 | 18 54 | 26 45 | | ∠ | | | | | ∠ | ⚺ | ⚺ |
| 25 | 13 11 | 18 11 | 18 54 | 18 12 | 4 29 | 12 04 | 18 56 | 26 45 | ✱ | ⚺ | | ⚼ | | ☍ | ⚺ | | ∠ |
| 26 | 13D 13 | 19 11 | 19 27 | 18 08 | 4 28 | 12 08 | 18 58 | 26 45 | ∠ | | ☌ | △ | □ | | | ☌ | ✱ |
| 27 | 13 21 | 20 11 | 20 01 | 18 04 | 4 27 | 12 11 | 18 59 | 26 45 | ⚺ | ☌ | | | | | ☌ | | |
| 28 | 13 35 | 21 11 | 20 34 | 18 00 | 4 26 | 12 14 | 19 01 | 26 45 | | | ⚺ | □ | △ | ⚼ | | ⚺ | □ |
| 29 | 13 53 | 22 12 | 21 08 | 17 55 | 4 25 | 12 17 | 19 03 | 26 45 | ● | ⚺ | ∠ | | ⚼ | △ | ⚺ | ∠ | |
| 30 | 14 17 | 23 13 | 21 42 | 17 51 | 4 25 | 12 20 | 19 04 | 26R 45 | | ∠ | ✱ | ✱ | | | ∠ | ✱ | △ |
| 31 | 14♓45 | 24♒14 | 22♊16 | 17♏46 | 4♌24 | 12♓23 | 19♒06 | 26♐45 | ⚺ | ✱ | | ∠ | | □ | ✱ | | ⚼ |

| D | Saturn | | Uranus | | Neptune | | Pluto | |
|---|---|---|---|---|---|---|---|---|
| M | Lat. | Dec. | Lat. | Dec. | Lat. | Dec. | Lat. | Dec. |
| | ° ′ | ° ′ | ° ′ | ° ′ | ° ′ | ° ′ | ° ′ | ° ′ |
| 1 | 0N43 | 19N37 | 0S44 | 8S14 | 0S10 | 15S33 | 7N32 | 15S52 |
| 3 | 0 44 | 19 38 | 0 44 | 8 11 | 0 10 | 15 32 | 7 32 | 15 52 |
| 5 | 0 44 | 19 40 | 0 44 | 8 08 | 0 10 | 15 30 | 7 32 | 15 52 |
| 7 | 0 44 | 19 42 | 0 44 | 8 06 | 0 10 | 15 29 | 7 33 | 15 51 |
| 9 | 0 44 | 19 43 | 0 44 | 8 03 | 0 10 | 15 28 | 7 33 | 15 51 |
| 11 | 0 44 | 19 45 | 0 44 | 8 01 | 0 10 | 15 27 | 7 33 | 15 51 |
| 13 | 0 44 | 19 46 | 0 44 | 7 58 | 0 10 | 15 26 | 7 34 | 15 51 |
| 15 | 0 44 | 19 47 | 0 44 | 7 55 | 0 10 | 15 24 | 7 34 | 15 50 |
| 17 | 0 44 | 19 48 | 0 44 | 7 53 | 0 10 | 15 23 | 7 34 | 15 50 |
| 19 | 0 44 | 19 49 | 0 44 | 7 50 | 0 10 | 15 22 | 7 34 | 15 50 |
| 21 | 0 44 | 19 50 | 0 44 | 7 48 | 0 10 | 15 21 | 7 35 | 15 49 |
| 23 | 0 44 | 19 51 | 0 44 | 7 45 | 0 10 | 15 20 | 7 35 | 15 49 |
| 25 | 0 44 | 19 52 | 0 44 | 7 43 | 0 10 | 15 19 | 7 35 | 15 49 |
| 27 | 0 44 | 19 52 | 0 44 | 7 40 | 0 10 | 15 18 | 7 36 | 15 49 |
| 29 | 0 44 | 19 53 | 0 44 | 7 38 | 0 10 | 15 17 | 7 36 | 15 48 |
| 31 | 0N44 | 19N53 | 0S44 | 7S36 | 0S10 | 15S16 | 7N36 | 15S48 |

**Mutual Aspects**

1 ☉☌♅.
2 ☉±♄. ☿Stat.
3 ♀॥♃.
4 ☿□♇. ♃Stat.
5 ☿Q♂. 6 ♀Q♃.
7 ☉∠♀.
8 ☿⊥♆. ♀⊥♇. ♄±♅.
9 ☉△♃. ☉⚺♆.
10 ☉⚼♄. ♀॥♇.
11 ♀☍♄. ♀⊥♅. ♂□♅.
12 ☉☌☿. ☿∠♀.
13 ☿⚼♄.
14 ☿△♃. ☿⚺♆. ♀॥♆.
15 ☉⊥♆. ☉॥☿.
16 ♃□♆.
17 ☉□♇. ☿⊥♀.
18 ♀⚺♅. ♀∠♇.
19 ☿□♂. 21 ☿⚺♀.
24 ☉⚼♃. ☉∠♆. ♂∇♃.
25 ☉△♄. ♀□♃. ♂△♆. ☿Stat.
26 ♀☌♆. ♂∠♄.
27 ♀△♂. 29 ♇Stat.
30 ☉Q♂.

LAST QUARTER–Mar.22,19h.10m. ( 2°♑01′)

| 8 | | | | | APRIL | 2006 | | | [ RAPHAEL'S |
|---|---|---|---|---|---|---|---|---|---|

| D | D | Sidereal | ☉ | ☉ | ☽ | ☽ | ☽ | ☽ | 24h. |
|---|---|---|---|---|---|---|---|---|---|
| M | W | Time | Long. | Dec. | Long. | Lat. | Dec. | Node | ☽ Long. | ☽ Dec. |

| D | D | h m s | ° ′ ″ | ° ′ | ° ′ ″ | ° ′ | ° ′ | ° ′ | ° ′ ″ | ° ′ |
|---|---|---|---|---|---|---|---|---|---|---|
| 1 | S | 0 38 50 | 11 ♈ 37 12 | 4 N36 | 23 ♉ 11 20 | 3 N59 | 22 N26 | 4 ♈ 12 | 0 ♊ 06 11 | 24 N27 |
| 2 | Su | 0 42 46 | 12 36 25 | 4 59 | 6 ♊ 54 23 | 4 42 | 26 06 | 4 09 | 13 35 57 | 27 21 |
| 3 | M | 0 46 43 | 13 35 36 | 5 22 | 20 11 03 | 5 08 | 28 11 | 4 06 | 26 39 58 | 28 38 |
| 4 | T | 0 50 40 | 14 34 44 | 5 45 | 3 ♋ 03 02 | 5 17 | 28 41 | 4 03 | 9 ♋ 20 44 | 28 22 |
| 5 | W | 0 54 36 | 15 33 50 | 6 08 | 15 33 32 | 5 11 | 27 41 | 4 00 | 21 41 58 | 26 40 |
| 6 | Th | 0 58 33 | 16 32 54 | 6 30 | 27 46 38 | 4 51 | 25 22 | 3 56 | 3 ♌ 48 05 | 23 46 |
| 7 | F | 1 02 29 | 17 31 55 | 6 53 | 9 ♌ 46 54 | 4 18 | 21 57 | 3 53 | 15 43 40 | 19 55 |
| 8 | S | 1 06 26 | 18 30 54 | 7 15 | 21 38 57 | 3 35 | 17 41 | 3 50 | 27 33 17 | 15 18 |
| 9 | Su | 1 10 22 | 19 29 51 | 7 38 | 3 ♍ 27 12 | 2 43 | 12 46 | 3 47 | 9 ♍ 21 09 | 10 08 |
| 10 | M | 1 14 19 | 20 28 45 | 8 00 | 15 15 37 | 1 44 | 7 24 | 3 44 | 21 11 01 | 4 N36 |
| 11 | T | 1 18 15 | 21 27 38 | 8 22 | 27 07 43 | 0 N40 | 1 N45 | 3 40 | 3 ♎ 06 05 | 1 S 07 |
| 12 | W | 1 22 12 | 22 26 28 | 8 44 | 9 ♎ 06 24 | 0 S26 | 4 S 01 | 3 37 | 15 08 57 | 6 53 |
| 13 | Th | 1 26 09 | 23 25 16 | 9 06 | 21 13 59 | 1 32 | 9 42 | 3 34 | 27 21 41 | 12 27 |
| 14 | F | 1 30 05 | 24 24 02 | 9 28 | 3 ♏ 32 13 | 2 34 | 15 07 | 3 31 | 9 ♏ 45 45 | 17 38 |
| 15 | S | 1 34 02 | 25 22 46 | 9 49 | 16 02 24 | 3 30 | 19 59 | 3 28 | 22 22 15 | 22 08 |
| 16 | Su | 1 37 58 | 26 21 29 | 10 10 | 28 45 25 | 4 16 | 24 03 | 3 25 | 5 ✗ 11 58 | 25 41 |
| 17 | M | 1 41 55 | 27 20 10 | 10 32 | 11 ✗ 41 58 | 4 51 | 26 59 | 3 21 | 18 15 28 | 27 56 |
| 18 | T | 1 45 51 | 28 18 49 | 10 53 | 24 52 32 | 5 10 | 28 30 | 3 18 | 1 ♑ 33 13 | 28 40 |
| 19 | W | 1 49 48 | 29 ♈ 17 26 | 11 13 | 8 ♑ 17 34 | 5 13 | 28 24 | 3 15 | 15 05 37 | 27 42 |
| 20 | Th | 1 53 44 | 0 ♉ 16 02 | 11 34 | 21 57 22 | 4 59 | 26 34 | 3 12 | 28 52 50 | 25 02 |
| 21 | F | 1 57 41 | 1 14 36 | 11 54 | 5 ≈ 51 58 | 4 27 | 23 07 | 3 09 | 12 ≈ 54 41 | 20 51 |
| 22 | S | 2 01 38 | 2 13 08 | 12 15 | 20 00 50 | 3 39 | 18 16 | 3 06 | 27 10 12 | 15 25 |
| 23 | Su | 2 05 34 | 3 11 39 | 12 35 | 4 ♓ 22 32 | 2 36 | 12 20 | 3 02 | 11 ♓ 37 27 | 9 04 |
| 24 | M | 2 09 31 | 4 10 08 | 12 55 | 18 54 28 | 1 23 | 5 S 39 | 2 59 | 26 13 04 | 2 S 10 |
| 25 | T | 2 13 27 | 5 08 35 | 13 14 | 3 ♈ 32 35 | 0 S 03 | 1 N22 | 2 56 | 10 ♈ 52 20 | 4 N52 |
| 26 | W | 2 17 24 | 6 07 01 | 13 34 | 18 11 32 | 1 N16 | 8 19 | 2 53 | 25 29 23 | 11 38 |
| 27 | Th | 2 21 20 | 7 05 25 | 13 53 | 2 ♉ 45 04 | 2 30 | 14 47 | 2 50 | 9 ♉ 57 46 | 17 42 |
| 28 | F | 2 25 17 | 8 03 47 | 14 12 | 17 06 45 | 3 33 | 20 21 | 2 46 | 24 11 20 | 22 41 |
| 29 | S | 2 29 13 | 9 02 08 | 14 31 | 1 ♊ 10 57 | 4 22 | 24 40 | 2 43 | 8 ♊ 05 08 | 26 16 |
| 30 | Su | 2 33 10 | 10 ♉ 00 26 | 14 N49 | 14 ♊ 53 33 | 4 N54 | 27 N28 | 2 ♈ 40 | 21 ♊ 36 01 | 28 N14 |

| D | Mercury | | Venus | | Mars | | Jupiter | |
|---|---|---|---|---|---|---|---|---|
| M | Lat. | Dec. | Lat. | Dec. | Lat. | Dec. | Lat. | Dec. |
| | ° ′ | ° ′ | ° ′ | ° ′ | ° ′ | ° ′ ° ′ | ° ′ | ° ′ |
| 1 | 0 S 48 | 6 S 33 | 1 N 02 | 12 S 08 | 1 N 42 | 24 N57 | 1 N 19 | 15 S 50 |
| 3 | 1 10 | 6 23 | 6 S 29 | 0 50 11 37 | 11 S 53 | 1 42 25 00 | 24 N 58 | 1 20 15 47 |
| 5 | 1 30 | 6 05 | 6 15 | 0 38 11 05 | 11 21 | 1 41 25 02 | 25 01 | 1 20 15 44 |
| 7 | 1 47 | 5 39 | 5 53 | 0 27 10 31 | 10 48 | 1 41 25 04 | 25 03 | 1 20 15 41 |
| 9 | 2 01 | 5 06 | 5 24 | 0 17 9 55 | 10 13 | 1 40 25 05 | 25 05 | 1 20 15 37 |
| | | | 4 48 | | 9 37 | | 25 06 | |
| 11 | 2 14 | 4 27 | 0 N 06 9 18 | 8 59 | 1 40 25 06 | 25 06 | 1 20 15 34 |
| 13 | 2 24 | 3 41 | 4 05 | 0 S 04 8 39 | 8 20 | 1 39 25 06 | 25 06 | 1 20 15 30 |
| 15 | 2 32 | 2 50 | 3 17 | 0 13 8 00 | 7 39 | 1 39 25 05 | 25 05 | 1 20 15 26 |
| 17 | 2 37 | 1 53 | 2 22 | 0 23 7 18 | 6 57 | 1 38 25 04 | 25 03 | 1 20 15 22 |
| 19 | 2 41 | 0 S 51 | 1 23 | 0 32 6 36 | 6 15 | 1 38 25 02 | 25 01 | 1 21 15 18 |
| | | | 0 S 18 | | | | | |
| 21 | 2 42 | 0 N15 | 0 40 5 53 | 5 31 | 1 37 24 59 | 24 58 | 1 21 15 14 |
| 23 | 2 41 | 1 27 | 0 N 51 0 48 5 08 | 4 46 | 1 37 24 56 | 24 54 | 1 21 15 10 |
| 25 | 2 37 | 2 42 | 2 04 | 0 56 4 23 | 4 00 | 1 36 24 52 | 24 50 | 1 21 15 06 |
| 27 | 2 32 | 4 02 | 3 22 | 1 03 3 37 | 3 13 | 1 36 24 48 | 24 46 | 1 21 15 01 |
| 29 | 2 25 | 5 25 | 4 43 | 1 10 2 50 | 2 S 26 | 1 35 24 43 | 24 N 40 | 1 20 14 57 |
| 31 | 2 S 15 | 6 N51 | 6 N 07 | 1 S 16 2 S 02 | | 1 N 34 24 N37 | | 1 N 20 14 S 53 |

FULL MOON–Apr.13,16h.40m. (23°♎37′)



| D M | ☿ Long. | ♀ Long. | ♂ Long. | ♃ Long. | ♄ Long. | ♅ Long. | ♆ Long. | ♇ Long. | Lunar Aspects ☉ | ☿ | ♀ | ♂ | ♃ | ♄ | ♅ | ♆ | ♇ |
|---|---|---|---|---|---|---|---|---|---|---|---|---|---|---|---|---|---|
| | ° ′ | ° ′ | ° ′ | ° ′ | ° ′ | ° ′ | ° ′ | ° ′ | | | | | | | | | |
| 1 | 15♓17 | 25♒16 | 22♊50 | 17♏41 | 4♌23 | 12♓27 | 19♒08 | 26♐45 | ∠ | | □ | ⊻ | ☍ | | | □ | |
| 2 | 15 54 | 26 18 | 23 24 | 17R 36 | 4R 23 | 12 30 | 19 09 | 26R 45 | ✱ | | | | | ✱ | □ | | |
| 3 | 16 34 | 27 20 | 23 58 | 17 31 | 4 23 | 12 33 | 19 11 | 26 45 | | □ | | ☌ | | ∠ | | △ | |
| 4 | 17 19 | 28 22 | 24 32 | 17 26 | 4 23 | 12 36 | 19 12 | 26 45 | | | △ | | ⚻ | ⊻ | | ⚻ | ☍ |
| 5 | 18 06 | 29♒25 | 25 06 | 17 21 | 4 23 | 12 39 | 19 14 | 26 45 | □ | △ | ⚻ | | △ | | △ | | |
| 6 | 18 57 | 0♓28 | 25 40 | 17 15 | 4D 23 | 12 42 | 19 15 | 26 44 | | | | ⊻ | | | ⚻ | | |
| 7 | 19 52 | 1 31 | 26 15 | 17 09 | 4 23 | 12 45 | 19 16 | 26 44 | | ⚻ | | ∠ | | ☌ | | | ⚻ |
| 8 | 20 49 | 2 35 | 26 49 | 17 04 | 4 23 | 12 48 | 19 18 | 26 44 | △ | | | ✱ | □ | | | ☍ | △ |
| 9 | 21 49 | 3 38 | 27 23 | 16 58 | 4 23 | 12 51 | 19 19 | 26 43 | ⚻ | | ☍ | | | ⊻ | | | |
| 10 | 22 52 | 4 42 | 27 58 | 16 52 | 4 24 | 12 54 | 19 20 | 26 43 | | | | | ✱ | ∠ | ☍ | | |
| 11 | 23 57 | 5 47 | 28 32 | 16 45 | 4 24 | 12 57 | 19 22 | 26 43 | | ☍ | | □ | ∠ | | | | □ |
| 12 | 25 05 | 6 51 | 29 07 | 16 39 | 4 25 | 12 59 | 19 23 | 26 42 | | | | | | ✱ | | ⚻ | |
| 13 | 26 15 | 7 56 | 29♊41 | 16 33 | 4 26 | 13 02 | 19 24 | 26 42 | ☍ | | ⚻ | | ⊻ | | | △ | ✱ |
| 14 | 27 27 | 9 01 | 0♋16 | 16 26 | 4 27 | 13 05 | 19 26 | 26 41 | | | △ | △ | | □ | ⚻ | | |
| 15 | 28 42 | 10 06 | 0 51 | 16 20 | 4 28 | 13 08 | 19 27 | 26 41 | | ⚻ | | ⚻ | ☌ | | △ | □ | ∠ |
| 16 | 29♓59 | 11 11 | 1 25 | 16 13 | 4 29 | 13 10 | 19 28 | 26 40 | | △ | | | | △ | | | ⊻ |
| 17 | 1♈18 | 12 16 | 2 00 | 16 06 | 4 30 | 13 13 | 19 29 | 26 40 | ⚻ | | □ | | ⊻ | | □ | | |
| 18 | 2 39 | 13 22 | 2 35 | 15 59 | 4 32 | 13 16 | 19 30 | 26 39 | △ | | | | ∠ | ⚻ | | ✱ | ☌ |
| 19 | 4 02 | 14 28 | 3 10 | 15 52 | 4 33 | 13 19 | 19 31 | 26 38 | | □ | ✱ | ☍ | | | ✱ | ∠ | |
| 20 | 5 26 | 15 34 | 3 44 | 15 45 | 4 35 | 13 21 | 19 32 | 26 38 | | | | | ✱ | | ∠ | ⊻ | ⊻ |
| 21 | 6 53 | 16 40 | 4 19 | 15 38 | 4 36 | 13 24 | 19 33 | 26 37 | □ | ✱ | ∠ | | | ☍ | | | ∠ |
| 22 | 8 22 | 17 46 | 4 54 | 15 31 | 4 38 | 13 26 | 19 34 | 26 36 | | ∠ | ⊻ | ⚻ | □ | | ⊻ | ☌ | ✱ |
| 23 | 9 52 | 18 52 | 5 29 | 15 23 | 4 40 | 13 29 | 19 35 | 26 36 | ✱ | ⊻ | | △ | | | | | |
| 24 | 11 24 | 19 59 | 6 04 | 15 16 | 4 42 | 13 31 | 19 36 | 26 35 | ∠ | | ☌ | | △ | ⚻ | ☌ | ⊻ | |
| 25 | 12 58 | 21 06 | 6 39 | 15 09 | 4 44 | 13 34 | 19 37 | 26 34 | ⊻ | | | □ | ⚻ | △ | | ∠ | □ |
| 26 | 14 34 | 22 13 | 7 14 | 15 01 | 4 46 | 13 36 | 19 38 | 26 33 | | ☌ | ⊻ | | | | ⊻ | ✱ | |
| 27 | 16 12 | 23 20 | 7 49 | 14 54 | 4 49 | 13 38 | 19 39 | 26 32 | ☌ | | ∠ | ✱ | | □ | ∠ | | △ |
| 28 | 17 51 | 24 27 | 8 25 | 14 46 | 4 51 | 13 41 | 19 40 | 26 31 | | ⊻ | | ∠ | ☍ | | ✱ | □ | ⚻ |
| 29 | 19 32 | 25 34 | 9 00 | 14 39 | 4 53 | 13 43 | 19 40 | 26 31 | | ∠ | ✱ | | | ✱ | | | |
| 30 | 21♈15 | 26♓42 | 9♋35 | 14♏31 | 4♌56 | 13♓45 | 19♒41 | 26♐30 | ⊻ | | | ⊻ | | ∠ | □ | △ | |

| D M | Saturn Lat. | Saturn Dec. | Uranus Lat. | Uranus Dec. | Neptune Lat. | Neptune Dec. | Pluto Lat. | Pluto Dec. |
|---|---|---|---|---|---|---|---|---|
| | ° ′ | ° ′ | ° ′ | ° ′ | ° ′ | ° ′ | ° ′ | ° ′ |
| 1 | 0N44 | 19N53 | 0S44 | 7S35 | 0S10 | 15S15 | 7N36 | 15S48 |
| 3 | 0 45 | 19 53 | 0 44 | 7 32 | 0 10 | 15 14 | 7 37 | 15 47 |
| 5 | 0 45 | 19 53 | 0 44 | 7 30 | 0 11 | 15 13 | 7 37 | 15 47 |
| 7 | 0 45 | 19 53 | 0 44 | 7 28 | 0 11 | 15 13 | 7 37 | 15 47 |
| 9 | 0 45 | 19 53 | 0 45 | 7 25 | 0 11 | 15 12 | 7 38 | 15 47 |
| 11 | 0 45 | 19 53 | 0 45 | 7 23 | 0 11 | 15 11 | 7 38 | 15 46 |
| 13 | 0 45 | 19 53 | 0 45 | 7 21 | 0 11 | 15 10 | 7 38 | 15 46 |
| 15 | 0 45 | 19 52 | 0 45 | 7 19 | 0 11 | 15 10 | 7 38 | 15 46 |
| 17 | 0 45 | 19 52 | 0 45 | 7 17 | 0 11 | 15 09 | 7 39 | 15 45 |
| 19 | 0 45 | 19 51 | 0 45 | 7 15 | 0 11 | 15 08 | 7 39 | 15 45 |
| 21 | 0 45 | 19 50 | 0 45 | 7 13 | 0 11 | 15 08 | 7 39 | 15 45 |
| 23 | 0 45 | 19 49 | 0 45 | 7 11 | 0 11 | 15 07 | 7 39 | 15 45 |
| 25 | 0 45 | 19 48 | 0 45 | 7 09 | 0 11 | 15 06 | 7 39 | 15 44 |
| 27 | 0 45 | 19 47 | 0 45 | 7 07 | 0 11 | 15 06 | 7 40 | 15 44 |
| 29 | 0 45 | 19 46 | 0 45 | 7 06 | 0 11 | 15 05 | 7 40 | 15 44 |
| 31 | 0N45 | 19N45 | 0S45 | 7S04 | 0S11 | 15S05 | 7N40 | 15S44 |

**Mutual Aspects**

1 ☉±♃.
2 ☉⊻♅. ♀✱♇. ♂±♃.
3 ♃∥♇. 4 ☿△♃.
5 ☉#☿. ♄ Stat.
6 ☿⚻♄. ☿⊻♆.
7 ☉▽♃.
8 ☉⊥♅. ♂☍♇. ☉#♅.
9 ☉✱♆. 10 ♀▽♄.
11 ♂⊥♄.
12 ☿⊥♆. ☉#♀.
13 ☿□♇. 14 ♀Q♇.
15 ♀±♄.
16 ☉△♇. ♂⚻♃.
17 ☿⚻♃. ♀∥♅.
18 ☉∠♀. ☉∠♅. ☿□♂. ♀☌♅.
19 ☿△♄. ☿∠♆.
20 ♀△♃.
21 ☉Q♆. ♂⚻♆.
22 ♂⊻♄. 23 ☿±♃.
24 ♀⚻♄. ♀⊻♆.
25 ☉□♄. ☿⊻♅. ♃∥♆.
26 ☿▽♃. 27 ☿#♀.
29 ☉✱♂. ☿⊥♅. ☿✱♆. ♀⊥♆.
30 ♀□♇. ☉#♃.

LAST QUARTER–Apr.21,03h.28m. ( 0°♒54′)

| 10 | | | | | MAY | | 2006 | | | [ RAPHAEL'S | |
|---|---|---|---|---|---|---|---|---|---|---|---|
| D | D | Sidereal | ☉ | ☉ | ☽ | ☽ | ☽ | ☽ | | 24h. | |
| M | W | Time | Long. | Dec. | Long. | Lat. | Dec. | Node | | ☽ Long. | ☽ Dec. |

| D M | D W | Sidereal Time (h m s) | ☉ Long. | ☉ Dec. | ☽ Long. | ☽ Lat. | ☽ Dec. | ☽ Node | ☽ Long. 24h. | ☽ Dec. |
|---|---|---|---|---|---|---|---|---|---|---|
| 1 | M | 2 37 07 | 10 ♉ 58 43 | 15 N07 | 28 ♊ 12 28 | 5 N10 | 28 N35 | 2 ♈ 37 | 4 ♋ 42 58 | 28 N32 |
| 2 | T | 2 41 03 | 11 56 58 | 15 25 | 11 ♋ 07 44 | 5 08 | 28 06 | 2 34 | 17 27 02 | 27 18 |
| 3 | W | 2 45 00 | 12 55 11 | 15 43 | 23 41 16 | 4 52 | 26 10 | 2 31 | 29 50 55 | 24 44 |
| 4 | Th | 2 48 56 | 13 53 21 | 16 01 | 5 ♌ 56 30 | 4 23 | 23 02 | 2 27 | 11 ♌ 58 35 | 21 06 |
| 5 | F | 2 52 53 | 14 51 30 | 16 18 | 17 57 49 | 3 43 | 18 59 | 2 24 | 23 54 47 | 16 41 |
| 6 | S | 2 56 49 | 15 49 37 | 16 35 | 29 50 10 | 2 53 | 14 14 | 2 21 | 5 ♍ 44 35 | 11 40 |
| 7 | Su | 3 00 46 | 16 47 41 | 16 51 | 11 ♍ 38 42 | 1 57 | 9 00 | 2 18 | 17 33 06 | 6 15 |
| 8 | M | 3 04 42 | 17 45 44 | 17 08 | 23 28 24 | 0 N55 | 3 N26 | 2 15 | 29 25 10 | 0 N35 |
| 9 | T | 3 08 39 | 18 43 45 | 17 24 | 5 ♎ 23 54 | 0 S10 | 2 S 17 | 2 12 | 11 ♎ 25 05 | 5 S 10 |
| 10 | W | 3 12 36 | 19 41 44 | 17 40 | 17 29 09 | 1 14 | 8 00 | 2 08 | 23 36 26 | 10 48 |
| 11 | Th | 3 16 32 | 20 39 42 | 17 55 | 29 47 16 | 2 17 | 13 32 | 2 05 | 6 ♏ 01 52 | 16 08 |
| 12 | F | 3 20 29 | 21 37 38 | 18 10 | 12 ♏ 20 23 | 3 13 | 18 36 | 2 02 | 18 42 55 | 20 54 |
| 13 | S | 3 24 25 | 22 35 32 | 18 25 | 25 09 29 | 4 02 | 22 58 | 1 59 | 1 ♐ 40 01 | 24 46 |
| 14 | Su | 3 28 22 | 23 33 25 | 18 40 | 8 ♐ 14 26 | 4 38 | 26 15 | 1 56 | 14 52 34 | 27 24 |
| 15 | M | 3 32 18 | 24 31 16 | 18 54 | 21 34 10 | 5 00 | 28 10 | 1 52 | 28 19 02 | 28 31 |
| 16 | T | 3 36 15 | 25 29 06 | 19 08 | 5 ♑ 06 54 | 5 06 | 28 26 | 1 49 | 11 ♑ 57 28 | 27 55 |
| 17 | W | 3 40 11 | 26 26 55 | 19 22 | 18 50 30 | 4 55 | 26 59 | 1 46 | 25 45 45 | 25 37 |
| 18 | Th | 3 44 08 | 27 24 43 | 19 35 | 2 ≈ 42 57 | 4 26 | 23 52 | 1 43 | 9 ≈ 41 56 | 21 46 |
| 19 | F | 3 48 05 | 28 22 29 | 19 48 | 16 42 29 | 3 41 | 19 20 | 1 40 | 23 44 27 | 16 39 |
| 20 | S | 3 52 01 | 29 ♉ 20 15 | 20 01 | 0 ♓ 47 41 | 2 42 | 13 43 | 1 37 | 7 ♓ 52 04 | 10 37 |
| 21 | Su | 3 55 58 | 0 ♊ 17 59 | 20 13 | 14 57 24 | 1 34 | 7 22 | 1 33 | 22 03 34 | 4 S 01 |
| 22 | M | 3 59 54 | 1 15 42 | 20 25 | 29 10 20 | 0 S19 | 0 S 37 | 1 30 | 6 ♈ 17 28 | 2 N47 |
| 23 | T | 4 03 51 | 2 13 24 | 20 36 | 13 ♈ 24 41 | 0 N57 | 6 N10 | 1 27 | 20 31 37 | 9 28 |
| 24 | W | 4 07 47 | 3 11 05 | 20 48 | 27 37 52 | 2 09 | 12 38 | 1 24 | 4 ♉ 42 58 | 15 38 |
| 25 | Th | 4 11 44 | 4 08 45 | 20 59 | 11 ♉ 46 26 | 3 13 | 18 25 | 1 21 | 18 47 44 | 20 56 |
| 26 | F | 4 15 40 | 5 06 24 | 21 09 | 25 46 18 | 4 04 | 23 09 | 1 17 | 2 ♊ 41 38 | 25 01 |
| 27 | S | 4 19 37 | 6 04 02 | 21 19 | 9 ♊ 33 14 | 4 40 | 26 30 | 1 14 | 16 20 39 | 27 35 |
| 28 | Su | 4 23 34 | 7 01 39 | 21 29 | 23 03 32 | 4 59 | 28 14 | 1 11 | 29 41 36 | 28 29 |
| 29 | M | 4 27 30 | 7 59 14 | 21 39 | 6 ♋ 14 40 | 5 02 | 28 20 | 1 08 | 12 ♋ 42 42 | 27 46 |
| 30 | T | 4 31 27 | 8 56 49 | 21 48 | 19 05 42 | 4 50 | 26 52 | 1 05 | 25 23 50 | 25 37 |
| 31 | S | 4 35 23 | 9 ♊ 54 22 | 21 N56 | 1 ♌ 37 22 | 4 N23 | 24 N04 | 1 ♈ 02 | 7 ♌ 46 36 | 22 N17 |

| D | | Mercury | | | Venus | | | | Mars | | | | Jupiter | |
|---|---|---|---|---|---|---|---|---|---|---|---|---|---|---|
| M | Lat. | | Dec. | | Lat. | | Dec. | | Lat. | | Dec. | | Lat. | Dec. |
| 1 | 2 S 15 | | 6 N51 | 7 N 35 | 1 S 16 | | 2 S 02 | 1 S 38 | 1 N 34 | 24 N37 | | 24 N 34 | 1 N 20 | 14 S 53 |
| 3 | 2 04 | | 8 20 | 9 05 | 1 22 | | 1 13 | 0 S 49 | 1 34 | 24 31 | | 24 28 | 1 20 | 14 48 |
| 5 | 1 50 | | 9 51 | 10 37 | 1 28 | | 0 S 24 | 0 00 | 1 33 | 24 24 | | 24 20 | 1 20 | 14 44 |
| 7 | 1 35 | | 11 24 | 12 11 | 1 33 | | 0 N25 | 0 N50 | 1 33 | 24 16 | | 24 12 | 1 20 | 14 39 |
| 9 | 1 18 | | 12 58 | 13 44 | 1 37 | | 1 15 | 1 40 | 1 32 | 24 08 | | 24 04 | 1 20 | 14 35 |
| 11 | 0 59 | | 14 31 | 15 18 | 1 42 | | 2 05 | 2 30 | 1 32 | 23 59 | | 23 55 | 1 20 | 14 31 |
| 13 | 0 40 | | 16 04 | 16 49 | 1 45 | | 2 55 | 3 20 | 1 31 | 23 50 | | 23 45 | 1 19 | 14 26 |
| 15 | 0 S 19 | | 17 34 | 18 18 | 1 49 | | 3 45 | 4 10 | 1 30 | 23 40 | | 23 34 | 1 19 | 14 22 |
| 17 | 0 N02 | | 19 00 | 19 42 | 1 52 | | 4 36 | 5 01 | 1 30 | 23 29 | | 23 23 | 1 19 | 14 18 |
| 19 | 0 23 | | 20 21 | 20 59 | 1 55 | | 5 26 | 5 51 | 1 29 | 23 18 | | 23 12 | 1 19 | 14 14 |
| 21 | 0 43 | | 21 35 | 22 08 | 1 57 | | 6 16 | 6 41 | 1 28 | 23 06 | | 22 59 | 1 18 | 14 10 |
| 23 | 1 02 | | 22 40 | 23 08 | 1 59 | | 7 06 | 7 31 | 1 28 | 22 53 | | 22 47 | 1 18 | 14 06 |
| 25 | 1 20 | | 23 35 | 23 58 | 2 00 | | 7 56 | 8 20 | 1 27 | 22 40 | | 22 33 | 1 18 | 14 02 |
| 27 | 1 35 | | 24 19 | 24 38 | 2 01 | | 8 45 | 9 09 | 1 26 | 22 26 | | 22 19 | 1 17 | 13 59 |
| 29 | 1 47 | | 24 53 | 25 N 06 | 2 02 | | 9 34 | 9 N58 | 1 26 | 22 12 | | 22 N 04 | 1 17 | 13 55 |
| 31 | 1 N57 | | 25 N16 | | 2 S 02 | | 10 N22 | | 1 N 25 | 21 N57 | | | 1 N 17 | 13 S 52 |

FULL MOON–May 13,06h.51m. (22°♏23′)



| D M | ☿ Long. | ♀ Long. | ♂ Long. | ♃ Long. | ♄ Long. | ♅ Long. | ♆ Long. | ♇ Long. | ☉ | ☿ | ♀ | ♂ | ♃ | ♄ | ♅ | ♆ | ♇ |
|---|---|---|---|---|---|---|---|---|---|---|---|---|---|---|---|---|---|
| | ° ′ | ° ′ | ° ′ | ° ′ | ° ′ | ° ′ | ° ′ | ° ′ | | | | | | | | | |
| 1 | 23♈00 | 27♓49 | 10♋10 | 14♏23 | 4♌59 | 13♓48 | 19♒42 | 26♐29 | ∠ | ⚹ | □ | | ⚼ | | | ⚼ | ☍ |
| 2 | 24 46 | 28♓57 | 10 46 | 14R 16 | 5 02 | 13 50 | 19 42 | 26R 28 | ⚹ | | | ☌ | △ | ⚺ | △ | | |
| 3 | 26 35 | 0♈04 | 11 21 | 14 08 | 5 04 | 13 52 | 19 43 | 26 27 | | □ | | | | | ⚼ | | |
| 4 | 28♈25 | 1 12 | 11 56 | 14 00 | 5 07 | 13 54 | 19 44 | 26 26 | | | △ | | | ☌ | | | ⚼ |
| 5 | 0♉17 | 2 20 | 12 32 | 13 53 | 5 10 | 13 56 | 19 44 | 26 25 | □ | | ⚼ | ⚺ | □ | | | ☍ | |
| 6 | 2 10 | 3 28 | 13 07 | 13 45 | 5 14 | 13 58 | 19 45 | 26 23 | | △ | | ∠ | | ⚺ | | | △ |
| 7 | 4 06 | 4 37 | 13 43 | 13 38 | 5 17 | 14 00 | 19 45 | 26 22 | △ | | | ⚹ | ⚹ | | ☍ | | |
| 8 | 6 03 | 5 45 | 14 18 | 13 30 | 5 20 | 14 02 | 19 46 | 26 21 | | ⚼ | | | ∠ | ∠ | | | □ |
| 9 | 8 02 | 6 53 | 14 54 | 13 22 | 5 24 | 14 04 | 19 46 | 26 20 | ⚼ | | ☍ | | | ⚹ | | ⚼ | |
| 10 | 10 03 | 8 02 | 15 29 | 13 15 | 5 27 | 14 06 | 19 47 | 26 19 | | | | □ | ⚺ | | | △ | |
| 11 | 12 05 | 9 10 | 16 05 | 13 07 | 5 31 | 14 08 | 19 47 | 26 18 | | | | | | □ | ⚼ | | ⚹ |
| 12 | 14 09 | 10 19 | 16 40 | 13 00 | 5 35 | 14 10 | 19 47 | 26 17 | | ☍ | | △ | ☌ | | △ | | ∠ |
| 13 | 16 15 | 11 27 | 17 16 | 12 52 | 5 39 | 14 11 | 19 48 | 26 15 | ☍ | | ⚼ | | | | | □ | ⚺ |
| 14 | 18 22 | 12 36 | 17 51 | 12 45 | 5 42 | 14 13 | 19 48 | 26 14 | | | △ | ⚼ | ⚺ | △ | □ | | |
| 15 | 20 30 | 13 45 | 18 27 | 12 37 | 5 46 | 14 15 | 19 48 | 26 13 | | | | | ∠ | ⚼ | | ⚹ | ☌ |
| 16 | 22 39 | 14 54 | 19 03 | 12 30 | 5 50 | 14 16 | 19 48 | 26 12 | ⚼ | ⚼ | | | | | | ∠ | |
| 17 | 24 49 | 16 03 | 19 39 | 12 23 | 5 55 | 14 18 | 19 49 | 26 10 | | | □ | ☍ | ⚹ | | ⚹ | ⚺ | |
| 18 | 27 00 | 17 12 | 20 14 | 12 16 | 5 59 | 14 19 | 19 49 | 26 09 | △ | △ | | | | ☍ | ∠ | | ⚺ |
| 19 | 29♉11 | 18 22 | 20 50 | 12 08 | 6 03 | 14 21 | 19 49 | 26 08 | | | ⚹ | | □ | | ⚺ | ☌ | ∠ |
| 20 | 1♊23 | 19 31 | 21 26 | 12 01 | 6 08 | 14 22 | 19 49 | 26 06 | □ | □ | ∠ | ⚼ | | | | | ⚹ |
| 21 | 3 34 | 20 40 | 22 02 | 11 54 | 6 12 | 14 24 | 19 49 | 26 05 | | | ⚺ | | △ | ⚼ | ☌ | ⚺ | |
| 22 | 5 45 | 21 50 | 22 38 | 11 48 | 6 17 | 14 25 | 19 49 | 26 04 | ⚹ | | | △ | ⚼ | | | ∠ | □ |
| 23 | 7 56 | 22 59 | 23 13 | 11 41 | 6 21 | 14 26 | 19R 49 | 26 02 | ∠ | ⚹ | | | | △ | ⚺ | ⚹ | |
| 24 | 10 05 | 24 09 | 23 49 | 11 34 | 6 26 | 14 28 | 19 49 | 26 01 | ⚺ | ∠ | ☌ | □ | | | ∠ | | △ |
| 25 | 12 14 | 25 19 | 24 25 | 11 27 | 6 31 | 14 29 | 19 49 | 25 59 | | ⚺ | | | ☍ | □ | ⚹ | | ⚼ |
| 26 | 14 21 | 26 28 | 25 01 | 11 21 | 6 36 | 14 30 | 19 49 | 25 58 | | | ⚺ | ⚹ | | | | □ | |
| 27 | 16 26 | 27 38 | 25 37 | 11 14 | 6 41 | 14 31 | 19 49 | 25 56 | ☌ | | ∠ | ∠ | | ⚹ | □ | | |
| 28 | 18 29 | 28 48 | 26 13 | 11 08 | 6 46 | 14 32 | 19 48 | 25 55 | | ☌ | ⚹ | ⚺ | ⚼ | ∠ | | △ | ☍ |
| 29 | 20 31 | 29♈58 | 26 49 | 11 02 | 6 51 | 14 33 | 19 48 | 25 54 | ⚺ | | | | △ | ⚺ | | ⚼ | |
| 30 | 22 30 | 1♉08 | 27 25 | 10 56 | 6 56 | 14 34 | 19 48 | 25 52 | ∠ | ⚺ | | | | | △ | | |
| 31 | 24♊27 | 2♉18 | 28♋01 | 10♏50 | 7♌01 | 14♓35 | 19♒48 | 25♐51 | | | □ | ☌ | | ☌ | ⚼ | | |

| D M | Saturn Lat. | Saturn Dec. | Uranus Lat. | Uranus Dec. | Neptune Lat. | Neptune Dec. | Pluto Lat. | Pluto Dec. |
|---|---|---|---|---|---|---|---|---|
| | ° ′ | ° ′ | ° ′ | ° ′ | ° ′ | ° ′ | ° ′ | ° ′ |
| 1 | 0N45 | 19N45 | 0S45 | 7S04 | 0S11 | 15S05 | 7N40 | 15S44 |
| 3 | 0 45 | 19 44 | 0 45 | 7 02 | 0 11 | 15 05 | 7 40 | 15 44 |
| 5 | 0 45 | 19 42 | 0 45 | 7 01 | 0 11 | 15 04 | 7 40 | 15 43 |
| 7 | 0 45 | 19 41 | 0 45 | 6 59 | 0 11 | 15 04 | 7 40 | 15 43 |
| 9 | 0 45 | 19 39 | 0 45 | 6 58 | 0 11 | 15 04 | 7 41 | 15 43 |
| 11 | 0 45 | 19 37 | 0 45 | 6 57 | 0 11 | 15 04 | 7 41 | 15 43 |
| 13 | 0 45 | 19 35 | 0 45 | 6 55 | 0 11 | 15 03 | 7 41 | 15 43 |
| 15 | 0 45 | 19 33 | 0 46 | 6 54 | 0 11 | 15 03 | 7 41 | 15 43 |
| 17 | 0 45 | 19 31 | 0 46 | 6 53 | 0 11 | 15 03 | 7 41 | 15 42 |
| 19 | 0 45 | 19 29 | 0 46 | 6 52 | 0 11 | 15 03 | 7 41 | 15 42 |
| 21 | 0 45 | 19 27 | 0 46 | 6 51 | 0 11 | 15 03 | 7 41 | 15 42 |
| 23 | 0 45 | 19 25 | 0 46 | 6 50 | 0 11 | 15 03 | 7 41 | 15 42 |
| 25 | 0 45 | 19 22 | 0 46 | 6 49 | 0 11 | 15 03 | 7 41 | 15 42 |
| 27 | 0 45 | 19 20 | 0 46 | 6 48 | 0 11 | 15 03 | 7 41 | 15 42 |
| 29 | 0 45 | 19 17 | 0 46 | 6 47 | 0 11 | 15 03 | 7 41 | 15 42 |
| 31 | 0N45 | 19N15 | 0S46 | 6S47 | 0S11 | 15S04 | 7N41 | 15S42 |

**Mutual Aspects**

1 ☉#♆. ☿#♅.
2 ☉⚼♇. ♀⚼♃.
3 ☿△♇. ☉#♇.
4 ☉☍♃. ☉⚹♅. ☿∠♅.
5 ☿Q♂. ♃△♅.
6 ☿Q♆.
7 ♀∠♆. ♂△♃. ♂±♆.
8 ☿⚺♀. ☿□♄. ♀△♄. ♂△♅.
9 ♀±♃. 10 ☉□♆.
11 ☉±♇. ☿☍♃. ☿⚼♇. ☿#♃.
12 ☿⚹♅. ☿#♆.
13 ☿#♇.
14 ☉Q♄. ☿⊥♀. ☿⚹♂. ♀▽♃.
15 ☿□♆. ☿±♇. ♀⚺♅.
17 ☉Q♅. ☉▽♇. ☿Q♄. ♂▽♆.
18 ☉☌☿. ☿Q♅. ☿▽♇. ☉∥☿. ☉∥♄.
☿∥♄.
20 ♀⚹♆. 21 ♀⊥♅.
22 ☿⚹♄. ♀#♅. ♆Stat.
23 ☿∠♀. ☿∠♂. ♀□♂. ☿∥♂.
25 ☿▽♃.
26 ☿□♅. ♀△♇.
27 ☿±♃.
28 ☉⚹♄. ♂▽♇.
29 ☿⊥♂. ☿△♆. ♀∠♅.
30 ☿∠♄.
31 ♀Q♆. ♃∠♇. ☉∥♂.

LAST QUARTER–May 20,09h.21m. (29°♒14′)

NEW MOON–June25,16h.05m. ( 3°♋58')

| 12 | | | | | JUNE | 2006 | | | [ RAPHAEL'S |
|---|---|---|---|---|---|---|---|---|---|

| D | D | Sidereal | ⊙ | ⊙ | ☽ | ☽ | ☽ | | 24h. | |
|---|---|---|---|---|---|---|---|---|---|---|
| M | W | Time | Long. | Dec. | Long. | Lat. | Dec. | Node | ☽ Long. | ☽ Dec. |

| | | h m s | ° ′ ″ | ° ′ | ° ′ ″ | ° ′ | ° ′ | ° ′ | ° ′ ″ | ° ′ |
|---|---|---|---|---|---|---|---|---|---|---|
| 1 | Th | 4 39 20 | 10 ♊ 51 53 | 22 N05 | 13 ♋ 52 00 | 3 N45 | 20 N15 | 0 ♈ 58 | 19 ♋ 54 01 | 18 N03 |
| 2 | F | 4 43 16 | 11 49 24 | 22 12 | 25 53 14 | 2 58 | 15 40 | 0 55 | 1 ♍ 50 13 | 13 10 |
| 3 | S | 4 47 13 | 12 46 52 | 22 20 | 7 ♍ 45 39 | 2 03 | 10 34 | 0 52 | 13 40 09 | 7 52 |
| 4 | Su | 4 51 09 | 13 44 20 | 22 27 | 19 34 24 | 1 03 | 5 N06 | 0 49 | 25 29 07 | 2 N17 |
| 5 | M | 4 55 06 | 14 41 47 | 22 34 | 1 ♎ 24 56 | 0 N01 | 0 S33 | 0 46 | 7 ♎ 22 33 | 3 S24 |
| 6 | T | 4 59 03 | 15 39 12 | 22 40 | 13 22 34 | 1 S03 | 6 15 | 0 43 | 19 25 37 | 9 03 |
| 7 | W | 5 02 59 | 16 36 36 | 22 46 | 25 32 13 | 2 04 | 11 48 | 0 39 | 1 ♏ 42 53 | 14 28 |
| 8 | Th | 5 06 56 | 17 33 59 | 22 52 | 7 ♏ 58 01 | 3 01 | 17 01 | 0 36 | 14 17 58 | 19 25 |
| 9 | F | 5 10 52 | 18 31 21 | 22 57 | 20 42 58 | 3 50 | 21 37 | 0 33 | 27 13 08 | 23 36 |
| 10 | S | 5 14 49 | 19 28 43 | 23 01 | 3 ♐ 48 30 | 4 28 | 25 18 | 0 30 | 10 ♐ 28 58 | 26 40 |
| 11 | Su | 5 18 45 | 20 26 03 | 23 06 | 17 14 19 | 4 52 | 27 41 | 0 27 | 24 04 15 | 28 17 |
| 12 | M | 5 22 42 | 21 23 23 | 23 10 | 0 ♑ 58 19 | 5 01 | 28 27 | 0 23 | 7 ♑ 56 03 | 28 10 |
| 13 | T | 5 26 38 | 22 20 42 | 23 13 | 14 56 53 | 4 51 | 27 26 | 0 20 | 22 00 13 | 26 15 |
| 14 | W | 5 30 35 | 23 18 00 | 23 16 | 29 05 28 | 4 24 | 24 39 | 0 17 | 6 ♒ 12 02 | 22 40 |
| 15 | Th | 5 34 32 | 24 15 18 | 23 19 | 13 ♒ 19 22 | 3 41 | 20 21 | 0 14 | 20 26 59 | 17 44 |
| 16 | F | 5 38 28 | 25 12 35 | 23 21 | 27 34 27 | 2 43 | 14 52 | 0 11 | 4 ♓ 41 26 | 11 49 |
| 17 | S | 5 42 25 | 26 09 53 | 23 23 | 11 ♓ 47 37 | 1 36 | 8 37 | 0 08 | 18 52 49 | 5 S19 |
| 18 | Su | 5 46 21 | 27 07 09 | 23 25 | 25 56 51 | 0 S22 | 1 S57 | 0 04 | 2 ♈ 59 37 | 1 N25 |
| 19 | M | 5 50 18 | 28 04 26 | 23 26 | 10 ♈ 01 01 | 0 N52 | 4 N46 | 0 ♈ 01 | 17 00 59 | 8 02 |
| 20 | T | 5 54 14 | 29 01 42 | 23 26 | 23 59 25 | 2 02 | 11 12 | 29 ♓ 58 | 0 ♉ 56 15 | 14 13 |
| 21 | W | 5 58 11 | 29 ♊ 58 58 | 23 26 | 7 ♉ 51 20 | 3 05 | 17 03 | 29 55 | 14 44 31 | 19 38 |
| 22 | Th | 6 02 07 | 0 ♋ 56 14 | 23 26 | 21 35 37 | 3 56 | 21 58 | 29 52 | 28 24 24 | 23 59 |
| 23 | F | 6 06 04 | 1 53 30 | 23 26 | 5 ♊ 10 37 | 4 33 | 25 39 | 29 49 | 11 ♊ 54 01 | 26 56 |
| 24 | S | 6 10 01 | 2 50 46 | 23 25 | 18 34 19 | 4 55 | 27 51 | 29 45 | 25 11 16 | 28 20 |
| 25 | Su | 6 13 57 | 3 48 01 | 23 23 | 1 ♋ 44 38 | 5 00 | 28 26 | 29 42 | 8 ♋ 14 14 | 28 07 |
| 26 | M | 6 17 54 | 4 45 17 | 23 21 | 14 39 54 | 4 50 | 27 26 | 29 39 | 21 01 35 | 26 23 |
| 27 | T | 6 21 50 | 5 42 31 | 23 19 | 27 19 17 | 4 25 | 25 02 | 29 36 | 3 ♌ 33 03 | 23 23 |
| 28 | W | 6 25 47 | 6 39 46 | 23 16 | 9 ♌ 43 03 | 3 48 | 21 29 | 29 33 | 15 49 30 | 19 22 |
| 29 | Th | 6 29 43 | 7 37 00 | 23 13 | 21 52 44 | 3 02 | 17 05 | 29 29 | 27 53 06 | 14 38 |
| 30 | F | 6 33 40 | 8 ♋ 34 13 | 23 N10 | 3 ♍ 51 05 | 2 N07 | 12 N04 | 29 ♓ 26 | 9 ♍ 47 08 | 9 N25 |

| D | Mercury | | | Venus | | | Mars | | | Jupiter | |
|---|---|---|---|---|---|---|---|---|---|---|---|
| M | Lat. | Dec. | | Lat. | Dec. | | Lat. | Dec. | | Lat. | Dec. |
| | ° ′ | ° ′ | ° ′ | ° ′ | ° ′ | ° ′ | ° ′ | ° ′ | ° ′ | ° ′ | ° ′ |
| 1 | 2 N01 | 25 N24 | 25 N 29 | 2 S 02 | 10 N46 | 11 N09 | 1 N 25 | 21 N49 | 21 N 41 | 1 N 16 | 13 S 50 |
| 3 | 2 06 | 25 32 | 25 33 | 2 02 | 11 33 | 11 56 | 1 24 | 21 33 | 21 25 | 1 16 | 13 47 |
| 5 | 2 08 | 25 31 | 25 27 | 2 01 | 12 19 | 12 42 | 1 23 | 21 17 | 21 09 | 1 15 | 13 44 |
| 7 | 2 06 | 25 22 | 25 14 | 2 00 | 13 04 | 13 26 | 1 22 | 20 43 | 20 52 | 1 15 | 13 41 |
| 9 | 2 02 | 25 05 | 24 55 | 1 59 | 13 48 | 14 10 | 1 20 | 20 34 | | 1 15 | 13 39 |
| 11 | 1 55 | 24 42 | 24 29 | 1 57 | 14 31 | 14 53 | 1 21 | 20 25 | 20 16 | 1 14 | 13 37 |
| 13 | 1 45 | 24 14 | 23 58 | 1 55 | 15 13 | 15 34 | 1 21 | 20 06 | 19 57 | 1 14 | 13 34 |
| 15 | 1 32 | 23 42 | 23 24 | 1 53 | 15 54 | 16 14 | 1 20 | 19 47 | 19 38 | 1 13 | 13 32 |
| 17 | 1 16 | 23 05 | 22 46 | 1 51 | 16 33 | 16 53 | 1 19 | 19 28 | 19 18 | 1 13 | 13 31 |
| 19 | 0 58 | 22 26 | 22 06 | 1 48 | 17 11 | 17 30 | 1 19 | 19 08 | 18 58 | 1 12 | 13 29 |
| 21 | 0 37 | 21 45 | 21 24 | 1 45 | 17 47 | 18 05 | 1 18 | 18 47 | 18 37 | 1 12 | 13 28 |
| 23 | 0 N14 | 21 03 | 20 42 | 1 41 | 18 22 | 18 39 | 1 17 | 18 26 | 18 16 | 1 11 | 13 27 |
| 25 | 0 S 12 | 20 21 | 20 00 | 1 38 | 18 55 | 19 11 | 1 16 | 18 05 | 17 54 | 1 11 | 13 26 |
| 27 | 0 39 | 19 39 | 19 19 | 1 34 | 19 26 | 19 41 | 1 16 | 17 43 | 17 32 | 1 10 | 13 25 |
| 29 | 1 08 | 18 59 | 18 N40 | 1 30 | 19 55 | 20 N09 | 1 15 | 17 21 | 17 N 09 | 1 10 | 13 25 |
| 31 | 1 S 38 | 18 N21 | | 1 S 26 | 20 N22 | | 1 N 14 | 16 N58 | | 1 N 09 | 13 S 25 |

FIRST QUARTER–June 3,23h.06m. (13°♍13')

| EPHEMERIS ] | | | | | JUNE | 2006 | | | | | | | | | | | 13 |
|---|---|---|---|---|---|---|---|---|---|---|---|---|---|---|---|---|---|

| D | ☿ | ♀ | ♂ | ♃ | ♄ | ♅ | ♆ | ♇ | Lunar Aspects | | | | | | | | |
|---|---|---|---|---|---|---|---|---|---|---|---|---|---|---|---|---|---|
| M | Long. | Long. | Long. | Long. | Long. | Long. | Long. | Long. | ☉ | ☿ | ♀ | ♂ | ♃ | ♄ | ♅ | ♆ | ♇ |
| 1 | 26♊21 | 3♉28 | 28♋38 | 10♍44 | 7♎07 | 14♓36 | 19≈47 | 25♐49 | ✶ | ∠ | | | □ | | | ☍ | ⊔ |
| 2 | 28♊13 | 4 38 | 29 14 | 10R 38 | 7 12 | 14 37 | 19R 47 | 25R 48 | | ✶ | | ⊻ | | | | | △ |
| 3 | 0♋03 | 5 48 | 29♋50 | 10 33 | 7 18 | 14 38 | 19 47 | 25 46 | □ | | △ | | ✶ | ⊻ | | | |
| 4 | 1 50 | 6 59 | 0♌26 | 10 27 | 7 23 | 14 38 | 19 46 | 25 45 | | | ⊔ | ∠ | ∠ | ∠ | ☍ | | |
| 5 | 3 34 | 8 09 | 1 02 | 10 22 | 7 29 | 14 39 | 19 46 | 25 43 | | □ | | ✶ | | | | ⊔ | □ |
| 6 | 5 15 | 9 19 | 1 38 | 10 17 | 7 35 | 14 40 | 19 45 | 25 41 | △ | | | | ⊻ | ✶ | | | |
| 7 | 6 54 | 10 30 | 2 15 | 10 12 | 7 40 | 14 40 | 19 45 | 25 40 | | | | | | | ⊔ | △ | ✶ |
| 8 | 8 30 | 11 40 | 2 51 | 10 07 | 7 46 | 14 41 | 19 44 | 25 38 | ⊔ | △ | ☍ | □ | ☌ | □ | | | ∠ |
| 9 | 10 03 | 12 51 | 3 27 | 10 02 | 7 52 | 14 41 | 19 44 | 25 37 | ⊔ | | | | | | △ | □ | ⊻ |
| 10 | 11 34 | 14 01 | 4 04 | 9 58 | 7 58 | 14 42 | 19 43 | 25 35 | | | | △ | ⊻ | △ | | | |
| 11 | 13 02 | 15 12 | 4 40 | 9 54 | 8 04 | 14 42 | 19 43 | 25 34 | ☍ | | | ⊔ | | ⊔ | □ | ✶ | |
| 12 | 14 26 | 16 22 | 5 16 | 9 49 | 8 10 | 14 43 | 19 42 | 25 32 | | | ⊔ | | ∠ | | ⊻ | ∠ | ☌ |
| 13 | 15 48 | 17 33 | 5 53 | 9 45 | 8 16 | 14 43 | 19 41 | 25 31 | | ☍ | △ | | ✶ | | ✶ | ⊻ | |
| 14 | 17 07 | 18 44 | 6 29 | 9 41 | 8 22 | 14 43 | 19 41 | 25 29 | | | | ☍ | | ☍ | | ∠ | ⊻ |
| 15 | 18 23 | 19 55 | 7 05 | 9 38 | 8 28 | 14 43 | 19 40 | 25 27 | ⊔ | | | | □ | ☍ | ∠ | ☌ | ∠ |
| 16 | 19 36 | 21 06 | 7 42 | 9 34 | 8 35 | 14 44 | 19 39 | 25 26 | △ | | □ | | | | | | ✶ |
| 17 | 20 46 | 22 16 | 8 18 | 9 31 | 8 41 | 14 44 | 19 38 | 25 24 | | ⊔ | | | △ | | ☌ | | |
| 18 | 21 53 | 23 27 | 8 55 | 9 27 | 8 47 | 14 44 | 19 38 | 25 23 | □ | △ | ✶ | ⊔ | ⊔ | ⊔ | | ⊻ | □ |
| 19 | 22 57 | 24 38 | 9 31 | 9 24 | 8 54 | 14R 44 | 19 37 | 25 21 | | ∠ | △ | | △ | △ | ⊻ | ✶ | |
| 20 | 23 57 | 25 49 | 10 08 | 9 21 | 9 00 | 14 44 | 19 36 | 25 20 | ✶ | □ | ⊻ | | | | ∠ | ✶ | △ |
| 21 | 24 54 | 27 01 | 10 44 | 9 19 | 9 07 | 14 44 | 19 35 | 25 18 | | | | □ | ☍ | □ | ✶ | | |
| 22 | 25 48 | 28 12 | 11 21 | 9 16 | 9 13 | 14 44 | 19 34 | 25 16 | ∠ | ✶ | | | | | | □ | |
| 23 | 26 38 | 29♉23 | 11 58 | 9 14 | 9 20 | 14 43 | 19 33 | 25 15 | ⊻ | | ☌ | | | ✶ | | | |
| 24 | 27 24 | 0♊34 | 12 34 | 9 11 | 9 27 | 14 43 | 19 32 | 25 13 | | ∠ | | ✶ | ⊔ | ∠ | □ | △ | |
| 25 | 28 07 | 1 45 | 13 11 | 9 09 | 9 33 | 14 43 | 19 31 | 25 12 | ☌ | ⊻ | ⊻ | ∠ | | | | ⊔ | ☍ |
| 26 | 28 45 | 2 57 | 13 48 | 9 07 | 9 40 | 14 43 | 19 30 | 25 10 | | | ∠ | ⊻ | △ | ⊻ | △ | ⊻ | |
| 27 | 29 20 | 4 08 | 14 24 | 9 06 | 9 47 | 14 42 | 19 29 | 25 09 | ☌ | | △ | | | | ⊔ | | |
| 28 | 29♋51 | 5 19 | 15 01 | 9 05 | 9 54 | 14 42 | 19 28 | 25 07 | ⊻ | | ✶ | ☌ | □ | ☌ | | | ⊔ |
| 29 | 0♌17 | 6 31 | 15 38 | 9 03 | 10 01 | 14 41 | 19 27 | 25 06 | ∠ | | | | | | | ☍ | △ |
| 30 | 0♌39 | 7♊42 | 16♌15 | 9♍02 | 10♎08 | 14♓41 | 19≈26 | 25♐04 | ✶ | ⊻ | □ | | ✶ | | | | |

| D | Saturn | | Uranus | | Neptune | | Pluto | | Mutual Aspects |
|---|---|---|---|---|---|---|---|---|---|
| M | Lat. | Dec. | Lat. | Dec. | Lat. | Dec. | Lat. | Dec. | |
| 1 | 0N45 | 19N14 | 0S46 | 6S46 | 0S11 | 15S04 | 7N41 | 15S42 | 1 ☉▽♃. ☿□♃. ☿☌♇.<br>3 ☿⊻♂. ♂⊔♅.<br>4 ☿⊥♄. ♀□♄. |
| 3 | 0 45 | 19 11 | 0 46 | 6 46 | 0 12 | 15 04 | 7 41 | 15 42 | 5 ☉□♅.<br>6 ♀⊔♅. ♂±♇.<br>7 ☉±♃. ♀☌♃. ♀⊔♇. |
| 5 | 0 45 | 19 08 | 0 46 | 6 45 | 0 12 | 15 04 | 7 41 | 15 42 | 8 ☉⊥♀. ☿⊻♄.<br>9 ☉∠♂. ☿△♃. ♀♃♃. |
| 7 | 0 45 | 19 05 | 0 46 | 6 45 | 0 12 | 15 05 | 7 41 | 15 42 | 10 ☉△♆.<br>11 ☿±♆. ♀✶♅. |
| 9 | 0 45 | 19 02 | 0 47 | 6 45 | 0 12 | 15 05 | 7 41 | 15 42 | 12 ☉△♅.                13 ♀♃♆. |
| 11 | 0 46 | 18 59 | 0 47 | 6 44 | 0 12 | 15 05 | 7 40 | 15 42 | 14 ☉∠♄. ♀±♇.<br>15 ☉⊔♃. ♀□♆. ☿±♇. |
| 13 | 0 46 | 18 56 | 0 47 | 6 44 | 0 12 | 15 06 | 7 40 | 15 42 | 16 ☉☍♇. ☿▽♆. ☉∥☿.<br>17 ♄±♅. |
| 15 | 0 46 | 18 53 | 0 47 | 6 44 | 0 12 | 15 06 | 7 40 | 15 42 | 18 ♂☌♄. ♂±♅.<br>19 ♂□♃. ♅Stat. |
| 17 | 0 46 | 18 50 | 0 47 | 6 44 | 0 12 | 15 07 | 7 40 | 15 42 | 20 ♀▽♇. ♂⊔♇. |
| 19 | 0 46 | 18 46 | 0 47 | 6 44 | 0 12 | 15 07 | 7 40 | 15 42 | 21 ☿▽♇. ♀⊔♄. ♀⊔♇.<br>22 ⊔♄. ♂∥♄.<br>23 ♀∥♂. |
| 21 | 0 46 | 18 43 | 0 47 | 6 44 | 0 12 | 15 08 | 7 39 | 15 42 | 24 ♀♀♂. ♀∥♄.<br>25 ☉⊥♄.                26 ☉⊔♆. |
| 23 | 0 46 | 18 39 | 0 47 | 6 44 | 0 12 | 15 09 | 7 39 | 15 43 | 27 ☿▽♅. ☿∥♀. |
| 25 | 0 46 | 18 36 | 0 47 | 6 45 | 0 12 | 15 09 | 7 39 | 15 43 | 28 ☿⊔♅.<br>30 ☉△♃. ♄⊔♇. |
| 27 | 0 46 | 18 32 | 0 47 | 6 45 | 0 12 | 15 10 | 7 39 | 15 43 | |
| 29 | 0 46 | 18 29 | 0 47 | 6 45 | 0 12 | 15 11 | 7 38 | 15 43 | |
| 31 | 0N46 | 18N25 | 0S47 | 6S46 | 0S12 | 15S11 | 7N38 | 15S43 | |

| 14 | | | | | JULY | 2006 | | | | [ RAPHAEL'S |
|---|---|---|---|---|---|---|---|---|---|---|

| D | D | Sidereal | ◉ | ◉ | ☽ | ☽ | ☽ | ☽ | 24h. | |
|---|---|---|---|---|---|---|---|---|---|---|
| M | W | Time | Long. | Dec. | Long. | Lat. | Dec. | Node | ☽ Long. | ☽ Dec. |

| | | h  m  s | ° ′ ″ | ° ′ | ° ′ ″ | ° ′ | ° ′ | ° ′ | ° ′ ″ | ° ′ |
|---|---|---|---|---|---|---|---|---|---|---|
| 1 | S | 6 37 36 | 9♋31 26 | 23 N06 | 15♍41 51 | 1 N08 | 6 N41 | 29 ♓ 23 | 21 ♍ 35 49 | 3 N54 |
| 2 | Su | 6 41 33 | 10 28 39 | 23 02 | 27 29 40 | 0 N06 | 1 N05 | 29 20 | 3 ♎ 24 04 | 1 S44 |
| 3 | M | 6 45 30 | 11 25 51 | 22 57 | 9♎19 42 | 0 S57 | 4 S34 | 29 17 | 15 17 14 | 7 22 |
| 4 | T | 6 49 26 | 12 23 03 | 22 52 | 21 17 23 | 1 57 | 10 07 | 29 14 | 27 20 47 | 12 48 |
| 5 | W | 6 53 23 | 13 20 15 | 22 46 | 3 ♏ 28 06 | 2 54 | 15 24 | 29 10 | 9 ♏ 39 54 | 17 52 |
| 6 | Th | 6 57 19 | 14 17 27 | 22 40 | 15 56 45 | 3 43 | 20 10 | 29 07 | 22 19 07 | 22 17 |
| 7 | F | 7 01 16 | 15 14 38 | 22 34 | 28 47 20 | 4 23 | 24 10 | 29 04 | 5 ♐ 21 41 | 25 46 |
| 8 | S | 7 05 12 | 16 11 50 | 22 27 | 12 ♐ 02 17 | 4 50 | 27 02 | 29 01 | 18 49 07 | 27 55 |
| 9 | Su | 7 09 09 | 17 09 01 | 22 20 | 25 42 01 | 5 02 | 28 24 | 28 58 | 2 ♑ 40 40 | 28 26 |
| 10 | M | 7 13 05 | 18 06 12 | 22 13 | 9♑44 34 | 4 56 | 28 00 | 28 55 | 16 53 07 | 27 06 |
| 11 | T | 7 17 02 | 19 03 24 | 22 05 | 24 05 36 | 4 32 | 25 45 | 28 51 | 1 ♒ 21 11 | 23 58 |
| 12 | W | 7 20 59 | 20 00 36 | 21 57 | 8♒38 59 | 3 49 | 21 47 | 28 48 | 15 58 06 | 19 16 |
| 13 | Th | 7 24 55 | 20 57 48 | 21 48 | 23 17 41 | 2 51 | 16 27 | 28 45 | 0 ♓ 36 54 | 13 24 |
| 14 | F | 7 28 52 | 21 55 00 | 21 39 | 7♓55 00 | 1 42 | 10 11 | 28 42 | 15 11 21 | 6 S50 |
| 15 | S | 7 32 48 | 22 52 13 | 21 31 | 22 25 25 | 0 S27 | 3 S25 | 28 39 | 29 36 47 | 0 N01 |
| 16 | Su | 7 36 45 | 23 49 26 | 21 20 | 6 ♈ 45 09 | 0 N49 | 3 N26 | 28 35 | 13 ♈ 50 17 | 6 47 |
| 17 | M | 7 40 41 | 24 46 40 | 21 10 | 20 52 06 | 2 02 | 10 01 | 28 32 | 27 50 31 | 13 07 |
| 18 | T | 7 44 38 | 25 43 55 | 21 00 | 4 ♉ 45 32 | 3 05 | 16 01 | 28 29 | 11 ♉ 37 10 | 18 42 |
| 19 | W | 7 48 34 | 26 41 10 | 20 49 | 18 25 30 | 3 58 | 21 07 | 28 26 | 25 10 34 | 23 14 |
| 20 | Th | 7 52 31 | 27 38 27 | 20 38 | 1 ♊ 52 26 | 4 36 | 25 02 | 28 23 | 8 ♊ 31 06 | 26 29 |
| 21 | F | 7 56 28 | 28 35 44 | 20 27 | 15 06 38 | 4 58 | 27 33 | 28 20 | 21 39 02 | 28 13 |
| 22 | S | 8 00 24 | 29♋33 02 | 20 15 | 28 08 18 | 5 05 | 28 30 | 28 16 | 4 ♋ 34 25 | 28 24 |
| 23 | Su | 8 04 21 | 0 ♌ 30 20 | 20 03 | 10♋57 22 | 4 56 | 27 54 | 28 13 | 17 17 10 | 27 03 |
| 24 | M | 8 08 17 | 1 27 40 | 19 50 | 23 33 50 | 4 33 | 25 52 | 28 10 | 29 47 22 | 24 22 |
| 25 | T | 8 12 14 | 2 24 59 | 19 37 | 5 ♌ 57 50 | 3 57 | 22 36 | 28 07 | 12 ♌ 05 22 | 20 36 |
| 26 | W | 8 16 10 | 3 22 20 | 19 24 | 18 10 05 | 3 10 | 18 24 | 28 04 | 24 12 11 | 16 02 |
| 27 | Th | 8 20 07 | 4 19 41 | 19 11 | 0♍11 53 | 2 16 | 13 31 | 28 01 | 6 ♍ 09 30 | 10 54 |
| 28 | F | 8 24 03 | 5 17 02 | 18 57 | 12 05 22 | 1 16 | 8 12 | 27 57 | 17 59 53 | 5 N26 |
| 29 | S | 8 28 00 | 6 14 24 | 18 43 | 23 53 29 | 0 N13 | 2 N38 | 27 54 | 29 46 39 | 0 S12 |
| 30 | Su | 8 31 57 | 7 11 47 | 18 28 | 5♎39 56 | 0 S50 | 3 S01 | 27 51 | 11 ♎ 33 54 | 5 49 |
| 31 | M | 8 35 53 | 8 ♌ 09 10 | 18 N14 | 17♎29 08 | 1 S52 | 8 S35 | 27 ♓ 48 | 23 ♎ 26 16 | 11 S17 |

| D | Mercury | | Venus | | Mars | | Jupiter | |
|---|---|---|---|---|---|---|---|---|
| M | Lat. | Dec. | Lat. | Dec. | Lat. | Dec. | Lat. | Dec. |

| | ° ′ | ° ′ | ° ′ | ° ′ | ° ′ | ° ′ | ° ′ | ° ′ |
|---|---|---|---|---|---|---|---|---|
| 1 | 1 S38 | 18 N21 / 18 N 03 | 1 S 26 | 20 N22 / 20 N35 | 1 N 14 | 16 N58 / 16 N 46 | 1 N 09 | 13 S 25 |
| 3 | 2 09 | 17 46 / 17 30 | 1 22 | 20 47 / 20 59 | 1 13 | 16 35 / 16 23 | 1 09 | 13 25 |
| 5 | 2 40 | 17 15 / 17 02 | 1 17 | 21 10 / 21 21 | 1 13 | 16 11 / 15 59 | 1 08 | 13 25 |
| 7 | 3 10 | 16 49 / 16 38 | 1 12 | 21 31 / 21 40 | 1 12 | 15 47 / 15 35 | 1 07 | 13 26 |
| 9 | 3 39 | 16 29 / 16 20 | 1 08 | 21 49 / 21 57 | 1 11 | 15 22 / 15 10 | 1 07 | 13 26 |
| 11 | 4 04 | 16 14 / 16 09 | 1 03 | 22 05 / 22 12 | 1 10 | 14 57 / 14 45 | 1 06 | 13 27 |
| 13 | 4 26 | 16 05 / 16 04 | 0 57 | 22 19 / 22 25 | 1 10 | 14 32 / 14 19 | 1 06 | 13 29 |
| 15 | 4 43 | 16 03 / 16 05 | 0 52 | 22 30 / 22 35 | 1 09 | 14 07 / 13 54 | 1 05 | 13 30 |
| 17 | 4 53 | 16 08 / 16 12 | 0 47 | 22 39 / 22 42 | 1 08 | 13 41 / 13 27 | 1 05 | 13 32 |
| 19 | 4 57 | 16 18 / 16 25 | 0 42 | 22 45 / 22 47 | 1 07 | 13 14 / 13 01 | 1 04 | 13 33 |
| 21 | 4 55 | 16 33 / 16 43 | 0 36 | 22 48 / 22 49 | 1 07 | 12 48 / 12 34 | 1 04 | 13 36 |
| 23 | 4 45 | 16 53 / 17 04 | 0 31 | 22 49 / 22 49 | 1 06 | 12 20 / 12 07 | 1 03 | 13 38 |
| 25 | 4 30 | 17 16 / 17 28 | 0 25 | 22 48 / 22 46 | 1 05 | 11 53 / 11 39 | 1 03 | 13 40 |
| 27 | 4 09 | 17 41 / 17 53 | 0 20 | 22 43 / 22 40 | 1 04 | 11 25 / 11 12 | 1 02 | 13 43 |
| 29 | 3 44 | 18 06 / 18 N 19 | 0 14 | 22 36 / 22 N32 | 1 03 | 10 58 / 10 N 43 | 1 02 | 13 46 |
| 31 | 3 S15 | 18 N31 | 0 S 09 | 22 N27 | 1 N 03 | 10 N29 | 1 N 01 | 13 S 49 |

FULL MOON–July11,03h.02m. (18°♑42′)



| D | ☿ | ♀ | ♂ | ♃ | ♄ | ♅ | ♆ | ♇ | Lunar Aspects | | | | | | | | |
|---|---|---|---|---|---|---|---|---|---|---|---|---|---|---|---|---|---|
| M | Long. | Long. | Long. | Long. | Long. | Long. | Long. | Long. | ☉ | ☿ | ♀ | ♂ | ♃ | ♄ | ♅ | ♆ | ♇ |
| | ° ′ | ° ′ | ° ′ | ° ′ | ° ′ | ° ′ | ° ′ | ° ′ | | | | | | | | | |
| 1 | 0♌57 | 8♊54 | 16♌51 | 9♏01 | 10♌15 | 14♓40 | 19♒25 | 25♐03 | | ∠ | | ⊻ | | ⊻ | ☍ | | |
| 2 | 1 10 | 10 05 | 17 28 | 9R 00 | 10 22 | 14R 40 | 19R 24 | 25R 01 | | ✱ | | ∠ | ∠ | ∠ | | | □ |
| 3 | 1 18 | 11 17 | 18 05 | 8 59 | 10 29 | 14 39 | 19 22 | 25 00 | □ | | △ | | ⊻ | ✱ | | ⚼ | |
| 4 | 1 22 | 12 29 | 18 42 | 8 59 | 10 36 | 14 38 | 19 21 | 24 58 | | | | ✱ | | | | △ | ✱ |
| 5 | 1R 21 | 13 40 | 19 19 | 8 59 | 10 43 | 14 38 | 19 20 | 24 57 | | □ | ⚼ | | ☌ | | ⚼ | | |
| 6 | 1 16 | 14 52 | 19 56 | 8D 59 | 10 50 | 14 37 | 19 19 | 24 55 | △ | | | □ | | □ | △ | □ | ∠ |
| 7 | 1 06 | 16 04 | 20 33 | 8 59 | 10 57 | 14 36 | 19 17 | 24 54 | ⚼ | △ | | | | | | | ⊻ |
| 8 | 0 51 | 17 16 | 21 10 | 8 59 | 11 05 | 14 35 | 19 16 | 24 52 | | ⚼ | ☍ | | ⊻ | △ | □ | | |
| 9 | 0 32 | 18 27 | 21 46 | 9 00 | 11 12 | 14 34 | 19 15 | 24 51 | | | | △ | ∠ | ⚼ | | ✱ | ☌ |
| 10 | 0♌09 | 19 39 | 22 23 | 9 00 | 11 19 | 14 33 | 19 14 | 24 49 | | | | ⚼ | ✱ | | ✱ | ∠ | |
| 11 | 29♋42 | 20 51 | 23 01 | 9 01 | 11 26 | 14 32 | 19 12 | 24 48 | ☍ | ☍ | | | | | ∠ | ⊻ | ⊻ |
| 12 | 29 12 | 22 03 | 23 38 | 9 02 | 11 34 | 14 31 | 19 11 | 24 47 | | | ⚼ | | □ | ☍ | ⊻ | | ∠ |
| 13 | 28 38 | 23 15 | 24 15 | 9 03 | 11 41 | 14 30 | 19 10 | 24 45 | | | △ | ☍ | | | | ☌ | ✱ |
| 14 | 28 02 | 24 27 | 24 52 | 9 05 | 11 48 | 14 29 | 19 08 | 24 44 | ⚼ | ⚼ | | | △ | | ☌ | | |
| 15 | 27 24 | 25 39 | 25 29 | 9 06 | 11 56 | 14 28 | 19 07 | 24 43 | △ | △ | □ | | ⚼ | ⚼ | | ⊻ | □ |
| 16 | 26 45 | 26 51 | 26 06 | 9 08 | 12 03 | 14 26 | 19 05 | 24 41 | | | | ⚼ | | △ | | ∠ | |
| 17 | 26 04 | 28 04 | 26 43 | 9 10 | 12 11 | 14 25 | 19 04 | 24 40 | □ | □ | | △ | | | ⊻ | ✱ | △ |
| 18 | 25 24 | 29♊16 | 27 20 | 9 12 | 12 18 | 14 24 | 19 02 | 24 39 | | | ✱ | | ☍ | | ∠ | | ⚼ |
| 19 | 24 45 | 0♋28 | 27 57 | 9 14 | 12 26 | 14 23 | 19 01 | 24 37 | | ✱ | ∠ | | | □ | ✱ | □ | |
| 20 | 24 06 | 1 40 | 28 35 | 9 17 | 12 33 | 14 21 | 18 59 | 24 36 | ✱ | | ⊻ | □ | | | | | |
| 21 | 23 30 | 2 53 | 29 12 | 9 19 | 12 41 | 14 20 | 18 58 | 24 35 | ∠ | ∠ | | | | ✱ | □ | △ | |
| 22 | 22 57 | 4 05 | 29♌49 | 9 22 | 12 48 | 14 18 | 18 56 | 24 34 | ⊻ | ⊻ | | ✱ | ⚼ | ∠ | | ⚼ | ☍ |
| 23 | 22 27 | 5 18 | 0♍27 | 9 25 | 12 56 | 14 17 | 18 55 | 24 32 | | | ☌ | ∠ | △ | ⊻ | △ | | |
| 24 | 22 01 | 6 30 | 1 04 | 9 28 | 13 04 | 14 15 | 18 53 | 24 31 | | ☌ | | | | | ⚼ | | |
| 25 | 21 39 | 7 43 | 1 41 | 9 31 | 13 11 | 14 14 | 18 52 | 24 30 | ☌ | | ⊻ | ⊻ | □ | | | | ⚼ |
| 26 | 21 22 | 8 55 | 2 19 | 9 35 | 13 19 | 14 12 | 18 50 | 24 29 | | ⊻ | | | | ☌ | | ☍ | |
| 27 | 21 11 | 10 08 | 2 56 | 9 38 | 13 26 | 14 10 | 18 49 | 24 28 | ⊻ | ∠ | ∠ | ● | | | | | △ |
| 28 | 21 05 | 11 20 | 3 34 | 9 42 | 13 34 | 14 09 | 18 47 | 24 27 | | | ✱ | | ✱ | ⊻ | ☍ | | |
| 29 | 21D 04 | 12 33 | 4 11 | 9 46 | 13 42 | 14 07 | 18 46 | 24 26 | ∠ | ✱ | | | ∠ | ∠ | | | □ |
| 30 | 21 10 | 13 46 | 4 49 | 9 50 | 13 49 | 14 05 | 18 44 | 24 25 | ✱ | | | ⊻ | ⊻ | | | ⚼ | |
| 31 | 21♋22 | 14♋58 | 5♍26 | 9♏55 | 13♌57 | 14♓04 | 18♒42 | 24♐24 | | □ | □ | ∠ | | ✱ | | △ | |

| D | Saturn | | Uranus | | Neptune | | Pluto | |
|---|---|---|---|---|---|---|---|---|
| M | Lat. | Dec. | Lat. | Dec. | Lat. | Dec. | Lat. | Dec. |
| | ° ′ | ° ′ | ° ′ | ° ′ | ° ′ | ° ′ | ° ′ | ° ′ |
| 1 | 0N46 | 18N25 | 0S47 | 6S46 | 0S12 | 15S11 | 7N38 | 15S43 |
| 3 | 0 46 | 18 21 | 0 47 | 6 46 | 0 12 | 15 12 | 7 38 | 15 43 |
| 5 | 0 46 | 18 18 | 0 47 | 6 47 | 0 12 | 15 13 | 7 37 | 15 44 |
| 7 | 0 47 | 18 14 | 0 48 | 6 48 | 0 12 | 15 14 | 7 37 | 15 44 |
| 9 | 0 47 | 18 10 | 0 48 | 6 49 | 0 12 | 15 15 | 7 36 | 15 44 |
| 11 | 0 47 | 18 06 | 0 48 | 6 49 | 0 12 | 15 15 | 7 36 | 15 45 |
| 13 | 0 47 | 18 02 | 0 48 | 6 50 | 0 12 | 15 16 | 7 36 | 15 45 |
| 15 | 0 47 | 17 58 | 0 48 | 6 51 | 0 12 | 15 17 | 7 35 | 15 45 |
| 17 | 0 47 | 17 54 | 0 48 | 6 52 | 0 12 | 15 18 | 7 35 | 15 46 |
| 19 | 0 47 | 17 50 | 0 48 | 6 53 | 0 12 | 15 19 | 7 34 | 15 46 |
| 21 | 0 47 | 17 46 | 0 48 | 6 54 | 0 12 | 15 20 | 7 34 | 15 46 |
| 23 | 0 47 | 17 41 | 0 48 | 6 56 | 0 12 | 15 21 | 7 33 | 15 47 |
| 25 | 0 48 | 17 37 | 0 48 | 6 57 | 0 12 | 15 22 | 7 33 | 15 47 |
| 27 | 0 48 | 17 33 | 0 48 | 6 58 | 0 12 | 15 23 | 7 32 | 15 48 |
| 29 | 0 48 | 17 29 | 0 48 | 7 00 | 0 12 | 15 24 | 7 32 | 15 48 |
| 31 | 0N48 | 17N24 | 0S48 | 7S01 | 0S12 | 15S25 | 7N31 | 15S49 |

**Mutual Aspects**

1 ☿±♇. ♀⚻♃. ☿ ∥ ♄.
2 ☉⊻♄. ♀✱♄.
4 ☉⊻♀. ☿Stat.
5 ☉⊥♂. ☉±♆. ♂☍♆.
6 ☉△♅. ♀±♃. ♀□♅. ♃Stat.
7 ☿∠♀. ♂#♇.
8 ☿±♇.
10 ♀△♆. ♂#♆.
11 ☉⚻♆. ☿⚼♅. ☉ ∥ ♀.
13 ☿⊥♀.
14 ♀⚼♃. ♀☍♇. ♂△♇.
15 ♀✱♂.
16 ☿⊻♀. ☿⊻♂. ♀∠♄.
17 ☉⚻♇.
18 ☉☌☿. ♂Q♃. ♂#♃.
19 ☿⚻♇.
21 ☿⊥♂.
22 ☉⚼♅. ♀⚼♆.
23 ☉⊻♂. ☉±♇.
25 ♀⊥♄. ♃∠♇.
26 ☿ ∥ ♄.
27 ♀△♃.
29 ♀±♆. ☿Stat.
30 ♀⊻♄. ♀△♅. ☉ ∥ ☿.
31 ☉±♅.

LAST QUARTER–July17,19h.13m. (25°♈04′)

| 16 | | | | | AUGUST | | 2006 | | | | | | [ RAPHAEL'S |
|---|---|---|---|---|---|---|---|---|---|---|---|---|---|

| D | D | Sidereal | ☉ | ☉ | ☽ | ☽ | ☽ | ☽ | ☽ | 24h. | |
|---|---|---|---|---|---|---|---|---|---|---|---|
| M | W | Time | Long. | Dec. | Long. | Lat. | Dec. | Node | ☽ Long. | ☽ Dec. | |

|  |  | h m s | ° ′ ″ | ° ′ | ° ′ ″ | ° ′ | ° ′ | ° ′ | ° ′ ″ | ° ′ |
|---|---|---|---|---|---|---|---|---|---|---|
| 1 | T | 8 39 50 | 9 ♌ 06 34 | 17 N59 | 29 ♎ 25 58 | 2 S 49 | 13 S 55 | 27 ♓ 45 | 5 ♏ 28 51 | 16 S 25 |
| 2 | W | 8 43 46 | 10 03 58 | 17 43 | 11 ♏ 35 34 | 3 40 | 18 48 | 27 41 | 17 46 46 | 21 01 |
| 3 | Th | 8 47 43 | 11 01 24 | 17 28 | 24 03 02 | 4 22 | 23 01 | 27 38 | 0 ✗ 24 55 | 24 47 |
| 4 | F | 8 51 39 | 11 58 49 | 17 12 | 6 ✗ 52 54 | 4 52 | 26 16 | 27 35 | 13 27 22 | 27 25 |
| 5 | S | 8 55 36 | 12 56 16 | 16 56 | 20 08 35 | 5 08 | 28 12 | 27 32 | 26 56 42 | 28 34 |
| 6 | Su | 8 59 32 | 13 53 43 | 16 39 | 3 ♑ 51 43 | 5 07 | 28 30 | 27 29 | 10 ♑ 53 27 | 27 58 |
| 7 | M | 9 03 29 | 14 51 11 | 16 23 | 18 01 34 | 4 47 | 26 58 | 27 26 | 25 15 30 | 25 31 |
| 8 | T | 9 07 26 | 15 48 40 | 16 06 | 2 ♒ 34 35 | 4 09 | 23 38 | 27 22 | 9 ♒ 57 56 | 21 20 |
| 9 | W | 9 11 22 | 16 46 10 | 15 49 | 17 24 37 | 3 14 | 18 41 | 27 19 | 24 53 33 | 15 44 |
| 10 | Th | 9 15 19 | 17 43 41 | 15 31 | 2 ♓ 23 38 | 2 04 | 12 33 | 27 16 | 9 ♓ 53 46 | 9 11 |
| 11 | F | 9 19 15 | 18 41 13 | 15 14 | 17 22 55 | 0 S 46 | 5 S 41 | 27 13 | 24 50 05 | 2 S 08 |
| 12 | S | 9 23 12 | 19 38 46 | 14 56 | 2 ♈ 14 26 | 0 N35 | 1 N26 | 27 10 | 9 ♈ 35 13 | 4 N57 |
| 13 | Su | 9 27 08 | 20 36 21 | 14 37 | 16 51 51 | 1 53 | 8 22 | 27 06 | 24 03 55 | 11 38 |
| 14 | M | 9 31 05 | 21 33 57 | 14 19 | 1 ♉ 11 04 | 3 01 | 14 43 | 27 03 | 8 ♉ 13 10 | 17 35 |
| 15 | T | 9 35 01 | 22 31 35 | 14 00 | 15 10 07 | 3 58 | 20 10 | 27 00 | 22 01 57 | 22 28 |
| 16 | W | 9 38 58 | 23 29 14 | 13 41 | 28 48 46 | 4 39 | 24 26 | 26 57 | 5 ♊ 30 43 | 26 02 |
| 17 | Th | 9 42 55 | 24 26 55 | 13 22 | 12 ♊ 08 01 | 5 04 | 27 16 | 26 54 | 18 40 52 | 28 07 |
| 18 | F | 9 46 51 | 25 24 38 | 13 03 | 25 09 32 | 5 13 | 28 34 | 26 51 | 1 ♋ 34 15 | 28 37 |
| 19 | S | 9 50 48 | 26 22 22 | 12 44 | 7 ♋ 55 15 | 5 06 | 28 18 | 26 47 | 14 12 48 | 27 36 |
| 20 | Su | 9 54 44 | 27 20 07 | 12 24 | 20 27 06 | 4 44 | 26 34 | 26 44 | 26 38 24 | 25 13 |
| 21 | M | 9 58 41 | 28 17 55 | 12 04 | 2 ♌ 46 54 | 4 10 | 23 35 | 26 41 | 8 ♌ 52 49 | 21 42 |
| 22 | T | 10 02 37 | 29 ♌ 15 43 | 11 44 | 14 56 21 | 3 24 | 19 36 | 26 38 | 20 57 43 | 17 19 |
| 23 | W | 10 06 34 | 0 ♍ 13 33 | 11 24 | 26 57 08 | 2 30 | 14 53 | 26 35 | 2 ♍ 54 49 | 12 19 |
| 24 | Th | 10 10 30 | 1 11 25 | 11 03 | 8 ♍ 51 00 | 1 30 | 9 38 | 26 32 | 14 45 58 | 6 54 |
| 25 | F | 10 14 27 | 2 09 18 | 10 42 | 20 39 59 | 0 N26 | 4 N06 | 26 28 | 26 33 22 | 1 N16 |
| 26 | S | 10 18 24 | 3 07 12 | 10 22 | 2 ♎ 26 26 | 0 S 39 | 1 S 34 | 26 25 | 8 ♎ 19 35 | 4 S 23 |
| 27 | Su | 10 22 20 | 4 05 08 | 10 01 | 14 13 13 | 1 42 | 7 11 | 26 22 | 20 07 45 | 9 55 |
| 28 | M | 10 26 17 | 5 03 05 | 9 40 | 26 03 39 | 2 42 | 12 34 | 26 19 | 2 ♏ 01 25 | 15 08 |
| 29 | T | 10 30 13 | 6 01 03 | 9 18 | 8 ♏ 01 35 | 3 35 | 17 34 | 26 16 | 14 04 39 | 19 51 |
| 30 | W | 10 34 10 | 6 59 03 | 8 57 | 20 11 13 | 4 19 | 21 57 | 26 12 | 26 21 48 | 23 49 |
| 31 | Th | 10 38 06 | 7 ♍ 57 04 | 8 N35 | 2 ✗ 36 59 | 4 S 52 | 25 S 27 | 26 ♓ 09 | 8 ✗ 57 17 | 26 S 48 |

| D | Mercury | | | Venus | | | Mars | | | Jupiter | | |
|---|---|---|---|---|---|---|---|---|---|---|---|---|
| M | Lat. | Dec. | | Lat. | Dec. | | Lat. | Dec. | | Lat. | Dec. | |

|  | ° ′ | ° ′ | ° ′ | ° ′ | ° ′ | ° ′ | ° ′ | ° ′ | ° ′ | ° ′ | ° ′ |
|---|---|---|---|---|---|---|---|---|---|---|---|
| 1 | 3 S 00 | 18 N43 | 18 N 55 | 0 S 06 | 22 N21 | 22 N15 | 1 N 02 | 10 N15 | 10 N 01 | 1 N 01 | 13 S 51 |
| 3 | 2 29 | 19 05 | 19 15 | 0 S 01 | 22 08 | 22 00 | 1 01 | 9 46 | 9 32 | 1 00 | 13 54 |
| 5 | 1 57 | 19 23 | 19 30 | 0 N 04 | 21 52 | 21 43 | 1 00 | 9 17 | 9 03 | 1 00 | 13 58 |
| 7 | 1 25 | 19 36 | 19 40 | 0 10 | 21 33 | 21 23 | 1 00 | 8 48 | 8 34 | 0 59 | 14 02 |
| 9 | 0 54 | 19 42 | 19 42 | 0 15 | 21 12 | 21 01 | 0 59 | 8 19 | 8 04 | 0 59 | 14 05 |
| 11 | 0 S 25 | 19 39 | 19 35 | 0 20 | 20 49 | 20 36 | 0 58 | 7 49 | 7 34 | 0 59 | 14 10 |
| 13 | 0 N03 | 19 28 | 19 18 | 0 25 | 20 23 | 20 09 | 0 57 | 7 19 | 7 04 | 0 58 | 14 14 |
| 15 | 0 28 | 19 05 | 18 50 | 0 30 | 19 55 | 19 40 | 0 56 | 6 49 | 6 34 | 0 58 | 14 18 |
| 17 | 0 50 | 18 32 | 18 12 | 0 34 | 19 24 | 19 08 | 0 55 | 6 19 | 6 04 | 0 57 | 14 23 |
| 19 | 1 08 | 17 48 | 17 23 | 0 39 | 18 52 | 18 34 | 0 55 | 5 49 | 5 33 | 0 57 | 14 28 |
| 21 | 1 23 | 16 54 | 16 23 | 0 43 | 18 17 | 17 58 | 0 54 | 5 18 | 5 03 | 0 56 | 14 32 |
| 23 | 1 34 | 15 51 | 15 15 | 0 48 | 17 40 | 17 20 | 0 53 | 4 47 | 4 32 | 0 56 | 14 37 |
| 25 | 1 41 | 14 39 | 14 00 | 0 52 | 17 01 | 16 40 | 0 52 | 4 16 | 4 01 | 0 55 | 14 43 |
| 27 | 1 45 | 13 20 | 12 38 | 0 56 | 16 20 | 15 59 | 0 51 | 3 45 | 3 30 | 0 55 | 14 48 |
| 29 | 1 46 | 11 56 | 11 N 12 | 0 59 | 15 37 | 15 15 | 0 50 | 3 14 | 2 N 59 | 0 55 | 14 53 |
| 31 | 1 N45 | 10 N28 | | 1 N 03 | 14 N52 | | 0 N 49 | 2 N43 | | 0 N 54 | 14 S 59 |

FULL MOON–Aug. 9,10h.54m. (16°♒44′)



| D M | ☿ Long. | ♀ Long. | ♂ Long. | ♃ Long. | ♄ Long. | ♅ Long. | ♆ Long. | ♇ Long. | ⊙ | ☿ | ♀ | ♂ | ♃ | ♄ | ♅ | ♆ | ♇ |
|---|---|---|---|---|---|---|---|---|---|---|---|---|---|---|---|---|---|
| | ° ′ | ° ′ | ° ′ | ° ′ | ° ′ | ° ′ | ° ′ | ° ′ | | | | | | | | | |
| 1 | 21♋41 | 16♋11 | 6♍04 | 9♏59 | 14♌05 | 14♓02 | 18♒41 | 24♐23 | | | | | | | ⚼ | | ⚹ |
| 2 | 22 05 | 17 24 | 6 41 | 10 04 | 14 12 | 14R 00 | 18R 39 | 24R 22 | □ | | | ⚹ | ☌ | □ | △ | | ∠ |
| 3 | 22 37 | 18 37 | 7 19 | 10 08 | 14 20 | 13 58 | 18 38 | 24 21 | | △ | △ | | | | | □ | ⚺ |
| 4 | 23 14 | 19 50 | 7 57 | 10 13 | 14 28 | 13 56 | 18 36 | 24 20 | △ | ⚼ | ⚼ | □ | ⚺ | | | | |
| 5 | 23 58 | 21 03 | 8 34 | 10 18 | 14 36 | 13 54 | 18 34 | 24 19 | | | | | ∠ | △ | □ | ⚹ | ☌ |
| 6 | 24 48 | 22 16 | 9 12 | 10 24 | 14 43 | 13 52 | 18 33 | 24 18 | ⚼ | | | △ | ⚹ | ⚼ | | ∠ | |
| 7 | 25 44 | 23 29 | 9 50 | 10 29 | 14 51 | 13 50 | 18 31 | 24 17 | | | ☍ | ⚼ | | | ⚹ | ⚺ | ⚺ |
| 8 | 26 46 | 24 42 | 10 27 | 10 35 | 14 59 | 13 48 | 18 29 | 24 16 | | ☍ | | | | | ∠ | | ∠ |
| 9 | 27 54 | 25 55 | 11 05 | 10 40 | 15 06 | 13 46 | 18 28 | 24 15 | ☍ | | | | □ | ☍ | ⚺ | ☌ | ⚹ |
| 10 | 29♋07 | 27 08 | 11 43 | 10 46 | 15 14 | 13 44 | 18 26 | 24 15 | | | | | | | | | |
| 11 | 0♌26 | 28 21 | 12 21 | 10 52 | 15 22 | 13 42 | 18 25 | 24 14 | | ⚼ | ⚼ | ☍ | △ | | ☌ | ⚺ | □ |
| 12 | 1 51 | 29♋35 | 12 59 | 10 58 | 15 29 | 13 40 | 18 23 | 24 13 | ⚼ | △ | △ | | ⚼ | ⚼ | | ∠ | |
| 13 | 3 20 | 0♌48 | 13 36 | 11 04 | 15 37 | 13 38 | 18 21 | 24 13 | △ | | | | | △ | ⚺ | ⚹ | |
| 14 | 4 54 | 2 01 | 14 14 | 11 11 | 15 45 | 13 36 | 18 20 | 24 12 | | □ | □ | ⚼ | | | ∠ | | △ |
| 15 | 6 32 | 3 14 | 14 52 | 11 17 | 15 53 | 13 34 | 18 18 | 24 11 | | | | △ | ☍ | □ | ⚹ | □ | ⚼ |
| 16 | 8 14 | 4 28 | 15 30 | 11 24 | 16 00 | 13 31 | 18 16 | 24 11 | □ | | ⚹ | | | | | | |
| 17 | 10 00 | 5 41 | 16 08 | 11 31 | 16 08 | 13 29 | 18 15 | 24 10 | | ⚹ | | □ | | ⚹ | □ | △ | |
| 18 | 11 48 | 6 55 | 16 46 | 11 38 | 16 15 | 13 27 | 18 13 | 24 09 | ⚹ | ∠ | ∠ | | ⚼ | ∠ | | | ☍ |
| 19 | 13 40 | 8 08 | 17 24 | 11 45 | 16 23 | 13 25 | 18 12 | 24 09 | ∠ | | ⚺ | | △ | | △ | ⚼ | |
| 20 | 15 34 | 9 22 | 18 03 | 11 52 | 16 31 | 13 22 | 18 10 | 24 08 | | ⚺ | | ⚹ | | ⚺ | | | |
| 21 | 17 29 | 10 35 | 18 41 | 11 59 | 16 38 | 13 20 | 18 08 | 24 08 | ⚺ | | | ∠ | | | ⚼ | | |
| 22 | 19 27 | 11 49 | 19 19 | 12 07 | 16 46 | 13 18 | 18 07 | 24 08 | | ☌ | ☌ | ⚺ | □ | ☌ | | ☍ | ⚼ |
| 23 | 21 25 | 13 03 | 19 57 | 12 14 | 16 54 | 13 16 | 18 05 | 24 07 | ☌ | | | | | | | | △ |
| 24 | 23 24 | 14 16 | 20 35 | 12 22 | 17 01 | 13 13 | 18 04 | 24 07 | | | | | ⚹ | | ☍ | | |
| 25 | 25 23 | 15 30 | 21 14 | 12 30 | 17 09 | 13 11 | 18 02 | 24 06 | | ⚺ | ⚺ | ● | | ⚺ | | | □ |
| 26 | 27 23 | 16 44 | 21 52 | 12 38 | 17 16 | 13 09 | 18 00 | 24 06 | ⚺ | | ∠ | | ∠ | ∠ | | ⚼ | |
| 27 | 29♌23 | 17 58 | 22 30 | 12 46 | 17 24 | 13 06 | 17 59 | 24 06 | ∠ | ∠ | ⚹ | | ⚺ | ⚹ | | △ | |
| 28 | 1♍22 | 19 12 | 23 08 | 12 54 | 17 31 | 13 04 | 17 57 | 24 06 | | | | ⚺ | | | ⚼ | | ⚹ |
| 29 | 3 21 | 20 26 | 23 47 | 13 03 | 17 39 | 13 01 | 17 56 | 24 05 | ⚹ | ⚹ | | ∠ | ☌ | | △ | | ∠ |
| 30 | 5 19 | 21 39 | 24 25 | 13 11 | 17 46 | 12 59 | 17 54 | 24 05 | | | □ | ⚹ | | □ | | □ | ⚺ |
| 31 | 7♍16 | 22♌53 | 25♍04 | 13♏20 | 17♌53 | 12♓57 | 17♒53 | 24♐05 | □ | □ | | | | | | | |

| D M | Saturn Lat. | Saturn Dec. | Uranus Lat. | Uranus Dec. | Neptune Lat. | Neptune Dec. | Pluto Lat. | Pluto Dec. |
|---|---|---|---|---|---|---|---|---|
| | ° ′ | ° ′ | ° ′ | ° ′ | ° ′ | ° ′ | ° ′ | ° ′ |
| 1 | 0N48 | 17N22 | 0S48 | 7S02 | 0S12 | 15S25 | 7N31 | 15S49 |
| 3 | 0 48 | 17 18 | 0 48 | 7 03 | 0 12 | 15 27 | 7 30 | 15 49 |
| 5 | 0 48 | 17 14 | 0 48 | 7 05 | 0 12 | 15 28 | 7 30 | 15 50 |
| 7 | 0 48 | 17 09 | 0 48 | 7 06 | 0 13 | 15 29 | 7 29 | 15 50 |
| 9 | 0 49 | 17 05 | 0 49 | 7 08 | 0 13 | 15 30 | 7 29 | 15 51 |
| 11 | 0 49 | 17 00 | 0 49 | 7 09 | 0 13 | 15 31 | 7 28 | 15 51 |
| 13 | 0 49 | 16 56 | 0 49 | 7 11 | 0 13 | 15 32 | 7 27 | 15 52 |
| 15 | 0 49 | 16 52 | 0 49 | 7 13 | 0 13 | 15 33 | 7 27 | 15 52 |
| 17 | 0 49 | 16 47 | 0 49 | 7 14 | 0 13 | 15 34 | 7 26 | 15 53 |
| 19 | 0 50 | 16 43 | 0 49 | 7 16 | 0 13 | 15 35 | 7 26 | 15 54 |
| 21 | 0 50 | 16 38 | 0 49 | 7 18 | 0 13 | 15 36 | 7 25 | 15 54 |
| 23 | 0 50 | 16 34 | 0 49 | 7 20 | 0 13 | 15 37 | 7 24 | 15 55 |
| 25 | 0 50 | 16 30 | 0 49 | 7 22 | 0 13 | 15 38 | 7 24 | 15 55 |
| 27 | 0 50 | 16 25 | 0 49 | 7 23 | 0 13 | 15 39 | 7 23 | 15 56 |
| 29 | 0 51 | 16 21 | 0 49 | 7 25 | 0 13 | 15 40 | 7 22 | 15 57 |
| 31 | 0N51 | 16N17 | 0S49 | 7S27 | 0S13 | 15S41 | 7N22 | 15S57 |

**Mutual Aspects**

1 ⊙⚼♇. ♄∇♅.
2 ⊙□♃. 3 ♀∇♆.
4 ⊙∥♄.
5 ☿∇♇.
6 ⊙∇♅.
7 ⊙☌♄.
8 ♀∇♇. ♂⚹♃.
9 ♀∠♂. ⊙⋕♇.
10 ☿⚼♅. ⊙⋕♆.
11 ⊙☍♆. ☿±♇. ♀⚼♅.
13 ♀±♇. ♂☍♅.
14 ⊙⋕♃. ♂⋕♅.
16 ☿±♅.
17 ⊙△♇. ☿⊥♂. ☿⚼♇. ♂⚺♄.
18 ☿□♃. ♀±♅.
19 ☿∇♅.
20 ♀⚼♇. ♂∇♆.
21 ☿☌♄. ☿☍♆.
22 ☿⚺♂. ♀□♃. ☿∥♄.
23 ⊙Q♃. ♀∇♅. ☿⋕♆. ☿⋕♇.
24 ☿△♇.
25 ♀⊥♂. ☿⋕♃.
26 ♀☌♄.
27 ♀☍♆. ♀∥♄.
28 ☿Q♃. ♀⋕♇.
29 ♂⊥♄. ♂±♆. ♂□♇. ♃△♅. ♀⋕♆.
31 ♄☍♆. ♀⋕♃.

LAST QUARTER–Aug.16,01h.51m. (23°♉05′)

NEW MOON–Sep.22,11h.45m. (29°♍20′)

| D | D | Sidereal | ☉ | ☉ | ☽ | ☽ | ☽ | ☽ | | 24h. | |
|---|---|----------|-----|------|-----|-------|-----|------|------|------|------|
| M | W | Time | Long. | Dec. | Long. | Lat. | Dec. | Node | | ☽ Long. | ☽ Dec |

|   |   | h m s | ° ′ ″ | ° ′ | ° ′ ″ | ° ′ | ° ′ | ° ′ | ° ′ ″ | ° ′ |
| 1 | F | 10 42 03 | 8♍55 07 | 8 N14 | 15♐23 13 | 5 S12 | 27 S48 | 26 ♓ 06 | 21 ♐ 55 13 | 28 S 27 |
| 2 | S | 10 45 59 | 9 53 11 | 7 52 | 28 33 39 | 5 16 | 28 42 | 26 03 | 5♑18 50 | 28 32 |
| 3 | Su | 10 49 56 | 10 51 16 | 7 30 | 12♑10 55 | 5 03 | 27 55 | 26 00 | 19 09 57 | 26 51 |
| 4 | M | 10 53 53 | 11 49 23 | 7 08 | 26 15 48 | 4 32 | 25 21 | 25 57 | 3 ≈ 28 10 | 23 25 |
| 5 | T | 10 57 49 | 12 47 31 | 6 46 | 10≈46 37 | 3 43 | 21 06 | 25 53 | 18 10 28 | 18 26 |
| 6 | W | 11 01 46 | 13 45 41 | 6 23 | 25 38 55 | 2 37 | 15 26 | 25 50 | 3 ♓ 10 59 | 12 12 |
| 7 | Th | 11 05 42 | 14 43 52 | 6 01 | 10 ♓ 45 36 | 1 S 20 | 8 46 | 25 47 | 18 21 35 | 5 S 12 |
| 8 | F | 11 09 39 | 15 42 05 | 5 38 | 25 57 43 | 0 N03 | 1 S 33 | 25 44 | 3 ♈ 32 48 | 2 N06 |
| 9 | S | 11 13 35 | 16 40 20 | 5 16 | 11 ♈ 05 42 | 1 26 | 5 N43 | 25 41 | 18 35 20 | 9 13 |
| 10 | Su | 11 17 32 | 17 38 37 | 4 53 | 26 00 48 | 2 42 | 12 34 | 25 38 | 3 ♉ 21 19 | 15 42 |
| 11 | M | 11 21 28 | 18 36 56 | 4 30 | 10 ♉ 36 15 | 3 46 | 18 35 | 25 34 | 17 45 11 | 21 09 |
| 12 | T | 11 25 25 | 19 35 17 | 4 07 | 24 47 48 | 4 34 | 23 23 | 25 31 | 1 ♊ 44 01 | 25 16 |
| 13 | W | 11 29 22 | 20 33 40 | 3 44 | 8 ♊ 33 48 | 5 04 | 26 44 | 25 28 | 15 17 18 | 27 49 |
| 14 | Th | 11 33 18 | 21 32 05 | 3 21 | 21 54 45 | 5 17 | 28 25 | 25 25 | 28 26 26 | 28 43 |
| 15 | F | 11 37 15 | 22 30 32 | 2 58 | 4 ♋52 44 | 5 13 | 28 34 | 25 22 | 11 ♋ 14 02 | 28 03 |
| 16 | S | 11 41 11 | 23 29 02 | 2 35 | 17 30 46 | 4 54 | 27 10 | 25 18 | 23 43 22 | 25 57 |
| 17 | Su | 11 45 08 | 24 27 34 | 2 12 | 29 52 18 | 4 22 | 24 27 | 25 15 | 5 ♌ 58 00 | 22 41 |
| 18 | M | 11 49 04 | 25 26 07 | 1 49 | 12 ♌00 53 | 3 38 | 20 41 | 25 12 | 18 01 21 | 18 29 |
| 19 | T | 11 53 01 | 26 24 43 | 1 26 | 23 59 48 | 2 46 | 16 08 | 25 09 | 29 56 37 | 13 38 |
| 20 | W | 11 56 57 | 27 23 21 | 1 02 | 5♍52 07 | 1 46 | 11 00 | 25 06 | 11 ♍ 46 39 | 8 18 |
| 21 | Th | 12 00 54 | 28 22 01 | 0 39 | 17 40 31 | 0 N43 | 5 N32 | 25 03 | 23 34 01 | 2 N43 |
| 22 | F | 12 04 51 | 29♍20 43 | 0 N16 | 29 27 27 | 0 S 23 | 0 S 08 | 24 59 | 5 ♎ 21 05 | 2 S 58 |
| 23 | S | 12 08 47 | 0♎19 27 | 0 S 08 | 11♎15 11 | 1 27 | 5 47 | 24 56 | 17 10 03 | 8 34 |
| 24 | Su | 12 12 44 | 1 18 12 | 0 31 | 23 05 05 | 2 28 | 11 16 | 24 53 | 29 03 12 | 13 53 |
| 25 | M | 12 16 40 | 2 17 00 | 0 54 | 5 ♏02 05 | 3 23 | 16 23 | 24 50 | 11 ♏ 02 57 | 18 44 |
| 26 | T | 12 20 37 | 3 15 50 | 1 18 | 17 06 07 | 4 09 | 20 56 | 24 47 | 23 11 57 | 22 54 |
| 27 | W | 12 24 33 | 4 14 41 | 1 41 | 29 20 49 | 4 45 | 24 39 | 24 44 | 5 ♐ 33 08 | 26 08 |
| 28 | Th | 12 28 30 | 5 13 34 | 2 05 | 11 ♐49 16 | 5 08 | 27 18 | 24 40 | 18 09 39 | 28 08 |
| 29 | F | 12 32 26 | 6 12 29 | 2 28 | 24 34 41 | 5 17 | 28 37 | 24 37 | 1 ♑ 04 44 | 28 42 |
| 30 | S | 12 36 23 | 7♎11 26 | 2 S 51 | 7♑40 11 | 5 S 10 | 28 S 22 | 24 ♓ 34 | 14 ♑ 21 20 | 27 S 38 |

| D | Mercury | | | Venus | | | Mars | | | Jupiter | |
|---|---------|---|---|-------|---|---|------|---|---|---------|---|
| M | Lat. | Dec. | | Lat. | Dec. | | Lat. | Dec. | | Lat. | Dec. |

|   | ° ′ | ° ′ | ° ′ | ° ′ | ° ′ | ° ′ | ° ′ | ° ′ | ° ′ | ° ′ | ° ′ |
| 1 | 1 N43 | 9 N42 | 8 N 57 | 1 N 04 | 14 N30 | 14 N06 | 0 N 49 | 2 N27 | 2 N 12 | 0 N 54 | 15 S 02 |
| 3 | 1 38 | 8 10 | 7 23 | 1 07 | 13 43 | 13 19 | 0 48 | 1 56 | 1 40 | 0 54 | 15 07 |
| 5 | 1 31 | 6 36 | 5 49 | 1 10 | 12 54 | 12 29 | 0 47 | 1 24 | 1 08 | 0 53 | 15 13 |
| 7 | 1 22 | 5 02 | 4 15 | 1 13 | 12 04 | 11 39 | 0 46 | 0 53 | 0 37 | 0 53 | 15 19 |
| 9 | 1 12 | 3 27 | 2 40 | 1 16 | 11 13 | 10 47 | 0 45 | 0 N21 | 0 N 05 | 0 52 | 15 25 |
| 11 | 1 01 | 1 53 | 1 N 06 | 1 18 | 10 20 | 9 54 | 0 44 | 0 S11 | 0 S 27 | 0 52 | 15 31 |
| 13 | 0 49 | 0 N19 | 0 S 27 | 1 20 | 9 27 | 8 59 | 0 43 | 0 42 | 0 58 | 0 52 | 15 37 |
| 15 | 0 36 | 1 S 13 | 1 59 | 1 21 | 8 32 | 8 04 | 0 42 | 1 14 | 1 30 | 0 51 | 15 43 |
| 17 | 0 22 | 2 44 | 3 29 | 1 23 | 7 36 | 7 08 | 0 41 | 1 46 | 2 02 | 0 51 | 15 49 |
| 19 | 0 N08 | 4 14 | 4 58 | 1 24 | 6 39 | 6 11 | 0 40 | 2 18 | 2 34 | 0 51 | 15 56 |
| 21 | 0 S 07 | 5 41 | 6 24 | 1 25 | 5 42 | 5 13 | 0 39 | 2 49 | 3 05 | 0 50 | 16 02 |
| 23 | 0 22 | 7 07 | 7 49 | 1 26 | 4 44 | 4 14 | 0 38 | 3 21 | 3 37 | 0 50 | 16 09 |
| 25 | 0 37 | 8 30 | 9 10 | 1 26 | 3 45 | 3 16 | 0 37 | 3 53 | 4 09 | 0 50 | 16 15 |
| 27 | 0 51 | 9 50 | 10 30 | 1 26 | 2 46 | 2 16 | 0 37 | 4 25 | 4 40 | 0 49 | 16 22 |
| 29 | 1 06 | 11 08 | 11 S 46 | 1 26 | 1 46 | 1 N16 | 0 36 | 4 56 | 5 S 12 | 0 49 | 16 28 |
| 31 | 1 S 21 | 12 S 24 | | 1 N 26 | 0 N46 | | 0 N 35 | 5 S 28 | | 0 N 49 | 16 S 35 |

FIRST QUARTER–Sep.30,11h.04m. ( 7°♑09′)

FULL MOON–Sep. 7,18h.42m. (15°♓00′)



| D M | ☿ Long. | ♀ Long. | ♂ Long. | ♃ Long. | ♄ Long. | ♅ Long. | ♆ Long. | ♇ Long. | ☉ | ☿ | ♀ | ♂ | ♃ | ♄ | ♅ | ♆ | ♇ |
|---|---|---|---|---|---|---|---|---|---|---|---|---|---|---|---|---|---|
| | ° ′ | ° ′ | ° ′ | ° ′ | ° ′ | ° ′ | ° ′ | ° ′ | | | | | | | | | |
| 1 | 9♍12 | 24♌07 | 25♍42 | 13♏28 | 18♌01 | 12♓54 | 17♒51 | 24♐05 | | | | | ⚺ | △ | □ | ✱ | |
| 2 | 11 08 | 25 21 | 26 21 | 13 37 | 18 08 | 12R 52 | 17R 50 | 24R 05 | | | △ | □ | ∠ | ⚼ | | ∠ | ☌ |
| 3 | 13 02 | 26 35 | 26 59 | 13 46 | 18 16 | 12 50 | 17 48 | 24 05 | △ | △ | ⚼ | | ✱ | | ✱ | ⚺ | |
| 4 | 14 56 | 27 50 | 27 38 | 13 55 | 18 23 | 12 47 | 17 47 | 24 05 | ⚼ | ⚼ | | △ | | | ∠ | | ⚺ |
| 5 | 16 48 | 29♌04 | 28 16 | 14 04 | 18 30 | 12 45 | 17 45 | 24D 05 | | | | ⚼ | □ | | ⚺ | ☌ | ∠ |
| 6 | 18 39 | 0♍18 | 28 55 | 14 14 | 18 37 | 12 42 | 17 44 | 24 05 | | | ☍ | | | ☍ | | | ✱ |
| 7 | 20 29 | 1 32 | 29♍34 | 14 23 | 18 45 | 12 40 | 17 42 | 24 05 | ☍ | | | | △ | | ☌ | ⚺ | |
| 8 | 22 17 | 2 46 | 0♎12 | 14 33 | 18 52 | 12 38 | 17 41 | 24 05 | | ☍ | | ☍ | ⚼ | | | ∠ | □ |
| 9 | 24 05 | 4 00 | 0 51 | 14 42 | 18 59 | 12 35 | 17 40 | 24 05 | | | | | | ⚼ | ⚺ | ✱ | |
| 10 | 25 51 | 5 15 | 1 30 | 14 52 | 19 06 | 12 33 | 17 38 | 24 05 | ⚼ | | ⚼ | | | △ | ∠ | | △ |
| 11 | 27 37 | 6 29 | 2 09 | 15 01 | 19 13 | 12 30 | 17 37 | 24 05 | | ⚼ | △ | ⚼ | ☍ | | ✱ | □ | ⚼ |
| 12 | 29♍21 | 7 43 | 2 48 | 15 11 | 19 20 | 12 28 | 17 36 | 24 06 | △ | △ | | | | □ | | | |
| 13 | 1♎04 | 8 58 | 3 26 | 15 21 | 19 27 | 12 26 | 17 34 | 24 06 | | | □ | △ | | | □ | | |
| 14 | 2 46 | 10 12 | 4 05 | 15 31 | 19 34 | 12 23 | 17 33 | 24 06 | □ | | | | | ✱ | | △ | ☍ |
| 15 | 4 26 | 11 26 | 4 44 | 15 42 | 19 41 | 12 21 | 17 32 | 24 06 | | □ | | □ | ⚼ | ∠ | | ⚼ | |
| 16 | 6 06 | 12 41 | 5 23 | 15 52 | 19 48 | 12 19 | 17 30 | 24 07 | | | ✱ | | △ | ⚺ | △ | | |
| 17 | 7 45 | 13 55 | 6 02 | 16 02 | 19 55 | 12 16 | 17 29 | 24 07 | ✱ | | ∠ | | | | ⚼ | | |
| 18 | 9 22 | 15 10 | 6 41 | 16 13 | 20 01 | 12 14 | 17 28 | 24 08 | ∠ | ✱ | ⚺ | ✱ | □ | | | ☍ | ⚼ |
| 19 | 10 59 | 16 25 | 7 20 | 16 23 | 20 08 | 12 12 | 17 27 | 24 08 | ⚺ | ∠ | | ∠ | | ☌ | | | △ |
| 20 | 12 35 | 17 39 | 8 00 | 16 34 | 20 15 | 12 09 | 17 26 | 24 08 | | | | ⚺ | | | | | |
| 21 | 14 09 | 18 54 | 8 39 | 16 44 | 20 21 | 12 07 | 17 25 | 24 09 | | ⚺ | ☌ | | ✱ | ⚺ | ☍ | | |
| 22 | 15 43 | 20 08 | 9 18 | 16 55 | 20 28 | 12 05 | 17 23 | 24 10 | ☌ | | | | ∠ | | | ⚼ | □ |
| 23 | 17 16 | 21 23 | 9 57 | 17 06 | 20 35 | 12 03 | 17 22 | 24 10 | | | | ☌ | | ∠ | | | |
| 24 | 18 47 | 22 38 | 10 36 | 17 17 | 20 41 | 12 00 | 17 21 | 24 11 | | ☌ | ⚺ | | ⚺ | ✱ | ⚼ | △ | ✱ |
| 25 | 20 18 | 23 52 | 11 16 | 17 28 | 20 48 | 11 58 | 17 20 | 24 11 | ⚺ | | ∠ | | | | | | ∠ |
| 26 | 21 48 | 25 07 | 11 55 | 17 39 | 20 54 | 11 56 | 17 19 | 24 12 | ∠ | ⚺ | | ⚺ | ☌ | □ | △ | □ | |
| 27 | 23 17 | 26 22 | 12 35 | 17 50 | 21 00 | 11 54 | 17 18 | 24 13 | ✱ | | ✱ | ∠ | | | | | ⚺ |
| 28 | 24 44 | 27 37 | 13 14 | 18 02 | 21 07 | 11 52 | 17 17 | 24 13 | | ∠ | | ✱ | ⚺ | | □ | ✱ | |
| 29 | 26 11 | 28♍51 | 13 53 | 18 13 | 21 13 | 11 49 | 17 16 | 24 14 | | ✱ | □ | | | △ | | | ☌ |
| 30 | 27♎37 | 0♎06 | 14♎33 | 18♏24 | 21♌19 | 11♓47 | 17♒15 | 24♐15 | □ | | | | ∠ | ⚼ | ✱ | ∠ | |

| D M | Saturn Lat. | Saturn Dec. | Uranus Lat. | Uranus Dec. | Neptune Lat. | Neptune Dec. | Pluto Lat. | Pluto Dec. |
|---|---|---|---|---|---|---|---|---|
| | ° ′ | ° ′ | ° ′ | ° ′ | ° ′ | ° ′ | ° ′ | ° ′ |
| 1 | 0N51 | 16N14 | 0S49 | 7S28 | 0S13 | 15S41 | 7N21 | 15S58 |
| 3 | 0 51 | 16 10 | 0 49 | 7 30 | 0 13 | 15 42 | 7 21 | 15 58 |
| 5 | 0 51 | 16 06 | 0 49 | 7 32 | 0 13 | 15 43 | 7 20 | 15 59 |
| 7 | 0 52 | 16 02 | 0 49 | 7 33 | 0 13 | 15 44 | 7 19 | 16 00 |
| 9 | 0 52 | 15 57 | 0 49 | 7 35 | 0 13 | 15 45 | 7 19 | 16 00 |
| 11 | 0 52 | 15 53 | 0 49 | 7 37 | 0 13 | 15 46 | 7 18 | 16 01 |
| 13 | 0 52 | 15 49 | 0 49 | 7 39 | 0 13 | 15 46 | 7 17 | 16 02 |
| 15 | 0 53 | 15 45 | 0 49 | 7 41 | 0 13 | 15 47 | 7 17 | 16 02 |
| 17 | 0 53 | 15 41 | 0 49 | 7 42 | 0 13 | 15 48 | 7 16 | 16 03 |
| 19 | 0 53 | 15 37 | 0 49 | 7 44 | 0 13 | 15 49 | 7 15 | 16 04 |
| 21 | 0 53 | 15 33 | 0 49 | 7 46 | 0 13 | 15 49 | 7 15 | 16 05 |
| 23 | 0 54 | 15 29 | 0 49 | 7 48 | 0 13 | 15 50 | 7 14 | 16 05 |
| 25 | 0 54 | 15 25 | 0 49 | 7 49 | 0 13 | 15 51 | 7 13 | 16 06 |
| 27 | 0 54 | 15 21 | 0 49 | 7 51 | 0 13 | 15 51 | 7 13 | 16 07 |
| 29 | 0 54 | 15 17 | 0 49 | 7 53 | 0 13 | 15 52 | 7 12 | 16 07 |
| 31 | 0N55 | 15N14 | 0S48 | 7S54 | 0S13 | 15S52 | 7N11 | 16S08 |

**Mutual Aspects**

1 ☉☌☿. ♀△♇.
3 ☿✱♃. ☿☍♅. ☉⫲♅.
4 ♀⚺♂. ☿⫲♅. ♇Stat.
5 ☉☍♅. ☉∥☿.
6 ☿⚺♄. ☿⚻♆.
7 ☉✱♃. ♂∠♃.
8 ♀Q♃. ♄⫲♇.
9 ☿±♆. ☿□♇.
10 ☉⚻♆. ☿⊥♄.
12 ☉⚺♄. ♂⚼♆.
13 ☿∠♃. ☿⫲♂.
14 ☿⚼♆. ♄⫲♆.
15 ☿☌♂. ☿∠♄. ♂∠♄. ☿∥♂. ♃⫲♄.
16 ☉±♆. ♀☍♅. ♃∥♆.
17 ☉□♇. ☉⫲☿. ♀⫲♅.
18 ☉⫲♂.
19 ☉⊥♄. ☿⊥♃. ♀✱♃.
20 ☿⚻♅. ☿Q♇. ♀⚻♆.
21 ☿⫲♀.
22 ♀⚺♄. ♃∥♇.
23 ☿⚺♃. ☿±♅. ☿△♆.
24 ♃□♆. ☿∥♅.
25 ☉∠♃. ☉⚼♆. ☿✱♄. ♀±♆. ♀□♇.
♂⊥♃. ♀⫲♂.
26 ♂⚻♅. ♂Q♇.
28 ☿✱♇. ♀⊥♄. ☉⫲♀.
29 ☉∠♄. ☿⚼♅. ♃⊥♇.

LAST QUARTER–Sep.14,11h.15m. (21°♊30′)

NEW MOON – Oct.22,05h.14m. (28° ♎ 40′)

| D | D | Sidereal | ☉ | ☉ | ☽ | ☽ | ☽ | ☽ | | 24h. | |
|---|---|----------|---|---|---|---|---|---|---|------|---|
| M | W | Time | Long. | Dec. | Long. | Lat. | Dec. | Node | | ☽ Long. | ☽ Dec. |

|   |    | h  m  s   | °  ′  ″      | °  ′   | °  ′  ″        | °  ′   | °  ′    | °  ′     | °  ′   | °  ′  ″       | °  ′    |
|---|----|-----------|-------------|--------|---------------|--------|---------|----------|--------|--------------|---------|
| 1 | Su | 12 40 20  | 8 ♎ 10 24   | 3 S 15 | 21 ♑ 08 27    | 4 S 45 | 26 S 29 | 24 ♓ 31  | 28 ♑ 01 43 | | 24 S 55 |
| 2 | M  | 12 44 16  | 9   09 25   | 3  38  | 5 ♒ 01 13     | 4  04  | 22  57  | 24       | 28       | 12 ♒ 06 55 | 20  38 |
| 3 | T  | 12 48 13  | 10  08 27   | 4  01  | 19  18 37     | 3  07  | 17  59  | 24       | 26       | 26  36 00 | 15  02 |
| 4 | W  | 12 52 09  | 11  07 30   | 4  24  | 3 ♓ 58 36     | 1  56  | 11  51  | 24       | 21       | 11 ♓ 25 44 | 8  27 |
| 5 | Th | 12 56 06  | 12  06 36   | 4  47  | 18  56 35     | 0 S 35 | 4 S 55  | 24       | 18       | 26  30 11 | 1 S 18 |
| 6 | F  | 13 00 02  | 13  05 43   | 5  10  | 4 ♈ 05 27     | 0 N48  | 2 N22   | 24       | 15       | 11 ♈ 41 14 | 5 N59 |
| 7 | S  | 13 03 59  | 14  04 52   | 5  33  | 19  16 17     | 2  08  | 9  31   | 24       | 12       | 26  49 25 | 12  55 |
| 8 | Su | 13 07 55  | 15  04 03   | 5  56  | 4 ♉ 19 28     | 3  19  | 16  05  | 24       | 09       | 11 ♉ 45 22 | 18  59 |
| 9 | M  | 13 11 52  | 16  03 17   | 6  19  | 19  06 12     | 4  15  | 21  35  | 24       | 05       | 26  21 12 | 23  49 |
| 10| T  | 13 15 49  | 17  02 33   | 6  42  | 3 ♊ 29 47     | 4  53  | 25  39  | 24       | 02       | 10 ♊ 31 33 | 27  03 |
| 11| W  | 13 19 45  | 18  01 51   | 7  04  | 17  26 17     | 5  12  | 28  02  | 23       | 59       | 24  13 57 | 28  34 |
| 12| Th | 13 23 42  | 19  01 12   | 7  27  | 0 ♋ 54 38     | 5  14  | 28  40  | 23       | 56       | 7 ♋ 28 36 | 28  21 |
| 13| F  | 13 27 38  | 20  00 34   | 7  49  | 13  56 12     | 4  58  | 27  39  | 23       | 53       | 20  17 53 | 26  36 |
| 14| S  | 13 31 35  | 21  00 00   | 8  12  | 26  34 08     | 4  29  | 25  14  | 23       | 50       | 2 ♌ 45 32 | 23  36 |
| 15| Su | 13 35 31  | 21  59 27   | 8  34  | 8 ♌ 52 38     | 3  48  | 21  42  | 23       | 46       | 14  56 03 | 19  36 |
| 16| M  | 13 39 28  | 22  58 57   | 8  56  | 20  56 22     | 2  57  | 17  19  | 23       | 43       | 26  54 10 | 14  53 |
| 17| T  | 13 43 24  | 23  58 29   | 9  18  | 2 ♍ 50 01     | 2  00  | 12  20  | 23       | 40       | 8 ♍ 44 29 | 9  40 |
| 18| W  | 13 47 21  | 24  58 03   | 9  40  | 14  38 02     | 0 N58  | 6  56   | 23       | 37       | 20  31 10 | 4 N09 |
| 19| Th | 13 51 18  | 25  57 39   | 10  02 | 26  24 19     | 0 S 07 | 1 N20   | 23       | 34       | 2 ♎ 17 53 | 1 S 30 |
| 20| F  | 13 55 14  | 26  57 17   | 10  23 | 8 ♎ 12 13     | 1  11  | 4 S 20  | 23       | 30       | 14  07 39 | 7  08 |
| 21| S  | 13 59 11  | 27  56 58   | 10  45 | 20  04 28     | 2  12  | 9  53   | 23       | 27       | 26  02 55 | 12  33 |
| 22| Su | 14 03 07  | 28  56 40   | 11  06 | 2 ♏ 03 14     | 3  08  | 15  07  | 23       | 24       | 8 ♏ 05 36 | 17  34 |
| 23| M  | 14 07 04  | 29 ♎ 56 25  | 11  27 | 14  10 12     | 3  56  | 19  50  | 23       | 21       | 20  17 11 | 21  56 |
| 24| T  | 14 11 00  | 0 ♏ 56 11   | 11  48 | 26  26 43     | 4  33  | 23  47  | 23       | 18       | 2 ♐ 38 57 | 25  23 |
| 25| W  | 14 14 57  | 1  56 00    | 12  09 | 8 ♐ 54 02     | 4  59  | 26  42  | 23       | 15       | 15  12 07 | 27  41 |
| 26| Th | 14 18 53  | 2  55 50    | 12  29 | 21  33 22     | 5  10  | 28  20  | 23       | 11       | 27  57 59 | 28  35 |
| 27| F  | 14 22 50  | 3  55 42    | 12  50 | 4 ♑ 26 07     | 5  06  | 28  28  | 23       | 08       | 10 ♑ 58 01 | 27  56 |
| 28| S  | 14 26 47  | 4  55 36    | 13  10 | 17  33 53     | 4  46  | 27  01  | 23       | 05       | 24  13 55 | 25  42 |
| 29| Su | 14 30 43  | 5  55 31    | 13  30 | 0 ♒ 58 53     | 4  10  | 24  00  | 23       | 02       | 7 ♒ 47 17 | 21  58 |
| 30| M  | 14 34 40  | 6  55 28    | 13  50 | 14  40 57     | 3  19  | 19  36  | 22       | 59       | 21  39 25 | 16  57 |
| 31| T  | 14 38 36  | 7 ♏ 55 27   | 14 S 09| 28 ♒ 42 42    | 2 S 15 | 14 S 02 | 22 ♓ 55  | 5 ♓ 50 44  | | 10 S 55 |

| D |   | Mercury |   | | Venus |   | | Mars |   | | Jupiter |   |
|---|---|---------|---|---|-------|---|---|------|---|---|---------|---|
| M | Lat. | Dec. | | Lat. | Dec. | | Lat. | Dec. | | Lat. | Dec. | |

|    | °  ′    | °  ′   | °  ′    | °  ′   | °  ′   | °  ′   | °  ′   | °  ′   | °  ′   | °  ′   | °  ′   |
|----|---------|--------|---------|--------|--------|--------|--------|--------|--------|--------|--------|
| 1  | 1 S 21  | 12 S 24 | 13 S 00 | 1 N 26 | 0 N46  | 0 N16  | 0 N 35 | 5 S 28 | 5 S 43 | 0 N 49 | 16 S 35 |
| 3  | 1  35   | 13  36 | 14  10  | 1  25  | 0 S 14 | 0 S 44 | 0  34  | 5  59  | 6  15  | 0  49  | 16  41 |
| 5  | 1  49   | 14  44 | 15  17  | 1  24  | 1  14  | 1  44  | 0  33  | 6  30  | 6  46  | 0  48  | 16  48 |
| 7  | 2  03   | 15  49 | 16  21  | 1  23  | 2  14  | 2  44  | 0  32  | 7  01  | 7  17  | 0  48  | 16  55 |
| 9  | 2  15   | 16  51 | 17  20  | 1  22  | 3  14  | 3  44  | 0  30  | 7  32  | 7  48  | 0  48  | 17  01 |
| 11 | 2  27   | 17  48 | 18  15  | 1  20  | 4  14  | 4  44  | 0  29  | 8  03  | 8  18  | 0  47  | 17  08 |
| 13 | 2  38   | 18  41 | 19  05  | 1  18  | 5  13  | 5  43  | 0  28  | 8  34  | 8  49  | 0  47  | 17  15 |
| 15 | 2  48   | 19  29 | 19  50  | 1  16  | 6  13  | 6  42  | 0  27  | 9  04  | 9  19  | 0  47  | 17  21 |
| 17 | 2  56   | 20  11 | 20  30  | 1  13  | 7  11  | 7  40  | 0  26  | 9  35  | 9  50  | 0  47  | 17  28 |
| 19 | 3  02   | 20  47 | 21  03  | 1  11  | 8  09  | 8  38  | 0  25  | 10  05 | 10  20 | 0  46  | 17  35 |
| 21 | 3  05   | 21  16 | 21  28  | 1  08  | 9  07  | 9  35  | 0  24  | 10  34 | 10  49 | 0  46  | 17  41 |
| 23 | 3  06   | 21  38 | 21  45  | 1  05  | 10  03 | 10  31 | 0  23  | 11  04 | 11  19 | 0  46  | 17  48 |
| 25 | 3  03   | 21  51 | 21  53  | 1  02  | 10  58 | 11  26 | 0  22  | 11  33 | 11  48 | 0  46  | 17  54 |
| 27 | 2  57   | 21  53 | 21  49  | 0  58  | 11  53 | 12  20 | 0  21  | 12  02 | 12  17 | 0  46  | 18  01 |
| 29 | 2  46   | 21  42 | 21 S 32 | 0  55  | 12  47 | 13 S 13 | 0  20  | 12  31 | 12 S 45 | 0  45  | 18  07 |
| 31 | 2 S 28  | 21 S 18 |         | 0 N 51 | 13 S 39 |        | 0 N 19 | 12 S 59 |        | 0 N 45 | 18 S 14 |

FIRST QUARTER – Oct.29,21h.25m. ( 6° ♒ 19′)

FULL MOON–Oct. 7,03h.13m. (13°♈43′)



| D | ☿ | ♀ | ♂ | ♃ | ♄ | ♅ | ♆ | ♇ | Lunar Aspects | | | | | | | | |
|---|---|---|---|---|---|---|---|---|---|---|---|---|---|---|---|---|---|
| M | Long. | Long. | Long. | Long. | Long. | Long. | Long. | Long. | ☉ | ☿ | ♀ | ♂ | ♃ | ♄ | ♅ | ♆ | ♇ |
| | ° ′ | ° ′ | ° ′ | ° ′ | ° ′ | ° ′ | ° ′ | ° ′ | | | | | | | | | |
| 1 | 29♎02 | 1♎21 | 15♎12 | 18♏36 | 21♌25 | 11♓45 | 17♒14 | 24♐16 | | | | □ | ⚹ | | ∠ | ⊻ | ⊻ |
| 2 | 0♏26 | 2 36 | 15 52 | 18 47 | 21 31 | 11R 43 | 17R 14 | 24 17 | △ | □ | △ | | | | ⊻ | | ∠ |
| 3 | 1 48 | 3 51 | 16 32 | 18 59 | 21 37 | 11 41 | 17 13 | 24 18 | ⚻ | | ⚻ | △ | □ | ☍ | | ☌ | ⚹ |
| 4 | 3 10 | 5 06 | 17 11 | 19 11 | 21 43 | 11 39 | 17 12 | 24 19 | | △ | | ⚻ | | | | | |
| 5 | 4 30 | 6 20 | 17 51 | 19 22 | 21 49 | 11 37 | 17 11 | 24 19 | | ⚻ | | | △ | | ☌ | ⊻ | □ |
| 6 | 5 50 | 7 35 | 18 31 | 19 34 | 21 55 | 11 35 | 17 10 | 24 20 | | | ☍ | | ⚻ | ⚻ | ⊻ | ∠ | |
| 7 | 7 08 | 8 50 | 19 10 | 19 46 | 22 00 | 11 33 | 17 10 | 24 21 | ☍ | | | ☍ | | △ | ∠ | ⚹ | △ |
| 8 | 8 24 | 10 05 | 19 50 | 19 58 | 22 06 | 11 32 | 17 09 | 24 23 | | ☍ | | | | | ⚹ | | ⚻ |
| 9 | 9 40 | 11 20 | 20 30 | 20 10 | 22 12 | 11 30 | 17 08 | 24 24 | | | | | ☍ | □ | | □ | |
| 10 | 10 53 | 12 35 | 21 10 | 20 22 | 22 17 | 11 28 | 17 08 | 24 25 | ⚻ | | ⚻ | ⚻ | | | | | |
| 11 | 12 06 | 13 50 | 21 50 | 20 34 | 22 23 | 11 26 | 17 07 | 24 26 | △ | | △ | △ | | ⚹ | □ | △ | |
| 12 | 13 16 | 15 05 | 22 30 | 20 46 | 22 28 | 11 24 | 17 07 | 24 27 | | ⚻ | | | ⚻ | | | ⚻ | ☍ |
| 13 | 14 25 | 16 20 | 23 10 | 20 58 | 22 33 | 11 23 | 17 06 | 24 28 | | △ | □ | | | ∠ | △ | | |
| 14 | 15 32 | 17 35 | 23 50 | 21 11 | 22 38 | 11 21 | 17 06 | 24 29 | □ | | | □ | △ | ⊻ | ⚻ | | |
| 15 | 16 36 | 18 50 | 24 30 | 21 23 | 22 44 | 11 19 | 17 05 | 24 31 | | | | | | | | | ⚻ |
| 16 | 17 38 | 20 05 | 25 10 | 21 35 | 22 49 | 11 18 | 17 05 | 24 32 | ⚹ | □ | ⚹ | ⚹ | □ | ☌ | | ☍ | △ |
| 17 | 18 38 | 21 20 | 25 50 | 21 48 | 22 54 | 11 16 | 17 04 | 24 33 | | | ∠ | | | | | | |
| 18 | 19 35 | 22 36 | 26 31 | 22 00 | 22 59 | 11 15 | 17 04 | 24 34 | ∠ | ⚹ | | ∠ | | | ☍ | | |
| 19 | 20 28 | 23 51 | 27 11 | 22 13 | 23 03 | 11 13 | 17 03 | 24 36 | ⊻ | | ⊻ | ⊻ | ⚹ | ⊻ | | ⚻ | □ |
| 20 | 21 18 | 25 06 | 27 51 | 22 25 | 23 08 | 11 12 | 17 03 | 24 37 | | ∠ | | | ∠ | ∠ | | | |
| 21 | 22 05 | 26 21 | 28 31 | 22 38 | 23 13 | 11 10 | 17 03 | 24 39 | | ⊻ | | | ⊻ | ⚹ | | △ | ⚹ |
| 22 | 22 47 | 27 36 | 29 12 | 22 51 | 23 18 | 11 09 | 17 03 | 24 40 | ☌ | | ☌ | ☌ | | | ⚻ | | |
| 23 | 23 24 | 28♎51 | 29♎52 | 23 03 | 23 22 | 11 07 | 17 02 | 24 41 | | | | | | | △ | □ | ∠ |
| 24 | 23 57 | 0♏06 | 0♏33 | 23 16 | 23 26 | 11 06 | 17 02 | 24 43 | ⊻ | ☌ | ⊻ | ⊻ | ☌ | □ | | | ⊻ |
| 25 | 24 24 | 1 22 | 1 13 | 23 29 | 23 31 | 11 05 | 17 02 | 24 44 | | | | | | | □ | | |
| 26 | 24 44 | 2 37 | 1 54 | 23 42 | 23 35 | 11 04 | 17 02 | 24 46 | ∠ | ⊻ | ∠ | ∠ | ⊻ | △ | | ⚹ | ☌ |
| 27 | 24 58 | 3 52 | 2 34 | 23 55 | 23 39 | 11 03 | 17 02 | 24 48 | ⚹ | ∠ | ⚹ | ⚹ | ∠ | ⚻ | | ∠ | |
| 28 | 25 04 | 5 07 | 3 15 | 24 07 | 23 43 | 11 01 | 17 02 | 24 49 | | | | | | | ⚹ | ⊻ | |
| 29 | 25R 03 | 6 22 | 3 56 | 24 20 | 23 47 | 11 00 | 17D 02 | 24 51 | □ | ⚹ | □ | □ | ⚹ | | ∠ | | ⊻ |
| 30 | 24 52 | 7 38 | 4 36 | 24 33 | 23 51 | 10 59 | 17 02 | 24 52 | | | | | | | ⊻ | ☌ | ∠ |
| 31 | 24♏33 | 8♏53 | 5♏17 | 24♏46 | 23♌55 | 10♓58 | 17♒02 | 24♐54 | | □ | | △ | □ | ☍ | | | ⚹ |

| D | Saturn | | Uranus | | Neptune | | Pluto | |
|---|---|---|---|---|---|---|---|---|
| M | Lat. | Dec. | Lat. | Dec. | Lat. | Dec. | Lat. | Dec. |
| | ° ′ | ° ′ | ° ′ | ° ′ | ° ′ | ° ′ | ° ′ | ° ′ |
| 1 | 0N55 | 15N14 | 0S48 | 7S54 | 0S13 | 15S52 | 7N11 | 16S08 |
| 3 | 0 55 | 15 10 | 0 48 | 7 56 | 0 13 | 15 53 | 7 11 | 16 09 |
| 5 | 0 55 | 15 07 | 0 48 | 7 57 | 0 13 | 15 54 | 7 10 | 16 10 |
| 7 | 0 56 | 15 03 | 0 48 | 7 59 | 0 13 | 15 54 | 7 09 | 16 10 |
| 9 | 0 56 | 15 00 | 0 48 | 8 00 | 0 13 | 15 54 | 7 09 | 16 11 |
| 11 | 0 56 | 14 57 | 0 48 | 8 01 | 0 13 | 15 55 | 7 08 | 16 12 |
| 13 | 0 57 | 14 53 | 0 48 | 8 02 | 0 13 | 15 55 | 7 07 | 16 12 |
| 15 | 0 57 | 14 50 | 0 48 | 8 04 | 0 13 | 15 55 | 7 07 | 16 13 |
| 17 | 0 57 | 14 47 | 0 48 | 8 05 | 0 13 | 15 56 | 7 06 | 16 14 |
| 19 | 0 58 | 14 44 | 0 48 | 8 06 | 0 13 | 15 56 | 7 06 | 16 15 |
| 21 | 0 58 | 14 42 | 0 48 | 8 07 | 0 13 | 15 56 | 7 05 | 16 15 |
| 23 | 0 58 | 14 39 | 0 48 | 8 08 | 0 13 | 15 56 | 7 04 | 16 16 |
| 25 | 0 59 | 14 36 | 0 48 | 8 09 | 0 13 | 15 56 | 7 04 | 16 17 |
| 27 | 0 59 | 14 34 | 0 48 | 8 10 | 0 13 | 15 56 | 7 03 | 16 17 |
| 29 | 0 59 | 14 32 | 0 48 | 8 11 | 0 13 | 15 56 | 7 03 | 16 18 |
| 31 | 1N00 | 14N29 | 0S48 | 8S11 | 0S13 | 15S56 | 7N02 | 16S19 |

**Mutual Aspects**

2 ♀⚻♆. 3 ♀∠♃.
4 ☿Q♄. ♂△♆.
5 ☉▽♅. ☉Q♇. ♀∠♄. ♂±♅.
6 ☿⋕♄.
7 ☉⊥♃. ☿∥♆.
8 ♂⊻♃. ☿∥♇.
9 ☿∠♇. ♀▽♅. ☿∥♃.
10 ☉±♅. ☉△♆. ☿△♅. ♀Q♇.
11 ♂∥♅.
12 ♀⊥♃. ♂⚹♄.
14 ☉⊻♃. ♀±♅. ♀△♆. ☉∥♅.
15 ☿□♆. ♂⚹♇.
16 ☉⚹♄.
17 ☿⊥♇. ♀⊻♃.
18 ☉⚹♇. ♀⚹♄. ♂⚻♅.
19 ☉⚻♅. ☉∥♂. ♀∥♅.
20 ♀⚹♇. 21 ♀⚻♅.
22 ☿☌♃.
23 ☉☌♂. ☿□♄.
25 ♀☌♂. ♃□♄.
26 ☿⊻♇. 27 ☉☌♀.
28 ♀∥♂. ☿Stat.
29 ☉Q♄. ♀Q♄. ♆Stat.
30 ☿⊻♇. 31 ☿☌♃.

LAST QUARTER–Oct.14,00h.26m. (20°♋31′)

| 22 | | | | | NOVEMBER | 2006 | | | [ RAPHAEL'S |
|---|---|---|---|---|---|---|---|---|---|

| D | D | Sidereal | ☉ | ☉ | ☽ | ☽ | ☽ | ☽ | 24h. | |
|---|---|---|---|---|---|---|---|---|---|---|
| M | W | Time | Long. | Dec. | Long. | Lat. | Dec. | Node | ☽ Long. | ☽ Dec. |

| | | h m s | ° ′ ″ | ° ′ | ° ′ ″ | ° ′ | ° ′ | ° ′ | ° ′ ″ | ° ′ |
|---|---|---|---|---|---|---|---|---|---|---|
| 1 | W | 14 42 33 | 8 ♏ 55 27 | 14 S 28 | 13 ♓ 03 20 | 1 S 02 | 7 S 37 | 22 ✕ 52 | 20 ♓ 20 11 | 4 S 11 |
| 2 | Th | 14 46 29 | 9 55 28 | 14 47 | 27 40 50 | 0 N17 | 0 S 40 | 22 49 | 5 ♈ 04 42 | 2 N53 |
| 3 | F | 14 50 26 | 10 55 31 | 15 06 | 12 ♈ 31 02 | 1 36 | 6 N25 | 22 46 | 19 58 58 | 9 52 |
| 4 | S | 14 54 22 | 11 55 36 | 15 25 | 27 27 30 | 2 48 | 13 11 | 22 43 | 4 ♉ 55 35 | 16 18 |
| 5 | Su | 14 58 19 | 12 55 43 | 15 43 | 12 ♉ 22 08 | 3 49 | 19 11 | 22 40 | 19 46 01 | 21 45 |

| 6 | M | 15 02 16 | 13 55 52 | 16 01 | 27 06 14 | 4 33 | 23 57 | 22 36 | 4 ♊ 21 49 | 25 45 |
|---|---|---|---|---|---|---|---|---|---|---|
| 7 | T | 15 06 12 | 14 56 02 | 16 19 | 11 ♊ 31 57 | 5 00 | 27 07 | 22 33 | 18 36 01 | 28 01 |
| 8 | W | 15 10 09 | 15 56 15 | 16 37 | 25 33 32 | 5 07 | 28 29 | 22 30 | 2 ♋ 24 12 | 28 29 |
| 9 | Th | 15 14 05 | 16 56 29 | 16 54 | 9 ♋ 07 55 | 4 56 | 28 03 | 22 27 | 15 44 44 | 27 14 |
| 10 | F | 15 18 02 | 17 56 46 | 17 11 | 22 14 53 | 4 30 | 26 03 | 22 24 | 28 38 42 | 24 33 |

| 11 | S | 15 21 58 | 18 57 04 | 17 27 | 4 ♌ 56 37 | 3 51 | 22 46 | 22 21 | 11 ♌ 09 10 | 20 46 |
|---|---|---|---|---|---|---|---|---|---|---|
| 12 | Su | 15 25 55 | 19 57 24 | 17 44 | 17 16 58 | 3 03 | 18 33 | 22 17 | 23 20 39 | 16 11 |
| 13 | M | 15 29 51 | 20 57 47 | 18 00 | 29 20 54 | 2 07 | 13 41 | 22 14 | 5 ♍ 18 22 | 11 04 |
| 14 | T | 15 33 48 | 21 58 11 | 18 16 | 11 ♍ 13 46 | 1 07 | 8 23 | 22 11 | 17 07 46 | 5 38 |
| 15 | W | 15 37 45 | 22 58 37 | 18 31 | 23 01 00 | 0 N04 | 2 N50 | 22 08 | 28 54 06 | 0 N01 |

| 16 | Th | 15 41 41 | 23 59 04 | 18 46 | 4 ♎ 47 39 | 0 S 59 | 2 S 48 | 22 05 | 10 ♎ 42 11 | 5 S 37 |
|---|---|---|---|---|---|---|---|---|---|---|
| 17 | F | 15 45 38 | 24 59 34 | 19 01 | 16 38 12 | 1 59 | 8 23 | 22 01 | 22 36 07 | 11 05 |
| 18 | S | 15 49 34 | 26 00 05 | 19 15 | 28 36 20 | 2 55 | 13 42 | 21 58 | 4 ♏ 39 09 | 16 13 |
| 19 | Su | 15 53 31 | 27 00 38 | 19 29 | 10 ♏ 44 50 | 3 43 | 18 35 | 21 55 | 16 53 33 | 20 47 |
| 20 | M | 15 57 27 | 28 01 13 | 19 43 | 23 05 26 | 4 22 | 22 46 | 21 52 | 29 20 35 | 24 31 |

| 21 | T | 16 01 24 | 29 ♏ 01 49 | 19 57 | 5 ♐ 38 59 | 4 49 | 25 59 | 21 49 | 12 ♐ 00 37 | 27 08 |
|---|---|---|---|---|---|---|---|---|---|---|
| 22 | W | 16 05 20 | 0 ♐ 02 27 | 20 10 | 18 25 27 | 5 01 | 27 56 | 21 46 | 24 53 22 | 28 22 |
| 23 | Th | 16 09 17 | 1 03 06 | 20 22 | 1 ♑ 24 17 | 4 59 | 28 25 | 21 42 | 7 ♑ 58 06 | 28 03 |
| 24 | F | 16 13 14 | 2 03 47 | 20 35 | 14 34 44 | 4 40 | 27 17 | 21 39 | 21 14 07 | 26 08 |
| 25 | S | 16 17 10 | 3 04 28 | 20 46 | 27 56 11 | 4 06 | 24 36 | 21 36 | 4 ♒ 40 55 | 22 43 |

| 26 | Su | 16 21 07 | 4 05 11 | 20 58 | 11 ♒ 28 19 | 3 18 | 20 31 | 21 33 | 18 18 26 | 18 02 |
|---|---|---|---|---|---|---|---|---|---|---|
| 27 | M | 16 25 03 | 5 05 55 | 21 09 | 25 11 18 | 2 18 | 15 18 | 21 30 | 2 ♓ 06 58 | 12 21 |
| 28 | T | 16 29 00 | 6 06 39 | 21 20 | 9 ♓ 05 28 | 1 S 09 | 9 14 | 21 27 | 16 06 49 | 5 S 59 |
| 29 | W | 16 32 56 | 7 07 25 | 21 30 | 23 11 01 | 0 N05 | 2 S 38 | 21 23 | 0 ♈ 17 56 | 0 N46 |
| 30 | Th | 16 36 53 | 8 ♐ 08 12 | 21 S 40 | 7 ♈ 27 24 | 1 N20 | 4 N11 | 21 ✕ 20 | 14 ♈ 39 10 | 7 N33 |

| D | | Mercury | | Venus | | | Mars | | | Jupiter | |
|---|---|---|---|---|---|---|---|---|---|---|---|
| M | Lat. | Dec. | | Lat. | Dec. | | Lat. | Dec. | | Lat. | Dec. |

| | ° ′ | ° ′ | | ° ′ | ° ′ | | ° ′ | ° ′ | | ° ′ | ° ′ |
|---|---|---|---|---|---|---|---|---|---|---|---|
| 1 | 2 S 17 | 21 S 00 | 20 S 38 | 0 N 49 | 14 S 05 | 14 S 30 | 0 N 18 | 13 S 13 | 13 S 27 | 0 N 45 | 18 S 17 |
| 3 | 1 49 | 20 11 | 19 41 | 0 45 | 14 55 | 15 19 | 0 17 | 13 41 | 13 55 | 0 45 | 18 24 |
| 5 | 1 15 | 19 07 | 18 29 | 0 41 | 15 44 | 16 07 | 0 16 | 14 09 | 14 22 | 0 45 | 18 30 |
| 7 | 0 S 36 | 17 49 | 17 07 | 0 37 | 16 31 | 16 53 | 0 15 | 14 36 | 14 49 | 0 45 | 18 36 |
| 9 | 0 N05 | 16 25 | 15 43 | 0 33 | 17 16 | 17 38 | 0 14 | 15 02 | 15 16 | 0 44 | 18 43 |

| 11 | 0 45 | 15 02 | 14 25 | 0 28 | 17 59 | 18 20 | 0 13 | 15 29 | 15 42 | 0 44 | 18 49 |
|---|---|---|---|---|---|---|---|---|---|---|---|
| 13 | 1 20 | 13 52 | 13 23 | 0 24 | 18 41 | 19 01 | 0 12 | 15 55 | 16 07 | 0 44 | 18 55 |
| 15 | 1 48 | 13 00 | 12 42 | 0 19 | 19 20 | 19 39 | 0 10 | 16 20 | 16 33 | 0 44 | 19 01 |
| 17 | 2 08 | 12 30 | 12 23 | 0 14 | 19 58 | 20 16 | 0 09 | 16 45 | 16 57 | 0 44 | 19 07 |
| 19 | 2 21 | 12 21 | 12 24 | 0 09 | 20 33 | 20 50 | 0 08 | 17 09 | 17 21 | 0 44 | 19 13 |

| 21 | 2 26 | 12 32 | 12 43 | 0 N 05 | 21 06 | 21 21 | 0 07 | 17 33 | 17 45 | 0 43 | 19 19 |
|---|---|---|---|---|---|---|---|---|---|---|---|
| 23 | 2 27 | 12 57 | 13 14 | 0 00 | 21 36 | 21 51 | 0 06 | 17 57 | 18 08 | 0 43 | 19 25 |
| 25 | 2 23 | 13 34 | 13 55 | 0 S 05 | 22 04 | 22 17 | 0 05 | 18 19 | 18 30 | 0 43 | 19 31 |
| 27 | 2 16 | 14 19 | 14 43 | 0 10 | 22 30 | 22 41 | 0 03 | 18 42 | 18 52 | 0 43 | 19 36 |
| 29 | 2 06 | 15 09 | 15 S 35 | 0 15 | 22 52 | 23 03 | 0 02 | 19 03 | 19 S 14 | 0 43 | 19 42 |
| 31 | 1 N54 | 16 S 02 | | 0 S 19 | 23 S 12 | | 0 N 01 | 19 S 24 | | 0 N 43 | 19 S 47 |

FULL MOON – Nov. 5,12h.58m. (12°♉58′)

EPHEMERIS ] NOVEMBER 2006 

| D M | ☿ Long. | ♀ Long. | ♂ Long. | ♃ Long. | ♄ Long. | ♅ Long. | ♆ Long. | ♇ Long. | ☉ | ☿ | ♀ | ♂ | ♃ | ♄ | ♅ | ♆ | ♇ |
|---|---|---|---|---|---|---|---|---|---|---|---|---|---|---|---|---|---|
| | ° ′ | ° ′ | ° ′ | ° ′ | ° ′ | ° ′ | ° ′ | ° ′ | Lunar Aspects | | | | | | | | |
| 1 | 24♏05 | 10♏08 | 5♏58 | 24♏59 | 23♌59 | 10♓57 | 17♒02 | 24♐56 | △ | | △ | | | | ☌ | ⚺ | |
| 2 | 23R 26 | 11 23 | 6 39 | 25 12 | 24 02 | 10R 56 | 17 02 | 24 57 | ⚼ | △ | ⚼ | ⚼ | △ | | | ∠ | □ |
| 3 | 22 39 | 12 39 | 7 19 | 25 25 | 24 06 | 10 56 | 17 02 | 24 59 | | ⚼ | | | ⚼ | ⚼ | ⚺ | ✱ | |
| 4 | 21 42 | 13 54 | 8 00 | 25 39 | 24 09 | 10 55 | 17 02 | 25 01 | | | | | | △ | ∠ | | △ |
| 5 | 20 38 | 15 09 | 8 41 | 25 52 | 24 13 | 10 54 | 17 03 | 25 03 | ☍ | | ☍ | ☍ | | | ✱ | □ | ⚼ |
| 6 | 19 27 | 16 24 | 9 22 | 26 05 | 24 16 | 10 53 | 17 03 | 25 04 | | ☍ | | | ☍ | □ | | | |
| 7 | 18 11 | 17 40 | 10 03 | 26 18 | 24 19 | 10 53 | 17 03 | 25 06 | | | | | | | □ | △ | |
| 8 | 16 52 | 18 55 | 10 44 | 26 31 | 24 22 | 10 52 | 17 04 | 25 08 | ⚼ | ⚼ | | ⚼ | | ✱ | | ⚼ | ☍ |
| 9 | 15 32 | 20 10 | 11 26 | 26 44 | 24 25 | 10 51 | 17 04 | 25 10 | | △ | ⚼ | △ | ⚼ | ∠ | △ | | |
| 10 | 14 15 | 21 25 | 12 07 | 26 58 | 24 28 | 10 51 | 17 04 | 25 12 | △ | | △ | | △ | ⚺ | ⚼ | | |
| 11 | 13 03 | 22 41 | 12 48 | 27 11 | 24 31 | 10 51 | 17 05 | 25 14 | | | | | | | | | ⚼ |
| 12 | 11 58 | 23 56 | 13 29 | 27 24 | 24 33 | 10 50 | 17 05 | 25 15 | □ | □ | | □ | | | | ☍ | |
| 13 | 11 01 | 25 11 | 14 10 | 27 37 | 24 36 | 10 50 | 17 06 | 25 17 | | | □ | | □ | ☌ | | | △ |
| 14 | 10 15 | 26 27 | 14 52 | 27 51 | 24 38 | 10 49 | 17 06 | 25 19 | | ✱ | | ✱ | | | ☍ | | |
| 15 | 9 40 | 27 42 | 15 33 | 28 04 | 24 41 | 10 49 | 17 07 | 25 21 | ✱ | ∠ | ✱ | | ✱ | ⚺ | | | □ |
| 16 | 9 17 | 28♏57 | 16 15 | 28 17 | 24 43 | 10 49 | 17 07 | 25 23 | ∠ | ⚺ | | ∠ | | ∠ | | ⚼ | |
| 17 | 9 05 | 0♐12 | 16 56 | 28 31 | 24 45 | 10 49 | 17 08 | 25 25 | | | ∠ | ⚺ | ∠ | | | △ | |
| 18 | 9D 05 | 1 28 | 17 38 | 28 44 | 24 47 | 10 49 | 17 09 | 25 27 | ⚺ | | ⚺ | | ⚺ | ✱ | ⚼ | | ✱ |
| 19 | 9 15 | 2 43 | 18 19 | 28 57 | 24 49 | 10 49 | 17 09 | 25 29 | | ☌ | | | | | △ | | ∠ |
| 20 | 9 36 | 3 58 | 19 01 | 29 11 | 24 51 | 10D 49 | 17 10 | 25 31 | ☌ | | | ☌ | ☌ | □ | | □ | ⚺ |
| 21 | 10 06 | 5 14 | 19 42 | 29 24 | 24 52 | 10 49 | 17 11 | 25 33 | | ⚺ | ☌ | | | | □ | | |
| 22 | 10 44 | 6 29 | 20 24 | 29 37 | 24 54 | 10 49 | 17 12 | 25 35 | | | | ⚺ | | | | ✱ | |
| 23 | 11 29 | 7 44 | 21 06 | 29♏51 | 24 55 | 10 49 | 17 13 | 25 37 | ⚺ | ∠ | | ∠ | ⚺ | △ | | ∠ | ☌ |
| 24 | 12 21 | 9 00 | 21 48 | 0♐04 | 24 57 | 10 49 | 17 13 | 25 39 | ∠ | ✱ | ⚺ | | ∠ | ⚼ | ✱ | ⚺ | |
| 25 | 13 18 | 10 15 | 22 30 | 0 17 | 24 58 | 10 49 | 17 14 | 25 41 | ✱ | | ∠ | ✱ | ✱ | | ∠ | | ⚺ |
| 26 | 14 21 | 11 30 | 23 11 | 0 31 | 24 59 | 10 50 | 17 15 | 25 44 | | □ | ✱ | | | | ⚺ | ☌ | ∠ |
| 27 | 15 28 | 12 46 | 23 53 | 0 44 | 25 00 | 10 50 | 17 16 | 25 46 | | | | □ | □ | ☍ | | | ✱ |
| 28 | 16 38 | 14 01 | 24 35 | 0 57 | 25 01 | 10 50 | 17 17 | 25 48 | □ | | □ | | | | ☌ | | |
| 29 | 17 52 | 15 16 | 25 17 | 1 11 | 25 02 | 10 51 | 17 18 | 25 50 | | △ | | △ | | | | ⚺ | □ |
| 30 | 19♏09 | 16♐32 | 25♏59 | 1♐24 | 25♌02 | 10♓51 | 17♒19 | 25♐52 | △ | ⚼ | | ⚼ | △ | ⚼ | ⚺ | ∠ | |

| D M | Saturn Lat. | Saturn Dec. | Uranus Lat. | Uranus Dec. | Neptune Lat. | Neptune Dec. | Pluto Lat. | Pluto Dec. |
|---|---|---|---|---|---|---|---|---|
| | ° ′ | ° ′ | ° ′ | ° ′ | ° ′ | ° ′ | ° ′ | ° ′ |
| 1 | 1N00 | 14N28 | 0S48 | 8S12 | 0S13 | 15S56 | 7N02 | 16S19 |
| 3 | 1 00 | 14 26 | 0 48 | 8 12 | 0 13 | 15 56 | 7 02 | 16 20 |
| 5 | 1 01 | 14 24 | 0 47 | 8 13 | 0 13 | 15 56 | 7 01 | 16 20 |
| 7 | 1 01 | 14 23 | 0 47 | 8 13 | 0 13 | 15 56 | 7 01 | 16 21 |
| 9 | 1 02 | 14 21 | 0 47 | 8 13 | 0 13 | 15 56 | 7 00 | 16 21 |
| 11 | 1 02 | 14 20 | 0 47 | 8 14 | 0 13 | 15 56 | 7 00 | 16 22 |
| 13 | 1 02 | 14 18 | 0 47 | 8 14 | 0 13 | 15 55 | 6 59 | 16 23 |
| 15 | 1 03 | 14 17 | 0 47 | 8 14 | 0 13 | 15 55 | 6 59 | 16 23 |
| 17 | 1 03 | 14 16 | 0 47 | 8 14 | 0 13 | 15 55 | 6 58 | 16 24 |
| 19 | 1 04 | 14 15 | 0 47 | 8 14 | 0 13 | 15 54 | 6 58 | 16 24 |
| 21 | 1 04 | 14 14 | 0 47 | 8 14 | 0 13 | 15 54 | 6 57 | 16 25 |
| 23 | 1 04 | 14 14 | 0 47 | 8 14 | 0 13 | 15 53 | 6 57 | 16 25 |
| 25 | 1 05 | 14 13 | 0 47 | 8 14 | 0 13 | 15 53 | 6 57 | 16 26 |
| 27 | 1 05 | 14 13 | 0 47 | 8 13 | 0 13 | 15 52 | 6 56 | 16 26 |
| 29 | 1 06 | 14 13 | 0 47 | 8 13 | 0 13 | 15 52 | 6 56 | 16 27 |
| 31 | 1N06 | 14N13 | 0S46 | 8S13 | 0S13 | 15S51 | 6N56 | 16S27 |

**Mutual Aspects**

1 ☿□♄. ♀∠♇. ♂Q♄. ♃⚺♇. ☉⋕♄.
2 ☉∠♇. ♀△♅. ♀⋕♄.
3 ☉△♅.
5 ☉∥♀.
6 ☿⊥♇. ☉∥♆. ☿∥♃. ♀∥♆. ♂⋕♄.
7 ☿☌♀. ♀□♆. ♂∠♇. ☉∥♇. ♀∥♇.
8 ☉☌☿. ☿□♆. ♀⊥♇. ♂△♅. ☿∥♀.
9 ☉□♆. ☉∥☿. ☿∥♇.
10 ☿∥♂. ☿∥♆.
11 ☉⊥♇. ☿☌♂.
12 ☿⋕♄.
13 ☿△♅. ♀□♄. ♀⚺♇. ♂∥♆.
14 ☿∠♇. ♀∥♃.
15 ♀☌♃. ♂∥♇.
17 ☉□♄. ☉⚺♇. ♂□♆.
18 ☉∥♃. ☿Stat.
20 ♅Stat.
21 ☉☌♃. ♀Q♆. ♂⊥♇.
22 ☿△♅. ☿∠♇.
25 ♀□♅.
27 ☉Q♆. ☿⋕♄.
29 ☿□♆. ♂□♄.
30 ♂⚺♇.

LAST QUARTER – Nov.12,17h.45m. (20°♌12′)

| 24 | | | | DECEMBER | | 2006 | | | [ RAPHAEL'S | |
|---|---|---|---|---|---|---|---|---|---|---|

| D | D | Sidereal | ☉ | ☉ | ☽ | ☽ | ☽ | ☽ | 24h. | |
|---|---|---|---|---|---|---|---|---|---|---|
| M | W | Time | Long. | Dec. | Long. | Lat. | Dec. | Node | ☽ Long. | ☽ Dec. |

| | | h m s | ° ′ ″ | ° ′ | ° ′ ″ | ° ′ | ° ′ | ° ′ | ° ′ ″ | ° ′ |
|---|---|---|---|---|---|---|---|---|---|---|
| 1 | F | 16 40 49 | 9 ♐ 08 59 | 21 S 49 | 21 ♈ 52 49 | 2 N30 | 10 N51 | 21 ⅓ 17 | 29 ♈ 07 53 | 14 N00 |
| 2 | S | 16 44 46 | 10 09 47 | 21 58 | 6 ♉ 23 45 | 3 31 | 16 58 | 21 14 | 13 ♉ 39 42 | 19 42 |
| 3 | Su | 16 48 43 | 11 10 37 | 22 07 | 20 54 58 | 4 18 | 22 08 | 21 11 | 28 08 43 | 24 13 |
| 4 | M | 16 52 39 | 12 11 27 | 22 15 | 5 ♊ 20 05 | 4 48 | 25 55 | 21 07 | 12 ♊ 28 15 | 27 12 |
| 5 | T | 16 56 36 | 13 12 19 | 22 23 | 19 32 25 | 5 00 | 28 01 | 21 04 | 26 31 56 | 28 23 |
| 6 | W | 17 00 32 | 14 13 12 | 22 30 | 3 ♋ 26 11 | 4 54 | 28 18 | 21 01 | 10 ♋ 14 47 | 27 46 |
| 7 | Th | 17 04 29 | 15 14 06 | 22 37 | 16 57 24 | 4 31 | 26 51 | 20 58 | 23 33 56 | 25 33 |
| 8 | F | 17 08 25 | 16 15 01 | 22 44 | 0 ♌ 04 24 | 3 54 | 23 57 | 20 55 | 6 ♌ 28 57 | 22 04 |
| 9 | S | 17 12 22 | 17 15 57 | 22 50 | 12 47 51 | 3 07 | 19 57 | 20 52 | 19 01 31 | 17 39 |
| 10 | Su | 17 16 18 | 18 16 54 | 22 55 | 25 10 26 | 2 11 | 15 12 | 20 48 | 1 ♍ 15 09 | 12 37 |
| 11 | M | 17 20 15 | 19 17 52 | 23 01 | 7 ♍ 16 17 | 1 11 | 9 56 | 20 45 | 13 14 31 | 7 12 |
| 12 | T | 17 24 12 | 20 18 52 | 23 05 | 19 10 31 | 0 N09 | 4 N25 | 20 42 | 25 05 00 | 1 N36 |
| 13 | W | 17 28 08 | 21 19 52 | 23 09 | 0 ♎ 58 41 | 0 S54 | 1 S13 | 20 39 | 6 ♎ 52 16 | 4 S01 |
| 14 | Th | 17 32 05 | 22 20 54 | 23 12 | 12 46 26 | 1 53 | 6 47 | 20 36 | 18 41 51 | 9 31 |
| 15 | F | 17 36 01 | 23 21 56 | 23 16 | 24 39 08 | 2 49 | 12 10 | 20 33 | 0 ♏ 38 51 | 14 44 |
| 16 | S | 17 39 58 | 24 23 00 | 23 19 | 6 ♏ 41 31 | 3 37 | 17 10 | 20 29 | 12 47 35 | 19 28 |
| 17 | Su | 17 43 54 | 25 24 04 | 23 22 | 18 57 26 | 4 17 | 21 34 | 20 26 | 25 11 21 | 23 28 |
| 18 | M | 17 47 51 | 26 25 10 | 23 24 | 1 ♐ 29 32 | 4 44 | 25 06 | 20 23 | 7 ♐ 52 06 | 26 27 |
| 19 | T | 17 51 47 | 27 26 16 | 23 25 | 14 19 04 | 4 59 | 27 28 | 20 20 | 20 50 21 | 28 07 |
| 20 | W | 17 55 44 | 28 27 23 | 23 26 | 27 25 47 | 4 58 | 28 22 | 20 17 | 4 ⅓ 05 09 | 28 13 |
| 21 | Th | 17 59 41 | 29 ♐ 28 30 | 23 26 | 10 ⅓ 48 07 | 4 40 | 27 39 | 20 13 | 17 34 22 | 26 40 |
| 22 | F | 18 03 37 | 0 ⅓ 29 38 | 23 26 | 24 23 31 | 4 07 | 25 17 | 20 10 | 1 ≈ 15 11 | 23 32 |
| 23 | S | 18 07 34 | 1 30 46 | 23 26 | 8 ≈ 08 59 | 3 19 | 21 26 | 20 07 | 15 04 36 | 19 01 |
| 24 | Su | 18 11 30 | 2 31 54 | 23 25 | 22 01 41 | 2 18 | 16 21 | 20 04 | 29 00 00 | 13 27 |
| 25 | M | 18 15 27 | 3 33 02 | 23 24 | 5 ✕ 59 20 | 1 S09 | 10 27 | 20 01 | 12 ✕ 59 30 | 7 11 |
| 26 | T | 18 19 23 | 4 34 11 | 23 22 | 20 00 24 | 0 N04 | 3 S53 | 19 58 | 27 01 56 | 0 S33 |
| 27 | W | 18 23 20 | 5 35 19 | 23 19 | 4 ♈ 04 01 | 1 18 | 2 N49 | 19 54 | 11 ♈ 06 36 | 6 N08 |
| 28 | Th | 18 27 16 | 6 36 28 | 23 17 | 18 09 34 | 2 27 | 9 23 | 19 51 | 25 12 50 | 12 32 |
| 29 | F | 18 31 13 | 7 37 36 | 23 13 | 2 ♉ 16 13 | 3 28 | 15 30 | 19 48 | 9 ♉ 19 30 | 18 17 |
| 30 | S | 18 35 10 | 8 38 44 | 23 10 | 16 22 26 | 4 15 | 20 43 | 19 45 | 23 24 39 | 23 02 |
| 31 | Su | 18 39 06 | 9 ⅓ 39 53 | 23 S 05 | 0 ♊ 25 46 | 4 N47 | 24 N55 | 19 ✕ 42 | 7 ♊ 25 20 | 26 N25 |

| D | Mercury | | Venus | | | Mars | | | Jupiter | |
|---|---|---|---|---|---|---|---|---|---|---|
| M | Lat. | Dec. | Lat. | Dec. | | Lat. | Dec. | | Lat. | Dec. |
| | ° ′ | ° ′ ° ′ | ° ′ | ° ′ | ° ′ | ° ′ | ° ′ | ° ′ | ° ′ | ° ′ |
| 1 | 1 N54 | 16 S 02 | 0 S 19 | 23 S 12 | 23 S 21 | 0 N 01 | 19 S 24 | 19 S 34 | 0 N 43 | 19 S 47 |
| 3 | 1 42 | 16 56 16 S 29 | 0 24 | 23 29 | | 0 00 | 19 44 | | 0 43 | 19 53 |
| 5 | 1 28 | 17 50 17 23 | 0 29 | 23 44 | 23 37 | 0 S 01 | 20 04 | 19 54 | 0 43 | 19 58 |
| 7 | 1 13 | 18 43 18 17 | 0 34 | 23 55 | 23 50 | 0 03 | 20 23 | 20 14 | 0 43 | 20 03 |
| 9 | 0 59 | 19 34 19 09 | 0 38 | 24 03 | 24 00 | 0 04 | 20 42 | 20 32 | 0 42 | 20 08 |
| | | 19 59 | | | 24 07 | | | 20 50 | | | |
| 11 | 0 44 | 20 23 20 46 | 0 43 | 24 09 | 24 11 | 0 05 | 20 59 | 21 08 | 0 42 | 20 13 |
| 13 | 0 29 | 21 08 21 30 | 0 47 | 24 12 | 24 12 | 0 06 | 21 16 | 21 24 | 0 42 | 20 18 |
| 15 | 0 N15 | 21 50 22 10 | 0 51 | 24 11 | 24 10 | 0 08 | 21 32 | 21 40 | 0 42 | 20 23 |
| 17 | 0 00 | 22 28 22 46 | 0 55 | 24 08 | 24 05 | 0 09 | 21 48 | 21 55 | 0 42 | 20 28 |
| 19 | 0 S14 | 23 02 23 17 | 0 59 | 24 01 | 23 57 | 0 10 | 22 02 | 22 09 | 0 42 | 20 33 |
| 21 | 0 27 | 23 31 23 44 | 1 03 | 23 52 | 23 46 | 0 11 | 22 16 | 22 22 | 0 42 | 20 37 |
| 23 | 0 40 | 23 56 24 07 | 1 07 | 23 39 | 23 32 | 0 13 | 22 29 | 22 35 | 0 42 | 20 42 |
| 25 | 0 53 | 24 16 24 24 | 1 10 | 23 24 | 23 15 | 0 14 | 22 41 | 22 47 | 0 42 | 20 46 |
| 27 | 1 04 | 24 31 24 36 | 1 13 | 23 06 | 22 56 | 0 15 | 22 52 | 22 57 | 0 42 | 20 50 |
| 29 | 1 15 | 24 40 24 S 43 | 1 16 | 22 45 | 22 S 33 | 0 17 | 23 03 23 S 07 | | 0 42 | 20 54 |
| 31 | 1 S 25 | 24 S 44 | 1 S 19 | 22 S 21 | | 0 S 18 | 23 S 12 | | 0 N 42 | 20 S 58 |

FULL MOON–Dec. 5,00h.25m. (12°♊43′)



| D M | ☿ Long. | ♀ Long. | ♂ Long. | ♃ Long. | ♄ Long. | ♅ Long. | ♆ Long. | ♇ Long. | Lunar Aspects ☉ | ☿ | ♀ | ♂ | ♃ | ♄ | ♅ | ♆ | ♇ |
|---|---|---|---|---|---|---|---|---|---|---|---|---|---|---|---|---|---|
| | ° ′ | ° ′ | ° ′ | ° ′ | ° ′ | ° ′ | ° ′ | ° ′ | | | | | | | | | |
| 1 | 20♏28 | 17♐47 | 26♏41 | 1♐37 | 25♌03 | 10♓52 | 17♒20 | 25♐54 | ⚼ | | △ | | ⚼ | △ | ∠ | ✱ | △ |
| 2 | 21 49 | 19 02 | 27 23 | 1 51 | 25 04 | 10 52 | 17 21 | 25 56 | | | ⚼ | | | | ✱ | | ⚼ |
| 3 | 23 11 | 20 18 | 28 06 | 2 04 | 25 04 | 10 53 | 17 23 | 25 59 | | ☍ | | | | □ | | □ | |
| 4 | 24 35 | 21 33 | 28 48 | 2 17 | 25 04 | 10 54 | 17 24 | 26 01 | | | | ☍ | ☍ | | □ | | |
| 5 | 26 01 | 22 48 | 29♏30 | 2 30 | 25 04 | 10 55 | 17 25 | 26 03 | ☍ | | ☍ | | | ✱ | | △ | ☍ |
| 6 | 27 27 | 24 04 | 0♐12 | 2 44 | 25R 04 | 10 55 | 17 26 | 26 05 | | | | | | ∠ | | ⚼ | |
| 7 | 28♏55 | 25 19 | 0 55 | 2 57 | 25 04 | 10 56 | 17 28 | 26 07 | | ⚼ | | ⚼ | ⚼ | | △ | | |
| 8 | 0♐23 | 26 34 | 1 37 | 3 10 | 25 04 | 10 57 | 17 29 | 26 09 | ⚼ | △ | | △ | △ | ⚺ | ⚼ | | |
| 9 | 1 51 | 27 50 | 2 20 | 3 23 | 25 04 | 10 58 | 17 30 | 26 12 | △ | | ⚼ | | | | | ☍ | ⚼ |
| 10 | 3 21 | 29♐05 | 3 02 | 3 37 | 25 03 | 10 59 | 17 32 | 26 14 | | | △ | | | ☌ | | | △ |
| 11 | 4 50 | 0♑20 | 3 45 | 3 50 | 25 03 | 11 00 | 17 33 | 26 16 | | □ | | □ | □ | | ☍ | | |
| 12 | 6 21 | 1 36 | 4 27 | 4 03 | 25 02 | 11 01 | 17 34 | 26 18 | □ | | | | | ⚺ | | | |
| 13 | 7 51 | 2 51 | 5 10 | 4 16 | 25 01 | 11 02 | 17 36 | 26 21 | | | □ | ✱ | ✱ | | | ⚼ | □ |
| 14 | 9 22 | 4 06 | 5 52 | 4 29 | 25 00 | 11 04 | 17 37 | 26 23 | | ✱ | | | | ∠ | | △ | |
| 15 | 10 53 | 5 21 | 6 35 | 4 42 | 24 59 | 11 05 | 17 39 | 26 25 | ✱ | ∠ | | ∠ | ∠ | ✱ | ⚼ | | ✱ |
| 16 | 12 25 | 6 37 | 7 18 | 4 55 | 24 58 | 11 06 | 17 40 | 26 27 | ∠ | | ✱ | ⚺ | ⚺ | | △ | | ∠ |
| 17 | 13 57 | 7 52 | 8 01 | 5 08 | 24 57 | 11 07 | 17 42 | 26 29 | | ⚺ | ∠ | | | □ | | □ | |
| 18 | 15 28 | 9 07 | 8 43 | 5 21 | 24 56 | 11 09 | 17 43 | 26 32 | ⚺ | | | | ☌ | | | | ⚺ |
| 19 | 17 01 | 10 23 | 9 26 | 5 34 | 24 54 | 11 10 | 17 45 | 26 34 | | ☌ | ⚺ | ☌ | | | □ | ✱ | |
| 20 | 18 33 | 11 38 | 10 09 | 5 47 | 24 53 | 11 12 | 17 47 | 26 36 | ☌ | | | | | △ | | ∠ | ☌ |
| 21 | 20 05 | 12 53 | 10 52 | 6 00 | 24 51 | 11 13 | 17 48 | 26 38 | | | ☌ | ⚺ | ⚺ | ⚼ | ✱ | | |
| 22 | 21 38 | 14 09 | 11 35 | 6 12 | 24 49 | 11 15 | 17 50 | 26 41 | ⚺ | ⚺ | | ∠ | ∠ | | ∠ | ⚺ | ⚺ |
| 23 | 23 11 | 15 24 | 12 18 | 6 25 | 24 48 | 11 17 | 17 52 | 26 43 | | ∠ | | ✱ | ✱ | | ⚺ | | ∠ |
| 24 | 24 44 | 16 39 | 13 01 | 6 38 | 24 46 | 11 18 | 17 53 | 26 45 | ∠ | ✱ | ⚺ | | | ☍ | | ☌ | ✱ |
| 25 | 26 18 | 17 54 | 13 44 | 6 50 | 24 44 | 11 20 | 17 55 | 26 47 | ✱ | | ∠ | | □ | | ☌ | | |
| 26 | 27 51 | 19 10 | 14 28 | 7 03 | 24 41 | 11 22 | 17 57 | 26 50 | | | ✱ | □ | | | | ⚺ | □ |
| 27 | 29♐25 | 20 25 | 15 11 | 7 16 | 24 39 | 11 24 | 17 59 | 26 52 | □ | □ | | | △ | ⚼ | | ∠ | |
| 28 | 0♑59 | 21 40 | 15 54 | 7 28 | 24 37 | 11 25 | 18 00 | 26 54 | | | □ | △ | ⚼ | △ | ⚺ | ✱ | |
| 29 | 2 34 | 22 55 | 16 37 | 7 41 | 24 34 | 11 27 | 18 02 | 26 56 | △ | △ | | ⚼ | | | ∠ | | △ |
| 30 | 4 08 | 24 11 | 17 21 | 7 53 | 24 32 | 11 29 | 18 04 | 26 58 | | ⚼ | | | | | ✱ | □ | ⚼ |
| 31 | 5♑43 | 25♑26 | 18♐04 | 8♐05 | 24♌29 | 11♓31 | 18♒06 | 27♐01 | ⚼ | | △ | | | □ | | | |

| D M | Saturn Lat. | Saturn Dec. | Uranus Lat. | Uranus Dec. | Neptune Lat. | Neptune Dec. | Pluto Lat. | Pluto Dec. |
|---|---|---|---|---|---|---|---|---|
| | ° ′ | ° ′ | ° ′ | ° ′ | ° ′ | ° ′ | ° ′ | ° ′ |
| 1 | 1N06 | 14N13 | 0S46 | 8S13 | 0S13 | 15S51 | 6N56 | 16S27 |
| 3 | 1 06 | 14 13 | 0 46 | 8 12 | 0 13 | 15 50 | 6 55 | 16 28 |
| 5 | 1 07 | 14 13 | 0 46 | 8 11 | 0 13 | 15 50 | 6 55 | 16 28 |
| 7 | 1 07 | 14 13 | 0 46 | 8 11 | 0 13 | 15 49 | 6 55 | 16 28 |
| 9 | 1 08 | 14 14 | 0 46 | 8 10 | 0 13 | 15 48 | 6 55 | 16 29 |
| 11 | 1 08 | 14 15 | 0 46 | 8 09 | 0 13 | 15 47 | 6 54 | 16 29 |
| 13 | 1 09 | 14 15 | 0 46 | 8 08 | 0 13 | 15 46 | 6 54 | 16 30 |
| 15 | 1 09 | 14 17 | 0 46 | 8 07 | 0 13 | 15 45 | 6 54 | 16 30 |
| 17 | 1 09 | 14 18 | 0 46 | 8 06 | 0 13 | 15 44 | 6 54 | 16 30 |
| 19 | 1 10 | 14 19 | 0 46 | 8 05 | 0 13 | 15 43 | 6 53 | 16 30 |
| 21 | 1 10 | 14 20 | 0 46 | 8 04 | 0 13 | 15 43 | 6 53 | 16 31 |
| 23 | 1 11 | 14 22 | 0 46 | 8 02 | 0 13 | 15 41 | 6 53 | 16 31 |
| 25 | 1 11 | 14 24 | 0 46 | 8 01 | 0 13 | 15 40 | 6 53 | 16 31 |
| 27 | 1 11 | 14 26 | 0 45 | 8 00 | 0 13 | 15 39 | 6 53 | 16 32 |
| 29 | 1 12 | 14 28 | 0 45 | 7 58 | 0 13 | 15 38 | 6 53 | 16 32 |
| 31 | 1N12 | 14N30 | 0S45 | 7S57 | 0S13 | 15S37 | 6N53 | 16S32 |

**Mutual Aspects**

1 ☿⊥♇. ♀✱♆. ☿∥♆.
2 ☿∥♇.
3 ☉□♅.
4 ☿□♄. ♂∥♃.
5 ☿⚺♇.
6 ♄ Stat.
7 ♀△♄.
8 ♀☌♇.
9 ☉✱♆.
10 ☿☌♂. ☿☌♃. ♀Q♅.
11 ☿Q♆. ♂☌♃. ☿∥♃.
13 ♀∠♆.
14 ♀⚺♃. ♂Q♆. ☿∥♂.
15 ☿□♅.
17 ☉△♄. ♀⚺♂.
18 ☉☌♇.
19 ☿✱♆. ♀⚼♄.
20 ♀⊥♃. ♀✱♅. ♀⊥♆. ♃Q♆.
21 ☉Q♅. ☉∥☿.
22 ♂□♅. ☿∥♀.
24 ☉∠♆. ☿△♄.
25 ☿☌♇. ♀⚺♆. ☉∥♀.
26 ♀±♄.
27 ☿Q♅.
28 ♀⊥♂. ♀∥♂.
29 ☉⚺♃. ☿∠♆. ♀∠♃.
30 ♀∇♄. ☉∥♂.
31 ☉⚼♄. ♂✱♆.

LAST QUARTER–Dec.12,14h.32m. (20°♍25′)

## JANUARY

| D | ☉ | ☽ | ☽Dec. | ☿ | ♀ | ♂ |
|---|---|---|---|---|---|---|
| 1 | 1 01 11 | 14 54 43 | 4 28 | 1 30 | 0 20 | 15 |
| 2 | 1 01 11 | 14 47 46 | 5 41 | 1 30 | 0 22 | 15 |
| 3 | 1 01 10 | 14 33 55 | 6 25 | 1 31 | 0 24 | 16 |
| 4 | 1 01 10 | 14 16 17 | 6 43 | 1 31 | 0 26 | 16 |
| 5 | 1 01 10 | 13 57 13 | 6 39 | 1 31 | 0 28 | 17 |
| 6 | 1 01 09 | 13 38 39 | 6 16 | 1 32 | 0 30 | 17 |
| 7 | 1 01 09 | 13 21 42 | 5 36 | 1 32 | 0 32 | 18 |
| 8 | 1 01 08 | 13 06 49 | 4 42 | 1 33 | 0 33 | 18 |
| 9 | 1 01 08 | 12 53 52 | 3 34 | 1 33 | 0 35 | 19 |
| 10 | 1 01 08 | 12 42 28 | 2 15 | 1 33 | 0 35 | 19 |
| 11 | 1 01 07 | 12 32 05 | 0 48 | 1 34 | 0 36 | 20 |
| 12 | 1 01 07 | 12 22 23 | 0 38 | 1 34 | 0 37 | 20 |
| 13 | 1 01 06 | 12 13 09 | 1 59 | 1 35 | 0 37 | 20 |
| 14 | 1 01 06 | 12 04 34 | 3 08 | 1 35 | 0 37 | 21 |
| 15 | 1 01 05 | 11 57 01 | 4 03 | 1 36 | 0 37 | 21 |
| 16 | 1 01 05 | 11 51 09 | 4 45 | 1 36 | 0 36 | 22 |
| 17 | 1 01 04 | 11 47 46 | 5 14 | 1 37 | 0 35 | 22 |
| 18 | 1 01 04 | 11 47 42 | 5 32 | 1 37 | 0 34 | 22 |
| 19 | 1 01 04 | 11 51 46 | 5 40 | 1 38 | 0 33 | 23 |
| 20 | 1 01 03 | 12 00 38 | 5 39 | 1 38 | 0 31 | 23 |
| 21 | 1 01 03 | 12 14 46 | 5 28 | 1 39 | 0 30 | 23 |
| 22 | 1 01 02 | 12 34 15 | 5 03 | 1 40 | 0 28 | 24 |
| 23 | 1 01 02 | 12 58 40 | 4 21 | 1 40 | 0 26 | 24 |
| 24 | 1 01 02 | 13 26 53 | 3 18 | 1 41 | 0 24 | 24 |
| 25 | 1 01 01 | 13 56 54 | 1 50 | 1 41 | 0 22 | 25 |
| 26 | 1 01 01 | 14 25 40 | 0 01 | 1 42 | 0 19 | 25 |
| 27 | 1 01 00 | 14 50 14 | 1 59 | 1 43 | 0 17 | 25 |
| 28 | 1 00 59 | 15 06 48 | 3 52 | 1 43 | 0 14 | 25 |
| 29 | 1 00 58 | 15 13 16 | 5 24 | 1 44 | 0 12 | 26 |
| 30 | 1 00 57 | 15 09 04 | 6 26 | 1 45 | 0 10 | 26 |
| 31 | 1 00 56 | 14 55 32 | 6 57 | 1 45 | 0 07 | 26 |

## FEBRUARY

| D | ☉ | ☽ | ☽Dec. | ☿ | ♀ | ♂ |
|---|---|---|---|---|---|---|
| 1 | 1 00 55 | 14 35 16 | 6 59 | 1 46 | 0 05 | 26 |
| 2 | 1 00 53 | 14 11 25 | 6 38 | 1 46 | 0 02 | 27 |
| 3 | 1 00 52 | 13 46 46 | 5 58 | 1 47 | 0 00 | 27 |
| 4 | 1 00 51 | 13 23 23 | 5 02 | 1 47 | 0 03 | 27 |
| 5 | 1 00 49 | 13 02 33 | 3 52 | 1 47 | 0 05 | 27 |
| 6 | 1 00 48 | 12 44 48 | 2 32 | 1 48 | 0 07 | 28 |
| 7 | 1 00 46 | 12 30 09 | 1 06 | 1 48 | 0 10 | 28 |
| 8 | 1 00 45 | 12 18 20 | 0 20 | 1 48 | 0 12 | 28 |
| 9 | 1 00 43 | 12 08 55 | 1 42 | 1 48 | 0 14 | 28 |
| 10 | 1 00 42 | 12 01 29 | 2 53 | 1 47 | 0 16 | 28 |
| 11 | 1 00 40 | 11 55 45 | 3 52 | 1 47 | 0 18 | 29 |
| 12 | 1 00 39 | 11 51 36 | 4 37 | 1 46 | 0 20 | 29 |
| 13 | 1 00 38 | 11 49 06 | 5 10 | 1 44 | 0 22 | 29 |
| 14 | 1 00 36 | 11 48 34 | 5 31 | 1 43 | 0 24 | 29 |
| 15 | 1 00 35 | 11 50 26 | 5 41 | 1 41 | 0 25 | 29 |
| 16 | 1 00 33 | 11 55 15 | 5 41 | 1 38 | 0 27 | 29 |
| 17 | 1 00 32 | 12 03 38 | 5 30 | 1 35 | 0 29 | 30 |
| 18 | 1 00 31 | 12 16 03 | 5 07 | 1 32 | 0 30 | 30 |
| 19 | 1 00 30 | 12 32 51 | 4 30 | 1 28 | 0 32 | 30 |
| 20 | 1 00 28 | 12 54 00 | 3 35 | 1 23 | 0 33 | 30 |
| 21 | 1 00 27 | 13 18 57 | 2 19 | 1 17 | 0 35 | 30 |
| 22 | 1 00 26 | 13 46 29 | 0 43 | 1 11 | 0 36 | 30 |
| 23 | 1 00 24 | 14 14 32 | 1 08 | 1 04 | 0 37 | 31 |
| 24 | 1 00 23 | 14 40 21 | 3 02 | 0 57 | 0 39 | 31 |
| 25 | 1 00 22 | 15 00 46 | 4 44 | 0 49 | 0 40 | 31 |
| 26 | 1 00 20 | 15 12 55 | 6 04 | 0 41 | 0 41 | 31 |
| 27 | 1 00 18 | 15 15 03 | 6 54 | 0 32 | 0 42 | 31 |
| 28 | 1 00 16 | 15 06 58 | 7 14 | 0 22 | 0 43 | 31 |

## MARCH

| D | ☉ | ☽ | ☽Dec. | ☿ | ♀ | ♂ |
|---|---|---|---|---|---|---|
| 1 | 1 00 15 | 14 50 06 | 7 04 | 0 13 | 0 44 | 31 |
| 2 | 1 00 13 | 14 27 01 | 6 30 | 0 03 | 0 45 | 31 |
| 3 | 1 00 11 | 14 00 40 | 5 35 | 0 06 | 0 46 | 32 |
| 4 | 1 00 09 | 13 33 46 | 4 24 | 0 15 | 0 47 | 32 |
| 5 | 1 00 07 | 13 08 25 | 3 00 | 0 24 | 0 48 | 32 |
| 6 | 1 00 05 | 12 46 02 | 1 30 | 0 32 | 0 48 | 32 |
| 7 | 1 00 02 | 12 27 21 | 0 01 | 0 39 | 0 49 | 32 |
| 8 | 1 00 00 | 12 12 37 | 1 24 | 0 46 | 0 50 | 32 |
| 9 | 0 59 58 | 12 01 43 | 2 38 | 0 51 | 0 51 | 32 |
| 10 | 0 59 56 | 11 54 21 | 3 39 | 0 55 | 0 51 | 32 |
| 11 | 0 59 54 | 11 50 07 | 4 27 | 0 57 | 0 52 | 32 |
| 12 | 0 59 52 | 11 48 35 | 5 03 | 0 59 | 0 53 | 32 |
| 13 | 0 59 50 | 11 49 26 | 5 28 | 0 58 | 0 53 | 33 |
| 14 | 0 59 48 | 11 52 25 | 5 42 | 0 57 | 0 54 | 33 |
| 15 | 0 59 46 | 11 57 25 | 5 44 | 0 55 | 0 55 | 33 |
| 16 | 0 59 44 | 12 04 30 | 5 36 | 0 51 | 0 55 | 33 |
| 17 | 0 59 42 | 12 13 49 | 5 15 | 0 47 | 0 56 | 33 |
| 18 | 0 59 40 | 12 25 34 | 4 40 | 0 42 | 0 56 | 33 |
| 19 | 0 59 38 | 12 39 58 | 3 48 | 0 36 | 0 57 | 33 |
| 20 | 0 59 37 | 12 57 05 | 2 38 | 0 31 | 0 57 | 33 |
| 21 | 0 59 35 | 13 16 45 | 1 10 | 0 25 | 0 58 | 33 |
| 22 | 0 59 33 | 13 38 24 | 0 18 | 0 18 | 0 58 | 33 |
| 23 | 0 59 32 | 14 00 57 | 2 18 | 0 12 | 0 59 | 33 |
| 24 | 0 59 30 | 14 22 45 | 3 59 | 0 06 | 0 59 | 33 |
| 25 | 0 59 28 | 14 41 41 | 5 24 | 0 00 | 0 59 | 34 |
| 26 | 0 59 26 | 14 55 29 | 6 28 | 0 05 | 1 00 | 34 |
| 27 | 0 59 24 | 15 02 05 | 7 04 | 0 11 | 1 00 | 34 |
| 28 | 0 59 22 | 15 00 16 | 7 13 | 0 16 | 1 00 | 34 |
| 29 | 0 59 20 | 14 49 54 | 6 55 | 0 21 | 1 01 | 34 |
| 30 | 0 59 18 | 14 32 08 | 6 10 | 0 26 | 1 01 | 34 |
| 31 | 0 59 16 | 14 09 01 | 5 04 | 0 30 | 1 01 | 34 |

## APRIL

| D | ☉ | ☽ | ☽Dec. | ☿ | ♀ | ♂ |
|---|---|---|---|---|---|---|
| 1 | 0 59 14 | 13 43 02 | 3 40 | 0 35 | 1 02 | 34 |
| 2 | 0 59 12 | 13 16 40 | 2 06 | 0 39 | 1 02 | 34 |
| 3 | 0 59 09 | 12 51 59 | 0 30 | 0 42 | 1 02 | 34 |
| 4 | 0 59 07 | 12 30 29 | 1 00 | 0 46 | 1 03 | 34 |
| 5 | 0 59 05 | 12 13 06 | 2 19 | 0 49 | 1 03 | 34 |
| 6 | 0 59 02 | 12 00 16 | 3 25 | 0 53 | 1 03 | 34 |
| 7 | 0 59 00 | 11 52 03 | 4 16 | 0 56 | 1 03 | 34 |
| 8 | 0 58 58 | 11 48 14 | 4 55 | 0 59 | 1 04 | 34 |
| 9 | 0 58 56 | 11 48 26 | 5 22 | 1 01 | 1 04 | 34 |
| 10 | 0 58 53 | 11 52 06 | 5 39 | 1 04 | 1 04 | 34 |
| 11 | 0 58 51 | 11 58 41 | 5 46 | 1 07 | 1 04 | 34 |
| 12 | 0 58 49 | 12 07 35 | 5 41 | 1 09 | 1 05 | 35 |
| 13 | 0 58 47 | 12 18 14 | 5 24 | 1 11 | 1 05 | 35 |
| 14 | 0 58 45 | 12 30 11 | 4 53 | 1 14 | 1 05 | 35 |
| 15 | 0 58 43 | 12 43 02 | 4 04 | 1 16 | 1 05 | 35 |
| 16 | 0 58 42 | 12 56 32 | 2 56 | 1 18 | 1 05 | 35 |
| 17 | 0 58 40 | 13 10 34 | 1 31 | 1 20 | 1 06 | 35 |
| 18 | 0 58 38 | 13 25 02 | 0 07 | 1 22 | 1 06 | 35 |
| 19 | 0 58 36 | 13 39 48 | 1 49 | 1 24 | 1 06 | 35 |
| 20 | 0 58 35 | 13 54 36 | 3 27 | 1 26 | 1 06 | 35 |
| 21 | 0 58 33 | 14 08 52 | 4 51 | 1 28 | 1 06 | 35 |
| 22 | 0 58 32 | 14 21 43 | 5 57 | 1 29 | 1 06 | 35 |
| 23 | 0 58 30 | 14 31 56 | 6 40 | 1 31 | 1 07 | 35 |
| 24 | 0 58 28 | 14 38 07 | 7 01 | 1 33 | 1 07 | 35 |
| 25 | 0 58 27 | 14 38 57 | 6 57 | 1 35 | 1 07 | 35 |
| 26 | 0 58 25 | 14 33 31 | 6 28 | 1 37 | 1 07 | 35 |
| 27 | 0 58 23 | 14 21 41 | 5 35 | 1 38 | 1 07 | 35 |
| 28 | 0 58 21 | 14 04 19 | 4 19 | 1 40 | 1 07 | 35 |
| 29 | 0 58 20 | 13 42 36 | 2 47 | 1 42 | 1 07 | 35 |
| 30 | 0 58 18 | 13 18 55 | 1 08 | 1 44 | 1 07 | 35 |

## MAY

| D | ☉ | ☽ | ☽Dec. | ☿ | ♀ | ♂ |
|---|---|---|---|---|---|---|
| 1 | 0 58 16 | 12 55 16 | 0 30 | 1 46 | 1 08 | 35 |
| 2 | 0 58 14 | 12 33 33 | 1 56 | 1 47 | 1 08 | 35 |
| 3 | 0 58 12 | 12 15 14 | 3 08 | 1 49 | 1 08 | 35 |
| 4 | 0 58 10 | 12 01 19 | 4 03 | 1 51 | 1 08 | 35 |
| 5 | 0 58 08 | 11 52 21 | 4 45 | 1 53 | 1 08 | 35 |
| 6 | 0 58 06 | 11 48 32 | 5 14 | 1 55 | 1 08 | 35 |
| 7 | 0 58 04 | 11 49 43 | 5 34 | 1 56 | 1 08 | 35 |
| 8 | 0 58 02 | 11 55 30 | 5 43 | 1 58 | 1 08 | 35 |
| 9 | 0 58 00 | 12 05 15 | 5 43 | 2 00 | 1 08 | 36 |
| 10 | 0 57 58 | 12 18 07 | 5 31 | 2 02 | 1 08 | 36 |
| 11 | 0 57 57 | 12 33 07 | 5 05 | 2 03 | 1 09 | 36 |
| 12 | 0 57 55 | 12 49 06 | 4 21 | 2 05 | 1 09 | 36 |
| 13 | 0 57 54 | 13 04 58 | 3 18 | 2 06 | 1 09 | 36 |
| 14 | 0 57 52 | 13 19 44 | 1 55 | 2 08 | 1 09 | 36 |
| 15 | 0 57 51 | 13 32 43 | 0 16 | 2 09 | 1 09 | 36 |
| 16 | 0 57 49 | 13 43 37 | 1 28 | 2 10 | 1 09 | 36 |
| 17 | 0 57 48 | 13 52 27 | 3 07 | 2 11 | 1 09 | 36 |
| 18 | 0 57 47 | 13 59 32 | 4 32 | 2 11 | 1 09 | 36 |
| 19 | 0 57 46 | 14 05 13 | 5 37 | 2 11 | 1 09 | 37 |
| 20 | 0 57 45 | 14 09 43 | 6 21 | 2 11 | 1 09 | 37 |
| 21 | 0 57 44 | 14 12 55 | 6 45 | 2 11 | 1 09 | 37 |
| 22 | 0 57 43 | 14 14 21 | 6 47 | 2 11 | 1 10 | 36 |
| 23 | 0 57 42 | 14 13 44 | 6 28 | 2 10 | 1 10 | 36 |
| 24 | 0 57 41 | 14 08 34 | 5 47 | 2 09 | 1 10 | 36 |
| 25 | 0 57 40 | 13 59 52 | 4 44 | 2 08 | 1 10 | 36 |
| 26 | 0 57 38 | 13 46 56 | 3 21 | 2 06 | 1 10 | 36 |
| 27 | 0 57 37 | 13 30 18 | 1 45 | 2 04 | 1 10 | 36 |
| 28 | 0 57 36 | 13 11 09 | 0 05 | 2 02 | 1 10 | 36 |
| 29 | 0 57 35 | 12 51 02 | 1 28 | 2 00 | 1 10 | 36 |
| 30 | 0 57 34 | 12 31 40 | 2 47 | 1 58 | 1 10 | 36 |
| 31 | 0 57 32 | 12 14 38 | 3 49 | 1 56 | 1 10 | 36 |

## JUNE

| D | ☉ | ☽ | ☽Dec. | ☿ | ♀ | ♂ |
|---|---|---|---|---|---|---|
| 1 | 0 57 31 | 12 01 14 | 4 35 | 1 53 | 1 10 | 36 |
| 2 | 0 57 30 | 11 52 25 | 5 07 | 1 51 | 1 10 | 36 |
| 3 | 0 57 28 | 11 48 46 | 5 28 | 1 48 | 1 10 | 36 |
| 4 | 0 57 27 | 11 50 32 | 5 39 | 1 46 | 1 10 | 36 |
| 5 | 0 57 26 | 11 57 38 | 5 41 | 1 43 | 1 10 | 36 |
| 6 | 0 57 25 | 12 09 39 | 5 33 | 1 40 | 1 10 | 36 |
| 7 | 0 57 24 | 12 25 48 | 5 13 | 1 37 | 1 10 | 36 |
| 8 | 0 57 23 | 12 44 57 | 4 36 | 1 35 | 1 10 | 36 |
| 9 | 0 57 22 | 13 05 32 | 3 41 | 1 32 | 1 11 | 36 |
| 10 | 0 57 21 | 13 25 49 | 2 23 | 1 29 | 1 11 | 36 |
| 11 | 0 57 20 | 13 44 00 | 0 46 | 1 26 | 1 11 | 36 |
| 12 | 0 57 19 | 13 58 34 | 1 01 | 1 23 | 1 11 | 36 |
| 13 | 0 57 19 | 14 08 35 | 2 47 | 1 20 | 1 11 | 36 |
| 14 | 0 57 18 | 14 13 54 | 4 18 | 1 18 | 1 11 | 36 |
| 15 | 0 57 18 | 14 15 05 | 5 29 | 1 15 | 1 11 | 36 |
| 16 | 0 57 17 | 14 13 10 | 6 15 | 1 11 | 1 11 | 36 |
| 17 | 0 57 17 | 14 09 14 | 6 40 | 1 08 | 1 11 | 36 |
| 18 | 0 57 17 | 14 04 10 | 6 43 | 1 05 | 1 11 | 36 |
| 19 | 0 57 16 | 13 58 24 | 6 26 | 1 02 | 1 11 | 37 |
| 20 | 0 57 16 | 13 51 55 | 5 50 | 0 59 | 1 11 | 37 |
| 21 | 0 57 16 | 13 44 17 | 4 55 | 0 55 | 1 11 | 37 |
| 22 | 0 57 16 | 13 35 01 | 3 41 | 0 52 | 1 11 | 37 |
| 23 | 0 57 16 | 13 23 42 | 2 12 | 0 48 | 1 11 | 37 |
| 24 | 0 57 16 | 13 10 19 | 0 35 | 0 45 | 1 11 | 37 |
| 25 | 0 57 15 | 12 55 16 | 1 00 | 0 41 | 1 11 | 37 |
| 26 | 0 57 15 | 12 39 22 | 2 24 | 0 37 | 1 11 | 37 |
| 27 | 0 57 15 | 12 23 46 | 3 33 | 0 33 | 1 11 | 37 |
| 28 | 0 57 14 | 12 09 41 | 4 24 | 0 29 | 1 11 | 37 |
| 29 | 0 57 14 | 11 58 21 | 5 00 | 0 24 | 1 11 | 37 |
| 30 | 0 57 13 | 11 50 47 | 5 23 | 0 20 | 1 11 | 37 |

## JULY

| D | ☉ | ☽ | ☽Dec. | ☿ | ♀ | ♂ |
|---|---|---|---|---|---|---|
| 1 | 0 57 13 | 11 47 49 | 5 36 | 0 15 | 1 12 | 37 |
| 2 | 0 57 13 | 11 50 02 | 5 39 | 0 11 | 1 12 | 37 |
| 3 | 0 57 12 | 11 57 41 | 5 33 | 0 06 | 1 12 | 37 |
| 4 | 0 57 12 | 12 09 43 | 5 17 | 0 01 | 1 12 | 37 |
| 5 | 0 57 12 | 12 28 40 | 4 47 | 0 03 | 1 12 | 37 |
| 6 | 0 57 12 | 12 50 35 | 4 00 | 0 08 | 1 12 | 37 |
| 7 | 0 57 11 | 13 14 57 | 2 52 | 0 12 | 1 12 | 37 |
| 8 | 0 57 11 | 13 39 44 | 1 22 | 0 17 | 1 12 | 37 |
| 9 | 0 57 11 | 14 02 33 | 0 24 | 0 21 | 1 12 | 37 |
| 10 | 0 57 11 | 14 21 02 | 2 15 | 0 25 | 1 12 | 37 |
| 11 | 0 57 12 | 14 33 23 | 3 58 | 0 29 | 1 12 | 37 |
| 12 | 0 57 12 | 14 38 43 | 5 20 | 0 32 | 1 12 | 37 |
| 13 | 0 57 12 | 14 37 19 | 6 16 | 0 35 | 1 12 | 37 |
| 14 | 0 57 13 | 14 30 25 | 6 46 | 0 37 | 1 12 | 37 |
| 15 | 0 57 13 | 14 19 44 | 6 51 | 0 39 | 1 12 | 37 |
| 16 | 0 57 14 | 14 06 57 | 6 35 | 0 40 | 1 12 | 37 |
| 17 | 0 57 14 | 13 53 26 | 6 00 | 0 40 | 1 12 | 37 |
| 18 | 0 57 15 | 13 39 59 | 5 06 | 0 40 | 1 12 | 37 |
| 19 | 0 57 16 | 13 26 55 | 3 55 | 0 39 | 1 12 | 37 |
| 20 | 0 57 17 | 13 14 13 | 2 31 | 0 37 | 1 12 | 37 |
| 21 | 0 57 18 | 13 01 40 | 0 58 | 0 35 | 1 12 | 37 |
| 22 | 0 57 18 | 12 49 04 | 0 36 | 0 32 | 1 12 | 37 |
| 23 | 0 57 19 | 12 36 27 | 2 03 | 0 28 | 1 12 | 37 |
| 24 | 0 57 20 | 12 24 01 | 3 15 | 0 24 | 1 13 | 37 |
| 25 | 0 57 20 | 12 12 15 | 4 12 | 0 19 | 1 13 | 37 |
| 26 | 0 57 21 | 12 01 48 | 4 53 | 0 14 | 1 13 | 37 |
| 27 | 0 57 21 | 11 53 29 | 5 19 | 0 09 | 1 13 | 37 |
| 28 | 0 57 22 | 11 48 07 | 5 34 | 0 03 | 1 13 | 37 |
| 29 | 0 57 22 | 11 46 27 | 5 39 | 0 03 | 1 13 | 38 |
| 30 | 0 57 23 | 11 49 12 | 5 34 | 0 09 | 1 13 | 38 |
| 31 | 0 57 24 | 11 56 50 | 5 19 | 0 15 | 1 13 | 38 |

## AUGUST

| D | ☉ | ☽ | ☽Dec. | ☿ | ♀ | ♂ |
|---|---|---|---|---|---|---|
| 1 | 0 57 24 | 12 09 37 | 4 53 | 0 22 | 1 13 | 38 |
| 2 | 0 57 25 | 12 27 28 | 4 13 | 0 28 | 1 13 | 38 |
| 3 | 0 57 25 | 12 49 52 | 3 15 | 0 34 | 1 13 | 38 |
| 4 | 0 57 26 | 13 15 41 | 1 56 | 0 41 | 1 13 | 38 |
| 5 | 0 57 27 | 13 43 08 | 0 18 | 0 47 | 1 13 | 38 |
| 6 | 0 57 28 | 14 09 50 | 1 31 | 0 53 | 1 13 | 38 |
| 7 | 0 57 29 | 14 33 01 | 3 21 | 0 59 | 1 13 | 38 |
| 8 | 0 57 29 | 14 50 02 | 4 56 | 1 05 | 1 13 | 38 |
| 9 | 0 57 30 | 14 59 01 | 6 08 | 1 11 | 1 13 | 38 |
| 10 | 0 57 31 | 14 59 17 | 6 52 | 1 16 | 1 13 | 38 |
| 11 | 0 57 33 | 14 51 31 | 7 07 | 1 22 | 1 13 | 38 |
| 12 | 0 57 34 | 14 37 26 | 6 56 | 1 27 | 1 13 | 38 |
| 13 | 0 57 35 | 14 19 13 | 6 22 | 1 32 | 1 13 | 38 |
| 14 | 0 57 37 | 13 59 02 | 5 27 | 1 36 | 1 13 | 38 |
| 15 | 0 57 39 | 13 38 39 | 4 15 | 1 40 | 1 13 | 38 |
| 16 | 0 57 40 | 13 19 15 | 2 51 | 1 44 | 1 13 | 38 |
| 17 | 0 57 42 | 13 01 31 | 1 18 | 1 47 | 1 13 | 38 |
| 18 | 0 57 43 | 12 45 43 | 0 16 | 1 50 | 1 14 | 38 |
| 19 | 0 57 45 | 12 31 51 | 1 44 | 1 53 | 1 14 | 38 |
| 20 | 0 57 46 | 12 19 48 | 2 59 | 1 55 | 1 14 | 38 |
| 21 | 0 57 48 | 12 09 27 | 3 59 | 1 56 | 1 14 | 38 |
| 22 | 0 57 49 | 12 00 47 | 4 44 | 1 58 | 1 14 | 38 |
| 23 | 0 57 51 | 11 53 52 | 5 14 | 1 59 | 1 14 | 38 |
| 24 | 0 57 52 | 11 48 59 | 5 33 | 1 59 | 1 14 | 38 |
| 25 | 0 57 54 | 11 46 27 | 5 40 | 2 00 | 1 14 | 38 |
| 26 | 0 57 55 | 11 46 47 | 5 37 | 2 00 | 1 14 | 38 |
| 27 | 0 57 56 | 11 50 26 | 5 24 | 1 59 | 1 14 | 38 |
| 28 | 0 57 58 | 11 57 56 | 5 00 | 1 59 | 1 14 | 38 |
| 29 | 0 57 59 | 12 09 38 | 4 23 | 1 58 | 1 14 | 38 |
| 30 | 0 58 01 | 12 25 46 | 3 31 | 1 58 | 1 14 | 38 |
| 31 | 0 58 02 | 12 46 14 | 2 21 | 1 57 | 1 14 | 38 |

## SEPTEMBER

| D | ☉ ° ′ ″ | ☽ ° ′ ″ | ☽Dec. ° ′ | ☿ ° ′ | ♀ ° ′ | ♂ ° ′ |
|---|---|---|---|---|---|---|
| 1 | 0 58 03 | 13 10 27 | 0 54 | 1 56 | 1 14 | 38 |
| 2 | 0 58 05 | 13 37 16 | 0 47 | 1 55 | 1 14 | 39 |
| 3 | 0 58 06 | 14 04 52 | 2 34 | 1 54 | 1 14 | 39 |
| 4 | 0 58 08 | 14 30 49 | 4 15 | 1 53 | 1 14 | 39 |
| 5 | 0 58 09 | 14 52 18 | 5 40 | 1 52 | 1 14 | 39 |
| 6 | 0 58 10 | 15 06 41 | 6 40 | 1 50 | 1 14 | 39 |
| 7 | 0 58 12 | 15 12 07 | 7 13 | 1 49 | 1 14 | 39 |
| 8 | 0 58 14 | 15 07 59 | 7 16 | 1 48 | 1 14 | 39 |
| 9 | 0 58 16 | 14 55 07 | 6 51 | 1 47 | 1 14 | 39 |
| 10 | 0 58 18 | 14 35 27 | 6 01 | 1 46 | 1 14 | 39 |
| 11 | 0 58 20 | 14 11 33 | 4 49 | 1 45 | 1 14 | 39 |
| 12 | 0 58 22 | 13 46 00 | 3 21 | 1 44 | 1 14 | 39 |
| 13 | 0 58 24 | 13 20 57 | 1 44 | 1 42 | 1 14 | 39 |
| 14 | 0 58 26 | 12 57 59 | 0 06 | 1 41 | 1 14 | 39 |
| 15 | 0 58 29 | 12 38 02 | 1 25 | 1 40 | 1 14 | 39 |
| 16 | 0 58 31 | 12 21 33 | 2 43 | 1 39 | 1 14 | 39 |
| 17 | 0 58 33 | 12 08 34 | 3 46 | 1 38 | 1 15 | 39 |
| 18 | 0 58 35 | 11 58 56 | 4 33 | 1 37 | 1 15 | 39 |
| 19 | 0 58 37 | 11 52 19 | 5 07 | 1 36 | 1 15 | 39 |
| 20 | 0 58 39 | 11 48 24 | 5 29 | 1 35 | 1 15 | 39 |
| 21 | 0 58 41 | 11 46 56 | 5 39 | 1 34 | 1 15 | 39 |
| 22 | 0 58 43 | 11 47 44 | 5 39 | 1 33 | 1 15 | 39 |
| 23 | 0 58 45 | 11 50 46 | 5 29 | 1 32 | 1 15 | 39 |
| 24 | 0 58 47 | 11 56 08 | 5 07 | 1 31 | 1 15 | 39 |
| 25 | 0 58 49 | 12 04 01 | 4 32 | 1 30 | 1 15 | 39 |
| 26 | 0 58 50 | 12 14 43 | 3 43 | 1 29 | 1 15 | 39 |
| 27 | 0 58 52 | 12 28 27 | 2 39 | 1 28 | 1 15 | 39 |
| 28 | 0 58 54 | 12 45 25 | 1 19 | 1 27 | 1 15 | 39 |
| 29 | 0 58 56 | 13 05 30 | 0 14 | 1 26 | 1 15 | 39 |
| 30 | 0 58 58 | 13 28 16 | 1 54 | 1 25 | 1 15 | 40 |

## OCTOBER

| D | ☉ ° ′ ″ | ☽ ° ′ ″ | ☽Dec. ° ′ | ☿ ° ′ | ♀ ° ′ | ♂ ° ′ |
|---|---|---|---|---|---|---|
| 1 | 0 58 59 | 13 52 46 | 3 31 | 1 24 | 1 15 | 40 |
| 2 | 0 59 01 | 14 17 24 | 4 58 | 1 23 | 1 15 | 40 |
| 3 | 0 59 03 | 14 39 59 | 6 08 | 1 22 | 1 15 | 40 |
| 4 | 0 59 04 | 14 57 59 | 6 56 | 1 21 | 1 15 | 40 |
| 5 | 0 59 06 | 15 08 53 | 7 17 | 1 20 | 1 15 | 40 |
| 6 | 0 59 08 | 15 10 50 | 7 10 | 1 19 | 1 15 | 40 |
| 7 | 0 59 10 | 15 03 11 | 6 33 | 1 17 | 1 15 | 40 |
| 8 | 0 59 12 | 14 46 45 | 5 30 | 1 16 | 1 15 | 40 |
| 9 | 0 59 15 | 14 23 35 | 4 04 | 1 15 | 1 15 | 40 |
| 10 | 0 59 17 | 13 56 30 | 2 23 | 1 13 | 1 15 | 40 |
| 11 | 0 59 19 | 13 28 21 | 0 38 | 1 11 | 1 15 | 40 |
| 12 | 0 59 22 | 13 01 34 | 1 00 | 1 10 | 1 15 | 40 |
| 13 | 0 59 24 | 12 37 56 | 2 25 | 1 08 | 1 15 | 40 |
| 14 | 0 59 26 | 12 18 30 | 3 32 | 1 06 | 1 15 | 40 |
| 15 | 0 59 29 | 12 03 44 | 4 23 | 1 03 | 1 15 | 40 |
| 16 | 0 59 31 | 11 53 40 | 4 59 | 1 01 | 1 15 | 40 |
| 17 | 0 59 33 | 11 48 01 | 5 23 | 0 58 | 1 15 | 40 |
| 18 | 0 59 35 | 11 46 17 | 5 37 | 0 55 | 1 15 | 40 |
| 19 | 0 59 37 | 11 47 54 | 5 40 | 0 52 | 1 15 | 40 |
| 20 | 0 59 39 | 11 52 15 | 5 33 | 0 48 | 1 15 | 40 |
| 21 | 0 59 42 | 11 58 46 | 5 14 | 0 44 | 1 15 | 40 |
| 22 | 0 59 44 | 12 06 58 | 4 43 | 0 40 | 1 15 | 40 |
| 23 | 0 59 46 | 12 16 32 | 3 57 | 0 35 | 1 15 | 40 |
| 24 | 0 59 47 | 12 27 19 | 2 55 | 0 30 | 1 15 | 40 |
| 25 | 0 59 49 | 12 39 20 | 1 37 | 0 24 | 1 15 | 41 |
| 26 | 0 59 51 | 12 52 45 | 0 08 | 0 17 | 1 15 | 41 |
| 27 | 0 59 53 | 13 07 45 | 1 27 | 0 10 | 1 15 | 41 |
| 28 | 0 59 55 | 13 24 26 | 3 00 | 0 02 | 1 15 | 41 |
| 29 | 0 59 56 | 13 42 38 | 4 24 | 0 06 | 1 15 | 41 |
| 30 | 0 59 58 | 14 01 45 | 5 34 | 0 15 | 1 15 | 41 |
| 31 | 0 59 59 | 14 20 38 | 6 26 | 0 24 | 1 15 | 41 |

## NOVEMBER

| D | ☉ ° ′ ″ | ☽ ° ′ ″ | ☽Dec. ° ′ | ☿ ° ′ | ♀ ° ′ | ♂ ° ′ |
|---|---|---|---|---|---|---|
| 1 | 1 00 01 | 14 37 30 | 6 57 | 0 33 | 1 15 | 41 |
| 2 | 1 00 02 | 14 50 12 | 7 05 | 0 43 | 1 15 | 41 |
| 3 | 1 00 04 | 14 56 28 | 6 46 | 0 52 | 1 15 | 41 |
| 4 | 1 00 06 | 14 54 37 | 6 00 | 1 01 | 1 15 | 41 |
| 5 | 1 00 08 | 14 44 06 | 4 46 | 1 08 | 1 15 | 41 |
| 6 | 1 00 10 | 14 25 44 | 3 10 | 1 14 | 1 15 | 41 |
| 7 | 1 00 12 | 14 01 34 | 1 22 | 1 18 | 1 15 | 41 |
| 8 | 1 00 13 | 13 34 23 | 0 26 | 1 19 | 1 15 | 41 |
| 9 | 1 00 15 | 13 06 58 | 2 00 | 1 19 | 1 15 | 42 |
| 10 | 1 00 17 | 12 41 44 | 3 16 | 1 15 | 1 15 | 41 |
| 11 | 1 00 19 | 12 20 22 | 4 13 | 1 09 | 1 15 | 41 |
| 12 | 1 00 21 | 12 03 55 | 4 52 | 1 01 | 1 15 | 41 |
| 13 | 1 00 23 | 11 52 53 | 5 18 | 0 51 | 1 15 | 41 |
| 14 | 1 00 25 | 11 47 14 | 5 33 | 0 41 | 1 15 | 41 |
| 15 | 1 00 27 | 11 46 39 | 5 38 | 0 29 | 1 15 | 41 |
| 16 | 1 00 29 | 11 50 44 | 5 34 | 0 17 | 1 15 | 41 |
| 17 | 1 00 30 | 11 58 08 | 5 20 | 0 06 | 1 15 | 41 |
| 18 | 1 00 32 | 12 08 30 | 4 53 | 0 05 | 1 15 | 42 |
| 19 | 1 00 34 | 12 20 37 | 4 11 | 0 16 | 1 15 | 42 |
| 20 | 1 00 36 | 12 33 32 | 3 13 | 0 25 | 1 15 | 42 |
| 21 | 1 00 37 | 12 46 28 | 1 57 | 0 34 | 1 15 | 42 |
| 22 | 1 00 38 | 12 58 50 | 0 28 | 0 42 | 1 15 | 42 |
| 23 | 1 00 40 | 13 10 27 | 1 07 | 0 49 | 1 15 | 42 |
| 24 | 1 00 41 | 13 21 26 | 2 41 | 0 55 | 1 15 | 42 |
| 25 | 1 00 42 | 13 32 09 | 4 05 | 1 00 | 1 15 | 42 |
| 26 | 1 00 43 | 13 42 59 | 5 13 | 1 05 | 1 15 | 42 |
| 27 | 1 00 44 | 13 54 10 | 6 04 | 1 09 | 1 15 | 42 |
| 28 | 1 00 45 | 14 05 33 | 6 36 | 1 12 | 1 15 | 42 |
| 29 | 1 00 46 | 14 16 23 | 6 49 | 1 15 | 1 15 | 42 |
| 30 | 1 00 47 | 14 25 25 | 6 40 | 1 18 | 1 15 | 42 |

## DECEMBER

| D | ☉ ° ′ ″ | ☽ ° ′ ″ | ☽Dec. ° ′ | ☿ ° ′ | ♀ ° ′ | ♂ ° ′ |
|---|---|---|---|---|---|---|
| 1 | 1 00 48 | 14 30 56 | 6 08 | 1 20 | 1 15 | 42 |
| 2 | 1 00 49 | 14 31 14 | 5 10 | 1 22 | 1 15 | 42 |
| 3 | 1 00 50 | 14 25 07 | 3 47 | 1 23 | 1 15 | 42 |
| 4 | 1 00 51 | 14 12 20 | 2 06 | 1 25 | 1 15 | 42 |
| 5 | 1 00 52 | 13 53 46 | 0 17 | 1 26 | 1 15 | 42 |
| 6 | 1 00 53 | 13 31 13 | 1 27 | 1 27 | 1 15 | 42 |
| 7 | 1 00 54 | 13 07 00 | 2 54 | 1 28 | 1 15 | 42 |
| 8 | 1 00 56 | 12 43 27 | 4 00 | 1 28 | 1 15 | 42 |
| 9 | 1 00 57 | 12 22 35 | 4 46 | 1 29 | 1 15 | 42 |
| 10 | 1 00 58 | 12 05 51 | 5 15 | 1 30 | 1 15 | 42 |
| 11 | 1 00 59 | 11 54 14 | 5 31 | 1 30 | 1 15 | 43 |
| 12 | 1 01 00 | 11 48 10 | 5 38 | 1 30 | 1 15 | 43 |
| 13 | 1 01 01 | 11 47 45 | 5 35 | 1 31 | 1 15 | 43 |
| 14 | 1 01 02 | 11 52 42 | 5 23 | 1 31 | 1 15 | 43 |
| 15 | 1 01 03 | 12 02 23 | 5 00 | 1 31 | 1 15 | 43 |
| 16 | 1 01 04 | 12 15 55 | 4 24 | 1 32 | 1 15 | 43 |
| 17 | 1 01 05 | 12 32 06 | 3 32 | 1 32 | 1 15 | 43 |
| 18 | 1 01 06 | 12 49 32 | 2 22 | 1 32 | 1 15 | 43 |
| 19 | 1 01 06 | 13 06 43 | 0 55 | 1 32 | 1 15 | 43 |
| 20 | 1 01 07 | 13 22 20 | 0 43 | 1 32 | 1 15 | 43 |
| 21 | 1 01 08 | 13 35 24 | 2 22 | 1 33 | 1 15 | 43 |
| 22 | 1 01 08 | 13 45 28 | 3 52 | 1 33 | 1 15 | 43 |
| 23 | 1 01 08 | 13 52 42 | 5 05 | 1 33 | 1 15 | 43 |
| 24 | 1 01 08 | 13 57 39 | 5 58 | 1 33 | 1 15 | 43 |
| 25 | 1 01 08 | 14 01 04 | 6 30 | 1 33 | 1 15 | 43 |
| 26 | 1 01 08 | 14 03 37 | 6 42 | 1 34 | 1 15 | 43 |
| 27 | 1 01 08 | 14 05 33 | 6 35 | 1 34 | 1 15 | 43 |
| 28 | 1 01 08 | 14 06 39 | 6 07 | 1 34 | 1 15 | 43 |
| 29 | 1 01 08 | 14 06 13 | 5 18 | 1 34 | 1 15 | 43 |
| 30 | 1 01 08 | 14 03 20 | 4 07 | 1 35 | 1 15 | 43 |
| 31 | 1 01 08 | 13 57 05 | 2 36 | 1 35 | 1 15 | 43 |

## JANUARY

| | | | |
|---|---|---|---|
| 1 Su | 00 32 | ☽∠♅ | b |
| | 01 03 | ☿Q♅ | |
| | 04 02 | ☽⊻♇ | g |
| | 05 50 | ☽⊻☿ | g |
| | 07 53 | ♄⚼♇ | |
| | 08 04 | ☿⚼♂ | |
| | 12 14 | ☽♒ | |
| | 12 25 | ☽☌♀ | G |
| | 18 37 | ☽∥☿ | G |
| | 20 18 | ♀♑ | |
| | 20 21 | ☉△♂ | |
| | 22 35 | ☽∥☉ | G |
| 2 Mo | 00 43 | ☽⊻♅ | g |
| | 04 04 | ☽☍♄ | B |
| | 04 13 | ☽∠♇ | b |
| | 06 34 | ☽□♂ | B |
| | 07 08 | ☽⊻☉ | g |
| | 08 40 | ☽∠☿ | b |
| | 10 01 | ☽□♃ | B |
| | 14 03 | ☽☌♆ | D |
| | 20 21 | ☽#♄ | B |
| | 23 26 | ☿∠♃ | |
| 3 Tu | 00 23 | ☽∥♀ | G |
| | 03 02 | ☽#♂ | B |
| | 04 31 | ☽✱♇ | G |
| | 05 39 | ☽∥♆ | D |
| | 06 49 | ☽∥♇ | D |
| | 09 13 | ☽∠☉ | b |
| | 10 45 | ☽∥♃ | G |
| | 11 39 | ☿⊻♀ | |
| | 11 43 | ☽⊻♀ | g |
| | 11 44 | ☽✱☿ | G |
| | 12 43 | ☽♓ | |
| | 21 26 | ☿♑ | |
| 4 We | 01 35 | ☽☌♅ | B |
| | 07 46 | ☽∥♅ | B |
| | 08 16 | ☉✱♃ | |
| | 08 23 | ☽✱♂ | G |
| | 11 33 | ☽△♃ | G |
| | 11 44 | ☽∠♀ | b |
| | 11 46 | ☽✱☉ | G |
| | 14 49 | ☿∠♆ | |
| | 15 18 | ☽⊻♆ | g |
| 5 Th | 05 38 | ☽⚼♄ | b |
| | 06 19 | ☽□♇ | B |
| | 10 03 | ☽∠♂ | b |
| | 11 37 | ♀#♂ | |
| | 12 10 | ☽✱♀ | G |
| | 13 04 | ☽⚼♃ | b |
| | 14 44 | ☽♈ | |
| | 16 40 | ☽∠♆ | b |
| | 19 45 | ☽□☿ | B |
| 6 Fr | 04 20 | ☽⊻♅ | g |
| | 05 44 | ☿±♄ | |
| | 07 10 | ☽△♄ | G |
| | 12 22 | ☽⊻♂ | g |
| | 15 12 | ☉⊻♆ | |
| | 18 40 | ☽✱♆ | G |
| | 18 56 | ☽□☉ | B |
| 7 Sa | 03 22 | ☽#♅ | B |
| | 06 38 | ☽∠♅ | b |
| | 10 27 | ☽△♇ | G |
| | 14 34 | ☽□♀ | B |
| | 19 09 | ☽♉ | |
| 8 Su | 03 09 | ☽#♃ | G |
| | 06 39 | ☽#♇ | D |
| | 07 15 | ☽△☿ | G |
| | 07 41 | ☽#♆ | D |
| | 09 34 | ☽✱♅ | G |
| | 09 50 | ☽#♀ | G |
| | 12 05 | ☽□♄ | B |
| | 13 17 | ☽∥♂ | B |
| | 13 28 | ☽⚼♇ | b |
| | 18 53 | ☽∥♄ | B |
| | 19 04 | ☽☌♂ | B |
| | 21 24 | ☽☍♃ | B |
| 9 Mo | 00 34 | ☽□♆ | B |
| | 03 37 | ☿✱♅ | |
| | 04 27 | ♀Q♃ | |
| | 05 15 | ☽△☉ | G |
| | 13 41 | ☽#☉ | G |
| | 14 21 | ☽⚼☿ | b |
| | 18 56 | ☽△♀ | G |
| | 23 00 | ☿⊼♄ | |
| 10 Tu | 01 58 | ☽♊ | |
| | 03 33 | ☽#☿ | G |
| | 11 28 | ☽⚼☉ | b |
| | 14 33 | ☿⊥♆ | |
| | 17 09 | ☽□♅ | B |
| | 19 16 | ☽✱♄ | G |
| | 21 46 | ☽⚼♀ | b |
| 11 We | 04 16 | ☽⊻♂ | g |
| | 08 41 | ☽△♆ | G |
| | 09 38 | ♀⊻♇ | |
| | 23 35 | ☽∠♄ | b |
| 12 Th | 01 46 | ☽☍♇ | B |
| | 09 41 | ☽∠♂ | b |
| | 10 50 | ☽♋ | |
| | 10 53 | ☽⚼♃ | b |
| | 13 28 | ☽⚼♆ | b |
| | 13 37 | ♀∥♆ | |
| 13 Fr | 02 43 | ☽△♅ | G |
| | 04 21 | ☽⊻♄ | g |
| | 10 40 | ☿△♂ | |
| | 13 42 | ☉∠♅ | |
| | 15 36 | ☽✱♂ | G |
| | 16 10 | ☽☍☿ | B |
| | 16 20 | ☽△♃ | G |
| | 17 32 | ☿✱♃ | |
| | 23 59 | ☉☌♀ | |
| 14 Sa | 08 08 | ♀∥♇ | |
| | 08 11 | ☽⚼♅ | b |
| | 08 33 | ☽☍♀ | B |
| | 09 48 | ☽☍☉ | B |
| | 12 14 | ☿⊻♆ | |
| | 15 08 | ♀∠♅ | |
| | 21 31 | ☽♌ | |
| 15 Su | 03 41 | ☽#☿ | G |
| | 09 28 | ♂☍♃ | |
| | 15 10 | ☽☌♄ | B |
| | 16 54 | ☉⊻♇ | |
| | 18 16 | ☽⚼♇ | b |
| | 22 14 | ☽#☉ | G |
| 16 Mo | 04 34 | ☽□♃ | B |
| | 04 56 | ☽□♂ | B |
| | 06 31 | ☽☍♆ | B |
| | 11 25 | ☽∥♄ | B |
| | 14 00 | ☽∥♂ | B |
| 17 Tu | 00 35 | ☽△♇ | G |
| | 01 17 | ☽#♆ | D |
| | 01 57 | ☽#♇ | D |
| | 03 08 | ☽#♀ | G |
| | 04 12 | ☽#♃ | G |
| | 09 49 | ☽♍ | |
| | 15 31 | ☿☌♀ | |
| | 22 36 | ☽⚼♀ | b |
| 18 We | 00 07 | ☽⚼☿ | b |
| | 00 45 | ☉Q♃ | |
| | 02 58 | ☽☍♅ | B |
| | 03 25 | ☽⊻♄ | g |
| | 09 53 | ☽#♅ | B |
| | 12 50 | ☽⚼☉ | b |
| | 13 53 | ♂□♆ | |
| | 18 06 | ☽✱♃ | G |
| | 19 45 | ☽△♂ | G |
| | 21 24 | ☿∠♅ | |
| 19 Th | 03 43 | ☽△♀ | G |
| | 08 16 | ♀∥♃ | |
| | 09 45 | ☽∠♄ | b |
| | 11 31 | ☽△☿ | G |
| | 13 45 | ☽□♇ | B |
| | 21 02 | ♄⊼♅ | |
| | 22 13 | ☽△☉ | G |
| | 22 49 | ☽♎ | |
| 20 Fr | 00 53 | ☽∠♃ | b |
| | 02 08 | ☽⚼♆ | b |
| | 03 12 | ☽⚼♂ | b |
| | 03 58 | ☿⊻♇ | |
| | 05 15 | ☉♒ | |
| | 15 53 | ☽✱♄ | G |
| 21 Sa | 07 19 | ☽⊻♃ | g |
| | 08 19 | ☽△♆ | G |
| | 13 33 | ☽□♀ | B |
| | 15 23 | ☽∥♅ | B |
| | 19 04 | ☉⊥♇ | |
| | 19 11 | ☿Q♃ | |
| | 21 32 | ♂∥♄ | |
| | 22 01 | ☽⚼♅ | b |
| 22 Su | 01 56 | ☽✱♇ | G |
| | 08 53 | ☽□☿ | B |
| | 10 28 | ☽♏ | |
| | 15 14 | ☽□☉ | B |
| | 19 40 | ☽∥♀ | G |
| | 20 07 | ☉⊥♅ | |
| | 20 41 | ☿♒ | |
| | 20 53 | ☽∥♃ | G |
| | 22 08 | ☽∥♇ | D |
| | 22 27 | ☽∥♆ | D |
| 23 Mo | 02 21 | ☽□♄ | B |
| | 03 09 | ☽△♅ | G |
| | 06 53 | ☽∠♇ | b |
| | 10 21 | ♀△♂ | |
| | 12 31 | ☽#♄ | B |
| | 13 18 | ☽#♂ | B |
| | 15 10 | ☽∥☉ | G |
| | 17 49 | ☽☌♃ | G |
| | 18 24 | ☽□♆ | B |
| | 20 42 | ☿⊥♇ | |
| | 21 10 | ☽✱♀ | G |
| | 21 53 | ☽☍♂ | B |
| 24 Tu | 03 26 | ☽∥☿ | G |
| | 10 49 | ☽⊻♇ | g |
| | 12 09 | ☿⊥♅ | |
| | 15 07 | ☉#♂ | |
| | 18 38 | ☽♐ | |
| | 23 41 | ☽∠♀ | b |
| 25 We | 01 11 | ☽✱☿ | G |
| | 03 36 | ☽✱☉ | G |
| | 09 00 | ☽△♄ | G |
| | 10 16 | ☽□♅ | B |
| | 13 49 | ☉#♄ | |
| 26 Th | 00 02 | ☽⊻♃ | g |
| | 00 17 | ☽✱♆ | G |
| | 01 17 | ☽⊻♀ | g |
| | 06 57 | ☽∠☿ | b |
| | 07 43 | ☽∠☉ | b |
| | 10 44 | ☽⚼♄ | b |
| | 14 47 | ♂±♇ | |
| | 15 25 | ☽☌♇ | D |
| | 21 34 | ☉☌☿ | |
| | 22 31 | ☽♑ | |
| 27 Fr | 01 34 | ☽∠♃ | b |
| | 01 41 | ☽∠♆ | b |
| | 06 51 | ☽⚼♂ | b |
| | 10 40 | ☽⊻☉ | g |
| | 11 22 | ☽⊻☿ | g |
| | 13 03 | ☿☍♄ | |
| | 13 12 | ☽✱♅ | G |
| | 17 45 | ♀⊻♆ | |
| | 19 07 | ♀✱♃ | |
| | 22 48 | ☉☍♄ | |
| 28 Sa | 01 24 | ♃□♆ | |
| | 02 06 | ☽☌♀ | G |
| | 02 16 | ☽⊻♆ | g |
| | 02 16 | ☽✱♃ | G |
| | 03 32 | ☿⊻♅ | |
| | 07 57 | ☽△♂ | G |
| | 13 31 | ☽∠♅ | b |
| | 16 30 | ☽⊻♇ | g |
| | 21 02 | ♆∥♇ | |
| | 23 09 | ☽♒ | |
| | 23 29 | ☿#♂ | |
| 29 Su | 01 05 | ☉⊻♅ | |
| | 06 00 | ☿∠♇ | |
| | 11 25 | ☽☍♄ | B |
| | 13 24 | ☽⊻♅ | g |
| | 14 04 | ♂Q♅ | |
| | 14 15 | ☽☌☉ | D |
| | 16 19 | ☽∠♇ | b |
| | 17 37 | ☽☌☿ | G |
| 30 Mo | 00 23 | ☽#♂ | B |
| | 01 05 | ☽⊻♀ | g |
| | 02 02 | ☽☌♆ | D |
| | 02 14 | ☽□♃ | B |
| | 03 23 | ☽∥☿ | G |
| | 03 39 | ☽#♄ | B |
| | 06 15 | ☿#♄ | |
| | 08 51 | ☽□♂ | B |
| | 09 20 | ☽∥☉ | G |
| | 16 00 | ☽✱♇ | G |
| | 16 17 | ☽∥♇ | D |
| | 16 21 | ☽∥♆ | D |
| | 16 28 | ☽∥♃ | G |
| | 18 20 | ☽∥♀ | G |
| | 22 02 | ☉∠♇ | |
| | 22 32 | ☽♓ | |
| 31 Tu | 00 31 | ☽∠♀ | b |
| | 12 41 | ♃∥♆ | |
| | 12 59 | ☽☌♅ | B |
| | 17 07 | ☽⊻☉ | g |
| | 18 03 | ☽∥♅ | B |
| | 23 21 | ☽⊻☿ | g |

## FEBRUARY

| | | | |
|---|---|---|---|
| 1 We | 00 15 | ☽✱♀ | G |
| | 01 47 | ☽⊻♆ | g |
| | 02 10 | ☽△♃ | G |
| | 06 39 | ☿⊻♀ | |
| | 10 06 | ☽✱♂ | G |
| | 10 31 | ☽⚼♄ | b |
| | 16 06 | ☽□♇ | B |
| | 17 39 | ♃∥♇ | |
| | 19 08 | ☽∠☉ | b |
| | 20 22 | ☿☌♆ | |
| | 22 46 | ☽♈ | |
| 2 Th | 00 29 | ☿□♃ | |
| | 02 16 | ☽∠♆ | b |
| | 02 46 | ☽⚼♃ | b |
| | 03 04 | ☽∠☿ | b |
| | 11 01 | ☽△♄ | G |
| | 11 31 | ☽∠♂ | b |
| | 14 02 | ☽⊻♅ | g |
| | 21 56 | ☽✱☉ | G |
| 3 Fr | 01 29 | ☽□♀ | B |
| | 03 26 | ☽✱♆ | G |
| | 07 27 | ☽#♅ | B |
| | 07 48 | ☽✱☿ | G |
| | 09 19 | ♀Stat | |
| | 13 44 | ☽⊻♂ | g |
| | 15 35 | ☽∠♅ | b |
| | 18 33 | ☽△♇ | G |
| | 23 24 | ☉∥☿ | |
| 4 Sa | 01 31 | ☽♉ | |
| | 10 07 | ☽#♀ | G |
| | 11 26 | ☽#♆ | D |
| | 11 44 | ☽#♇ | D |
| | 12 00 | ☽#♃ | G |
| | 12 10 | ☽#☿ | G |
| | 12 54 | ☽#☉ | G |
| | 13 32 | ☿∥♃ | |
| | 14 15 | ☽□♄ | B |
| | 15 03 | ☿⊥♀ | |
| | 15 56 | ☿∥♇ | |
| | 17 58 | ☽✱♅ | G |
| | 18 43 | ☿∥♆ | |
| | 20 58 | ☽⚼♇ | b |
| 5 Su | 00 55 | ☉⊻♀ | |
| | 02 36 | ☽∥♄ | B |
| | 04 10 | ☉∥♃ | |
| | 04 41 | ☿∥♀ | |
| | 06 05 | ☽△♀ | G |
| | 06 29 | ☽□☉ | B |
| | 08 11 | ☽□♆ | B |
| | 09 01 | ☽☍♃ | B |
| | 09 29 | ☽∥♂ | B |
| | 10 15 | ☉∥♇ | |
| | 16 56 | ☉∥♆ | |
| | 20 09 | ☿□♂ | |
| | 20 54 | ☽☌♂ | B |
| | 21 00 | ☽□☿ | B |
| 6 Mo | 05 33 | ☉☌♆ | |
| | 07 32 | ☽♊ | |
| | 09 05 | ☉∥♀ | |
| | 09 46 | ☽⚼♀ | b |
| | 18 16 | ☉□♃ | |
| | 20 43 | ☽✱♄ | G |
| | 20 52 | ☿✱♇ | |
| 7 Tu | 01 13 | ☽□♅ | B |
| | 12 56 | ♂Q♄ | |
| | 16 11 | ☽△♆ | G |
| | 19 06 | ☽△☉ | G |
| 8 We | 01 02 | ☽∠♄ | b |
| | 07 35 | ☽⊻♂ | g |
| | 09 01 | ☽☍♇ | B |
| | 15 04 | ☽△☿ | G |
| | 16 33 | ☽♋ | |
| | 21 12 | ☽⚼♆ | b |
| | 22 22 | ☽⚼♃ | b |
| 9 Th | 01 22 | ☿♓ | |
| | 02 41 | ☽⚼☉ | b |
| | 05 57 | ☽⊻♄ | g |
| | 11 17 | ☽△♅ | G |
| | 13 58 | ☽∠♂ | b |

| | | | |
|---|---|---|---|
| | 17 27 | ♀∥♆ | |
| | 23 37 | ♂⚻♇ | |
| 10 | 01 30 | ☽⚼☿ | b |
| Fr | 01 39 | ☽☍♀ | B |
| | 02 43 | ☿∠♀ | |
| | 04 00 | ☽△♃ | G |
| | 17 04 | ☽⚼♅ | b |
| | 20 53 | ☽✱♂ | G |
| 11 | 03 44 | ☽☊ | |
| Sa | 17 07 | ☽☌♄ | B |
| 12 | 02 12 | ☽⚼♇ | b |
| Su | 03 00 | ☽∥♂ | B |
| | 05 57 | ♀∥♇ | |
| | 06 05 | ♀⚺♆ | |
| | 10 45 | ☉⊥♀ | |
| | 14 21 | ☽∥♄ | B |
| | 14 58 | ☽☍♆ | B |
| | 16 24 | ☽□♃ | B |
| | 18 15 | ☿⚻♄ | |
| 13 | 04 44 | ☽☍☉ | B |
| Mo | 07 02 | ☽#♃ | G |
| | 07 53 | ☽#♀ | G |
| | 08 09 | ☽#♇ | D |
| | 08 34 | ☽△♇ | G |
| | 08 58 | ☽#♆ | D |
| | 11 48 | ☽□♂ | B |
| | 16 13 | ☽♍ | |
| | 16 45 | ☿Q♇ | |
| | 21 13 | ☽#☉ | G |
| | 22 32 | ☽⚼♀ | b |
| 14 | 05 24 | ☽⚺♄ | g |
| Tu | 11 44 | ☽☍☿ | B |
| | 12 16 | ☽☍♅ | B |
| | 13 25 | ♀✱♃ | |
| | 14 54 | ☿∥♅ | |
| | 15 33 | ☿☌♅ | |
| | 18 14 | ☽#♅ | B |
| | 18 47 | ☽#☿ | G |
| 15 | 02 41 | ☉✱♇ | |
| We | 05 34 | ☽✱♃ | G |
| | 06 04 | ☽△♀ | G |
| | 11 41 | ☽∠♄ | b |
| | 21 37 | ☽□♇ | B |
| 16 | 02 46 | ☿±♄ | |
| Th | 03 21 | ☽△♂ | G |
| | 05 09 | ☽♎ | |
| | 10 33 | ☽⚼♆ | b |
| | 12 08 | ☽∠♃ | b |
| | 17 53 | ☽✱♄ | G |
| 17 | 08 26 | ☽⚼☉ | b |
| Fr | 09 26 | ☽∥☿ | G |
| | 10 54 | ☽⚼♂ | b |
| | 16 50 | ☽△♆ | G |
| | 18 24 | ☽⚺♃ | g |
| | 18 43 | ☽∥♅ | B |
| | 21 01 | ☽□♀ | B |
| | 22 44 | ♂♊ | |
| 18 | 07 29 | ☽⚼♅ | b |
| Sa | 08 31 | ☽∥☉ | G |
| | 09 58 | ☽✱♇ | G |
| | 16 59 | ☽△☉ | G |
| | 17 11 | ☽♏ | |
| | 19 26 | ☉♓ | |
| | 20 31 | ☽⚼☿ | b |
| | 23 18 | ♀∥♃ | |
| 19 | 02 57 | ☽∥♆ | D |
| Su | 04 00 | ☽∥♇ | D |
| | 05 11 | ☽□♄ | B |
| | 05 26 | ☽∥♃ | G |
| | 05 27 | ☽∥♀ | G |
| | 13 00 | ☽△♅ | G |
| | 14 14 | ☿⚺♆ | |
| | 15 21 | ☽∠♇ | b |
| | 15 33 | ☉□♂ | |
| | 21 44 | ☽#♄ | B |
| 20 | 03 42 | ☽□♆ | B |
| Mo | 04 03 | ☿△♃ | |
| | 05 14 | ☽☌♃ | G |
| | 05 23 | ☽△☿ | G |
| | 10 03 | ☽✱♀ | G |
| | 12 52 | ☽#♂ | B |
| | 17 26 | ☿Q♂ | |
| | 19 54 | ☽⚺♇ | g |
| 21 | 02 38 | ☽♐ | |
| Tu | 05 40 | ☽☍♂ | B |
| | 07 17 | ☽□☉ | B |
| | 13 36 | ☽△♄ | G |
| | 15 13 | ☽∠♀ | b |
| | 21 28 | ☽□♅ | B |
| | 21 55 | ☿⚼♄ | |
| 22 | 11 06 | ☽✱♆ | G |
| We | 12 32 | ☽⚺♃ | g |
| | 16 23 | ☽⚼♄ | b |
| | 18 17 | ☽□☿ | B |
| | 19 18 | ☽⚺♀ | g |
| 23 | 02 06 | ☽☌♇ | D |
| Th | 08 16 | ☽♑ | |
| | 13 18 | ☽∠♆ | b |
| | 14 40 | ☽∠♃ | b |
| | 16 42 | ☽✱☉ | G |
| | 22 16 | ☿✱♀ | |
| 24 | 01 58 | ☽✱♅ | G |
| Fr | 12 41 | ☉⚻♄ | |
| | 14 35 | ☽⚺♆ | g |
| | 15 14 | ☽⚼♂ | b |
| | 15 53 | ☽✱♃ | G |
| | 16 38 | ☿⊥♆ | |
| | 19 39 | ☽∠☉ | b |
| 25 | 00 22 | ☽☌♀ | G |
| Sa | 00 58 | ☽✱☿ | G |
| | 02 53 | ☽∠♅ | b |
| | 04 31 | ☽⚺♇ | g |
| | 10 14 | ☽♒ | |
| | 16 33 | ☽△♂ | G |
| | 19 23 | ☽☍♄ | B |
| | 21 44 | ☽⚺☉ | g |
| | 21 54 | ☽#♂ | B |
| 26 | 02 33 | ☽∠☿ | b |
| Su | 03 08 | ☽⚺♅ | g |
| | 04 40 | ☽∠♇ | b |
| | 12 48 | ☽#♄ | B |
| | 15 05 | ☽☌♆ | D |
| | 16 17 | ☽□♃ | B |
| 27 | 02 09 | ☽∥♀ | G |
| Mo | 02 27 | ☽∥♃ | G |
| | 02 36 | ☽⚺♀ | g |
| | 03 22 | ☽⚺☿ | g |
| | 03 49 | ☽∥♇ | D |
| | 04 26 | ☽✱♇ | G |
| | 04 58 | ☽∥♆ | D |
| | 06 07 | ☉Q♇ | |
| | 09 56 | ☽♓ | |
| | 11 42 | ♀∠♅ | |
| | 13 19 | ☉∥♅ | |
| | 17 44 | ☽□♂ | B |
| 28 | 00 31 | ☽☌☉ | D |
| Tu | 02 40 | ☽☌♅ | B |
| | 03 20 | ☽∠♀ | b |
| | 07 03 | ☽∥♅ | B |
| | 08 00 | ☽∥☉ | G |
| | 14 27 | ☽⚺♆ | g |
| | 14 44 | ☿□♇ | |
| | 15 35 | ☽△♃ | G |
| | 18 13 | ☽⚼♄ | b |
| | 18 20 | ♂✱♄ | |
| | 18 50 | ♀⚺♇ | |
| | 22 07 | ☿✱♀ | |

MARCH

| | | | |
|---|---|---|---|
| 1 | 03 47 | ☽□♇ | B |
| We | 04 03 | ☽☌☿ | G |
| | 04 14 | ☽✱♀ | G |
| | 06 56 | ☽#☿ | G |
| | 09 19 | ☽♈ | |
| | 11 02 | ☉☌♅ | |
| | 14 21 | ☽∠♆ | b |
| | 14 28 | ☽∥☿ | G |
| | 15 28 | ☽⚼♃ | b |
| | 18 02 | ☽△♄ | G |
| | 18 59 | ☽✱♂ | G |
| 2 | 02 37 | ☽⚺♅ | g |
| Th | 03 41 | ☽⚺☉ | g |
| | 03 42 | ☉±♄ | |
| | 10 48 | ☽#☉ | G |
| | 14 26 | ☽#♅ | B |
| | 14 45 | ☽✱♆ | G |
| | 20 20 | ☽∠♂ | b |
| | 20 29 | ☿Stat | |
| 3 | 03 22 | ☽∠♅ | b |
| Fr | 04 37 | ☽△♇ | G |
| | 05 12 | ☽⚺☿ | g |
| | 06 13 | ☽∠☉ | b |
| | 07 42 | ☽□♀ | B |
| | 09 12 | ♀∥♃ | |
| | 10 22 | ☽♉ | |
| | 18 04 | ☽#♆ | D |
| | 19 22 | ☽□♄ | B |
| | 19 27 | ☽#♇ | D |
| | 20 54 | ☽#♀ | G |
| | 20 58 | ☽#♃ | G |
| | 22 31 | ☽⚺♂ | g |
| 4 | 04 53 | ☽✱♅ | G |
| Sa | 06 06 | ☽⚼♇ | b |
| | 06 26 | ☽∠☿ | b |
| | 09 44 | ☽✱☉ | G |
| | 12 15 | ☽∥♄ | B |
| | 17 45 | ☽□♆ | B |
| | 18 03 | ♃Stat | |
| | 18 47 | ☽☍♃ | B |
| | 22 21 | ☿□♇ | |
| 5 | 08 12 | ☽∥♂ | B |
| Su | 08 14 | ☽✱☿ | G |
| | 08 39 | ♀♒ | |
| | 14 38 | ☽♊ | |
| | 15 00 | ☽△♀ | G |
| | 21 57 | ☿Q♂ | |
| 6 | 00 04 | ☽✱♄ | G |
| Mo | 05 54 | ☽☌♂ | B |
| | 10 22 | ♀Q♃ | |
| | 10 45 | ☽□♅ | B |
| | 20 16 | ☽□☉ | B |
| | 20 25 | ☽⚼♀ | b |
| 7 | 00 27 | ☽△♆ | G |
| Tu | 03 50 | ☽∠♄ | b |
| | 05 46 | ☉∠♀ | |
| | 13 34 | ☽□☿ | B |
| | 16 09 | ☽☍♇ | B |
| | 22 38 | ☽♋ | |
| 8 | 01 50 | ♄±♅ | |
| We | 05 10 | ☽⚼♆ | b |
| | 06 03 | ☽⚼♃ | b |
| | 08 28 | ☽⚺♄ | g |
| | 14 18 | ♀⊥♇ | |
| | 17 28 | ☽⚺♂ | g |
| | 18 10 | ☿⊥♆ | |
| | 20 17 | ☽△♅ | G |
| 9 | 03 27 | ☉⚺♆ | |
| Th | 11 16 | ☽△☉ | G |
| | 11 26 | ☽△♃ | G |
| | 13 14 | ☉△♃ | |
| | 20 41 | ☽△☿ | G |
| 10 | 00 30 | ☽∠♂ | b |
| Fr | 02 08 | ☽⚼♅ | b |
| | 03 50 | ♀∥♇ | |
| | 09 42 | ☽☊ | |
| | 16 50 | ☉⚼♄ | |
| | 16 59 | ☽∥♂ | B |
| | 18 43 | ☽☍♀ | B |
| | 19 41 | ☽☌♄ | B |
| | 19 58 | ☽⚼☉ | b |
| 11 | 00 38 | ☽⚼☿ | b |
| Sa | 07 31 | ♀☍♄ | |
| | 08 04 | ☽✱♂ | G |
| | 09 12 | ☽⚼♇ | b |
| | 16 49 | ♂□♅ | |
| | 17 27 | ♀⊥♅ | |
| | 18 18 | ☽∥♄ | B |
| | 23 04 | ☽☍♆ | B |
| | 23 36 | ☽□♃ | B |
| 12 | 02 44 | ☉☌☿ | |
| Su | 12 19 | ☿∠♀ | |
| | 13 03 | ☽#♃ | G |
| | 14 43 | ☽#♇ | D |
| | 15 38 | ☽△♇ | G |
| | 15 47 | ☽#♀ | G |
| | 16 44 | ☽#♆ | D |
| | 22 24 | ☽♍ | |
| 13 | 08 16 | ☽⚺♄ | g |
| Mo | 16 30 | ☿⚼♄ | |
| | 21 37 | ☽☍♅ | B |
| | 23 53 | ☽□♂ | B |
| 14 | 03 00 | ☽#♅ | B |
| Tu | 12 23 | ☽✱♃ | G |
| | 13 01 | ☽☍☿ | B |
| | 14 37 | ☽∠♄ | b |
| | 15 28 | ♀∥♆ | |
| | 21 10 | ☿△♃ | |
| | 21 18 | ☽⚼♀ | b |
| | 23 28 | ☿⚺♆ | |
| | 23 35 | ☽☍☉ | B |
| 15 | 03 26 | ☽#☉ | G |
| We | 04 33 | ☽□♇ | B |
| | 05 38 | ☽#☿ | G |
| | 08 43 | ☉⊥♆ | |
| | 11 12 | ☽♎ | |
| | 18 29 | ☉∥☿ | |
| | 18 32 | ☽⚼♆ | b |
| | 18 36 | ☽∠♃ | b |
| | 20 48 | ☽✱♄ | G |
| | 20 49 | ☽∥☉ | G |
| | 21 13 | ☽∥☿ | G |
| 16 | 06 00 | ☽△♀ | G |
| Th | 07 05 | ♃□♆ | |
| | 15 16 | ☽△♂ | G |
| | 21 52 | ☽∥♅ | B |
| 17 | 00 31 | ☽⚺♃ | g |
| Fr | 00 37 | ☽△♆ | G |
| | 10 51 | ☿⊥♀ | |
| | 11 07 | ☉□♇ | |
| | 16 23 | ☽⚼♅ | b |
| | 16 31 | ☽✱♇ | G |
| | 22 24 | ☽⚼♂ | b |
| | 22 59 | ☽♏ | |
| 18 | 00 58 | ☽⚼☿ | b |
| Sa | 05 07 | ☽∥♀ | G |
| | 07 05 | ☽∥♆ | D |
| | 08 08 | ☽□♄ | B |
| | 09 13 | ☽∥♇ | D |
| | 10 32 | ☽∥♃ | G |
| | 18 45 | ♀⚺♅ | |
| | 19 15 | ♀∠♇ | |
| | 21 49 | ☽△♅ | G |
| | 21 50 | ☽∠♇ | b |
| | 22 03 | ☽□♀ | B |
| 19 | 00 51 | ☽⚼☉ | b |
| Su | 01 09 | ☿□♂ | |
| | 04 35 | ☽△☿ | G |
| | 05 07 | ☽#♄ | B |
| | 10 56 | ☽☌♃ | G |
| | 11 22 | ☽□♆ | B |
| 20 | 02 33 | ☽⚺♇ | g |
| Mo | 07 54 | ☽△☉ | G |
| | 08 43 | ☽♐ | |
| | 08 52 | ☽#♂ | B |
| | 17 20 | ☽△♄ | G |
| | 18 26 | ☉♈ | |
| 21 | 06 45 | ☽□♅ | B |
| Tu | 07 09 | ☿⚺♀ | |
| | 10 46 | ☽□☿ | B |
| | 11 11 | ☽✱♀ | G |
| | 15 45 | ☽☍♂ | B |
| | 18 46 | ☽⚺♃ | g |
| | 19 31 | ☽✱♆ | G |
| | 20 53 | ☽⚼♄ | b |
| 22 | 09 47 | ☽☌♇ | D |
| We | 15 36 | ☽♑ | |
| | 16 22 | ☽∠♀ | b |
| | 19 10 | ☽□☉ | B |
| | 21 32 | ☽∠♃ | b |
| | 22 26 | ☽∠♆ | b |
| 23 | 12 36 | ☽✱♅ | G |
| Th | 15 02 | ☽✱☿ | G |
| | 20 34 | ☽⚺♀ | g |
| | 23 30 | ☽✱♃ | G |
| 24 | 00 32 | ☽⚺♆ | g |
| Fr | 01 50 | ☉⚼♃ | |
| | 09 05 | ♂⚻♃ | |
| | 13 53 | ☽⚺♇ | g |
| | 14 21 | ☽∠♅ | b |
| | 16 22 | ☽∠☿ | b |
| | 16 59 | ☉∠♆ | |
| | 19 21 | ☽♒ | |
| | 20 18 | ☽#♂ | B |
| 25 | 01 27 | ☽⚼♂ | b |
| Sa | 02 33 | ☽✱☉ | G |
| | 02 52 | ☽☍♄ | B |
| | 07 03 | ☉△♄ | |
| | 12 09 | ♀□♃ | |
| | 13 43 | ☿Stat | |
| | 13 52 | ♂△♆ | |
| | 14 52 | ☽∠♇ | b |
| | 15 24 | ☽⚺♅ | g |
| | 17 13 | ☽⚺☿ | g |
| | 21 39 | ☽#♄ | B |
| 26 | 01 22 | ☽□♃ | B |

| Day | Time | Aspect | |
|---|---|---|---|
| Su | 02 23 | ☽☌♀ | G |
| | 02 39 | ☽☌♆ | D |
| | 03 08 | ☽△♂ | G |
| | 05 00 | ☽∠☉ | b |
| | 06 30 | ♀☌♆ | |
| | 12 42 | ♂∠♄ | |
| | 14 00 | ☽∥♃ | G |
| | 14 38 | ☽∥♇ | D |
| | 15 18 | ☽✱♇ | G |
| | 16 36 | ☽∥♆ | D |
| | 20 33 | ☽♓ | |
| | 23 47 | ☽∥♀ | G |
| 27 Mo | 02 41 | ♀△♂ | |
| | 06 56 | ☽⚺☉ | g |
| | 16 05 | ☽☌♅ | B |
| | 18 02 | ☽☌☿ | G |
| | 20 07 | ☽∥♅ | B |
| 28 Tu | 00 30 | ☽∥☿ | G |
| | 01 25 | ☽△♃ | G |
| | 02 58 | ☽⚺♆ | g |
| | 03 40 | ☽⚼♄ | b |
| | 05 13 | ☽□♂ | B |
| | 06 03 | ☽⚺♀ | g |
| | 11 41 | ☽#☉ | G |
| | 15 20 | ☽□♇ | B |
| | 20 31 | ☽♈ | |
| 29 We | 01 14 | ☽⚼♃ | b |
| | 02 58 | ☽∠♆ | b |
| | 03 35 | ☽△♄ | G |
| | 07 45 | ☽∠♀ | b |
| | 08 59 | ☽∥☉ | G |
| | 10 15 | ☽☌● | D |
| | 12 39 | ♇ Stat | |
| | 16 13 | ☽⚺♅ | g |
| | 18 57 | ☽⚺☿ | g |
| | 19 38 | ☽#☿ | G |
| | 23 22 | ☽#♅ | B |
| 30 Th | 03 09 | ☽✱♆ | G |
| | 07 15 | ☽✱♂ | G |
| | 09 44 | ☽✱♀ | G |
| | 15 05 | ☉Q♂ | |
| | 15 41 | ☽△♇ | G |
| | 16 39 | ☽∠♅ | b |
| | 17 04 | ☽#♀ | G |
| | 20 04 | ☽∠☿ | b |
| | 21 01 | ☽♉ | |
| 31 Fr | 03 24 | ☽#♆ | D |
| | 04 17 | ☽□♄ | B |
| | 05 32 | ☽#♇ | D |
| | 05 49 | ☽#♃ | G |
| | 08 55 | ☽∠♂ | b |
| | 14 52 | ☽⚺☉ | g |
| | 16 33 | ☽⚼♇ | b |
| | 17 39 | ☽✱♅ | G |
| | 21 58 | ☽✱☿ | G |
| | 23 11 | ☽∥♄ | B |
| **APRIL** | | | |
| 1 Sa | 02 39 | ☽☍♃ | B |
| | 05 01 | ☽□♆ | B |
| | 11 21 | ☽⚺♂ | g |
| | 13 34 | ☉±♃ | |
| | 15 52 | ☽□♀ | B |
| | 18 23 | ☽∠☉ | b |
| | 23 49 | ☽♊ | |
| 2 Su | 03 29 | ☽∥♂ | B |
| | 07 32 | ☽✱♄ | G |
| | 09 07 | ☉⚺♅ | |
| | 19 44 | ♂±♃ | |
| | 22 03 | ☽□♅ | B |
| | 22 35 | ♀✱♇ | |
| | 23 02 | ☽✱☉ | G |
| 3 Mo | 05 02 | ☽□☿ | B |
| | 08 12 | ♃∥♇ | |
| | 10 09 | ☽△♆ | G |
| | 10 31 | ☽∠♄ | b |
| | 19 18 | ☽☌♂ | B |
| 4 Tu | 00 09 | ☽☍♇ | B |
| | 02 24 | ☽△♀ | G |
| | 06 15 | ☽♋ | |
| | 10 50 | ☽⚼♃ | b |
| | 14 11 | ☽⚼♆ | b |
| | 14 31 | ☽⚺♄ | g |
| | 15 25 | ☿△♃ | |
| 5 We | 06 20 | ☽△♅ | G |
| | 09 35 | ☽⚼♀ | b |
| | 09 53 | ☉#☿ | |
| | 12 01 | ☽□☉ | B |
| | 12 54 | ♄ Stat | |
| | 15 27 | ☽△♃ | G |
| | 17 19 | ☽△☿ | G |
| 6 Th | 01 21 | ♀♓ | |
| | 07 38 | ☽⚺♂ | g |
| | 11 50 | ☽⚼♅ | b |
| | 14 27 | ☽∥♂ | B |
| | 16 25 | ☽♌ | |
| | 20 08 | ☿⚺♆ | |
| | 23 20 | ☿⚼♄ | |
| 7 Fr | 01 09 | ☽☌♄ | B |
| | 01 18 | ☽⚼☿ | b |
| | 03 38 | ☉▽♃ | |
| | 15 06 | ☽∠♂ | b |
| | 15 56 | ☽⚼♇ | b |
| 8 Sa | 00 07 | ☽∥♄ | B |
| | 02 46 | ☽□♃ | B |
| | 05 04 | ☽△☉ | G |
| | 07 13 | ☽☍♆ | B |
| | 08 22 | ♂☍♇ | |
| | 19 14 | ☉⊥♅ | |
| | 21 38 | ☽#♇ | D |
| | 22 19 | ☽△♇ | G |
| | 22 19 | ☽#♃ | G |
| | 23 02 | ☽✱♂ | G |
| | 23 18 | ☉#♅ | |
| 9 Su | 00 28 | ☽#♆ | D |
| | 04 58 | ☽♍ | |
| | 07 33 | ☉✱♆ | |
| | 12 25 | ☽☍♀ | B |
| | 13 54 | ☽⚺♄ | g |
| | 14 19 | ☽⚼☉ | b |
| 10 Mo | 01 45 | ☽#♀ | G |
| | 04 59 | ♀▽♄ | |
| | 07 11 | ☽☍♅ | B |
| | 09 35 | ☽∥☉ | G |
| | 12 00 | ☽#♅ | B |
| | 15 13 | ☽✱♃ | G |
| | 20 24 | ☽∠♄ | b |
| | 23 55 | ☽#☿ | G |
| 11 Tu | 04 56 | ☽☍☿ | B |
| | 06 30 | ♂⊥♄ | |
| | 11 09 | ☽□♇ | B |
| | 14 59 | ☽□♂ | B |
| | 17 47 | ☽♎ | |
| | 21 13 | ☽∠♃ | b |
| 12 We | 02 33 | ☽⚼♆ | b |
| | 02 38 | ☽✱♄ | G |
| | 12 17 | ☽∥☿ | G |
| | 18 28 | ☿⊥♆ | |
| | 20 36 | ☉#♀ | |
| 13 Th | 02 02 | ☽∥♅ | B |
| | 02 50 | ☽⚺♃ | g |
| | 07 47 | ☽∥♀ | G |
| | 08 24 | ☽△♆ | G |
| | 09 14 | ☽#☉ | G |
| | 15 39 | ☽⚼♀ | b |
| | 16 40 | ☽☍☉ | B |
| | 20 54 | ☿□♇ | |
| | 22 42 | ☽✱♇ | G |
| 14 Fr | 00 59 | ♂♋ | |
| | 01 22 | ☽⚼♅ | b |
| | 04 56 | ♀Q♇ | |
| | 05 08 | ☽♏ | |
| | 05 21 | ☽△♂ | G |
| | 12 15 | ☽∥♆ | D |
| | 13 40 | ☽∥♃ | G |
| | 13 46 | ☽□♄ | B |
| | 15 03 | ☽∥♇ | D |
| | 23 33 | ☽△♀ | G |
| 15 Sa | 03 41 | ☽∠♇ | b |
| | 06 26 | ☽△♅ | G |
| | 07 03 | ☽⚼☿ | b |
| | 11 23 | ☽#♄ | B |
| | 11 36 | ☽⚼♂ | b |
| | 12 32 | ☽☌♃ | G |
| | 18 29 | ☽□♆ | B |
| | 20 23 | ♀±♄ | |
| 16 Su | 04 49 | ♂⚼♃ | |
| | 08 06 | ☽⚺♇ | g |
| | 12 20 | ☿♈ | |
| | 14 19 | ☽♐ | |
| | 14 33 | ☽△☿ | G |
| | 19 17 | ☽#♂ | B |
| | 19 35 | ☉△♇ | |
| | 22 41 | ☽△♄ | G |
| 17 Mo | 08 43 | ☿⚼♃ | |
| | 13 09 | ☽□♀ | B |
| | 13 16 | ☽⚼☉ | b |
| | 13 50 | ♀∥♅ | |
| | 14 48 | ☽□♅ | B |
| | 20 00 | ☽⚺♃ | g |
| 18 Tu | 01 39 | ☉∠♀ | |
| | 02 15 | ☽✱♆ | G |
| | 02 18 | ☽⚼♄ | b |
| | 09 43 | ♀☌♅ | |
| | 09 56 | ☿□♂ | |
| | 10 44 | ☉∠♅ | |
| | 15 12 | ☽☌♇ | D |
| | 18 41 | ☽△☉ | G |
| | 21 13 | ☽♑ | |
| | 22 53 | ☽∠♃ | b |
| 19 We | 02 27 | ☽☍♂ | B |
| | 03 33 | ☽□☿ | B |
| | 05 17 | ☽∠♆ | b |
| | 20 32 | ☿∠♆ | |
| | 20 53 | ☽✱♅ | G |
| | 21 08 | ☿△♄ | |
| | 23 50 | ☽✱♀ | G |
| 20 Th | 01 15 | ☽✱♃ | G |
| | 05 26 | ☉♉ | |
| | 07 47 | ☽⚺♆ | g |
| | 15 45 | ♀△♃ | |
| | 20 06 | ☽⚺♇ | g |
| | 23 07 | ☽∠♅ | b |
| 21 Fr | 00 15 | ☽#♂ | B |
| | 01 56 | ☽♒ | |
| | 03 28 | ☽□☉ | B |
| | 04 10 | ☽∠♀ | b |
| | 09 50 | ☽☍♄ | B |
| | 13 57 | ☽✱☿ | G |
| | 19 48 | ☉Q♆ | |
| | 21 48 | ☽∠♇ | b |
| | 21 56 | ♂⚼♆ | |
| 22 Sa | 00 22 | ♂⚺♄ | |
| | 00 52 | ☽⚺♅ | g |
| | 04 28 | ☽□♃ | B |
| | 04 54 | ☽#♄ | B |
| | 07 54 | ☽⚺♀ | g |
| | 11 15 | ☽☌♆ | D |
| | 11 48 | ☽⚼♂ | b |
| | 18 17 | ☽∠☿ | b |
| | 22 39 | ☽∥♇ | D |
| | 23 03 | ☽✱♇ | G |
| 23 Su | 00 55 | ☽∥♃ | G |
| | 01 11 | ☽∥♆ | D |
| | 04 43 | ☽♓ | |
| | 05 00 | ☿±♃ | |
| | 09 54 | ☽✱☉ | G |
| | 11 06 | ☽#☉ | G |
| | 13 55 | ☽△♂ | G |
| | 22 10 | ☽⚺☿ | g |
| 24 Mo | 03 06 | ☽☌♅ | B |
| | 03 37 | ♀⚺♆ | |
| | 05 38 | ♀⚼♄ | |
| | 06 04 | ☽△♃ | G |
| | 06 42 | ☽∥♅ | B |
| | 12 28 | ☽∠☉ | b |
| | 13 09 | ☽⚺♆ | g |
| | 13 18 | ☽⚼♄ | b |
| | 13 55 | ☽☌♀ | G |
| | 15 16 | ☽∥♀ | G |
| | 23 19 | ☽#☿ | G |
| 25 Tu | 00 35 | ☽□♇ | B |
| | 01 33 | ☉□♄ | |
| | 02 50 | ♃∥♆ | |
| | 06 12 | ☽♈ | |
| | 06 29 | ☽⚼♃ | b |
| | 13 46 | ☽∠♆ | b |
| | 13 57 | ☽△♄ | G |
| | 14 48 | ☽⚺☉ | g |
| | 17 03 | ☽∥☿ | G |
| | 17 18 | ☽□♂ | B |
| | 21 09 | ☿⚺♅ | |
| | 21 47 | ☽#♀ | G |
| 26 We | 04 27 | ☽⚺♅ | g |
| | 05 19 | ☽☌☿ | G |
| | 07 54 | ☽#♅ | B |
| | 14 22 | ☽✱♆ | G |
| | 18 14 | ☿▽♃ | |
| | 19 09 | ☽⚺♀ | g |
| 27 Th | 01 44 | ☽△♇ | G |
| | 02 34 | ☿#♀ | |
| | 05 11 | ☽∠♅ | b |
| | 07 27 | ☽♉ | |
| | 08 19 | ☽∥☉ | G |
| | 12 58 | ☽#♃ | G |
| | 13 16 | ☽#♆ | D |
| | 15 25 | ☽□♄ | B |
| | 15 50 | ☽#♇ | D |
| | 19 44 | ☽☌☉ | D |
| | 20 47 | ☽✱♂ | G |
| | 22 03 | ☽∠♀ | b |
| 28 Fr | 02 37 | ☽⚼♇ | b |
| | 06 13 | ☽✱♅ | G |
| | 08 05 | ☽☍♃ | B |
| | 09 18 | ☽∥♄ | B |
| | 13 25 | ☽⚺☿ | g |
| | 16 18 | ☽□♆ | B |
| | 23 08 | ☽∠♂ | b |
| 29 Sa | 01 31 | ☽✱♀ | G |
| | 09 32 | ☉✱♂ | |
| | 09 58 | ☽♊ | |
| | 12 18 | ☽∥♂ | B |
| | 13 56 | ☿✱♆ | |
| | 14 12 | ♀⊥♆ | |
| | 14 38 | ☿⊥♅ | |
| | 18 27 | ☽✱♄ | G |
| | 18 38 | ☽∠☿ | b |
| 30 Su | 02 12 | ☽⚺♂ | g |
| | 02 43 | ☽⚺☉ | g |
| | 07 47 | ♀□♇ | |
| | 09 59 | ☽□♅ | B |
| | 18 47 | ☉#♃ | |
| | 20 34 | ☽△♆ | G |
| | 21 02 | ☽∠♄ | b |
| **MAY** | | | |
| 1 Mo | 01 05 | ☽✱☿ | G |
| | 07 36 | ☽∠☉ | b |
| | 08 51 | ☽☍♇ | B |
| | 09 03 | ☉#♆ | |
| | 11 13 | ☽□♀ | B |
| | 14 09 | ☽⚼♃ | b |
| | 15 17 | ☽♋ | |
| | 19 07 | ☿#♅ | |
| | 23 58 | ☽⚼♆ | b |
| 2 Tu | 00 07 | ☉⚼♇ | |
| | 00 32 | ☽⚺♄ | g |
| | 11 16 | ☽☌♂ | B |
| | 13 41 | ☽✱☉ | G |
| | 17 07 | ☽△♅ | G |
| | 17 52 | ☽△♃ | G |
| | 18 04 | ♀⚼♃ | |
| 3 We | 10 16 | ☿△♇ | |
| | 10 25 | ♀♈ | |
| | 12 41 | ☉#♇ | |
| | 18 35 | ☽□☿ | B |
| | 22 06 | ☽⚼♅ | b |
| 4 Th | 00 18 | ☽♌ | |
| | 01 43 | ☽△♀ | G |
| | 01 51 | ☽∥♂ | B |
| | 10 22 | ☽☌♄ | B |
| | 12 19 | ☉✱♅ | |
| | 14 36 | ☉☍♃ | |
| | 18 28 | ☿∠♅ | |
| | 22 53 | ☽⚼♇ | b |
| 5 Fr | 00 32 | ☽⚺♂ | g |
| | 03 48 | ♃△♅ | |
| | 03 54 | ☽□♃ | B |
| | 05 13 | ☽□☉ | B |
| | 08 01 | ☽∥♄ | B |
| | 08 28 | ☿♉ | |
| | 10 37 | ☽⚼♀ | b |
| | 15 34 | ☽☍♆ | B |
| | 16 40 | ☿Q♂ | |
| 6 Sa | 01 08 | ☽∥☉ | G |
| | 04 46 | ☽#♇ | D |
| | 05 02 | ☽△♇ | G |
| | 06 37 | ☿Q♆ | |
| | 07 57 | ☽#♆ | D |
| | 08 20 | ☽∠♂ | b |
| | 09 46 | ☽#♃ | G |
| | 12 20 | ☽♍ | |
| | 17 40 | ☽△☿ | G |
| | 23 00 | ☽⚺♄ | g |
| 7 | 02 36 | ☽∥☿ | G |

| Su | 09 13 | ♂△♃ | | | 10 34 | ☽□h | b | | | 13 25 | ☿∠♀ | | | | 12 59 | ☉∥♂ | | | | 16 04 | ☽♂♃ | G |
|----|-------|-----|---|---|-------|-----|---|---|---|-------|-----|---|---|---|-------|-----|---|---|---|-------|-----|---|
| | 13 53 | ♂±Ψ | | | 20 15 | ☽♂♇ | D | | | 13 44 | ☽⊼♅ | g | | | 13 27 | ☽□♀ | B | | | 17 04 | ☽∠♇ | b |
| | 15 07 | ♀∠Ψ | | | 22 29 | ♀⊼♅ | | | | 14 23 | ☽♇♅ | B | | | 22 36 | ☽♂h | B | | | 19 45 | ☽♂♀ | B |
| | 15 59 | ☽✱♃ | G | | 22 40 | ☽∠♃ | b | | | 15 36 | ☽∥♀ | G | | | **JUNE** | | | | | 22 08 | ☽♃h | B |
| | 16 25 | ☽✱♂ | G | 16 | 02 59 | ☽♈ | | | | 16 30 | ☿∠♂ | | | | | | | 9 | | 00 44 | ☽△♅ | G |
| | 16 48 | ☽♂♅ | B | Tu | 11 27 | ☽∠Ψ | b | | | 18 54 | ☽∠☉ | b | 1 | 01 37 | ☽∥☉ | G | Fr | | 02 12 | ♀♃♃ | G |
| | 20 47 | ☽♃♅ | B | | 17 18 | ☽□☿ | b | | | 20 55 | ☿∥♂ | | Th | 02 31 | ☽∥♂ | B | | | 07 06 | ☽♃♂ | B |
| | 23 24 | ☽△☉ | G | | 22 08 | ☽□♀ | | | | 22 00 | ♀□♂ | | | | 04 30 | ☿△♃ | | | | 07 21 | ☉∠♀ | |
| 8 | 00 38 | ♂△♅ | | 17 | 00 50 | ☽✱♃ | G | | | 22 48 | ☽✱Ψ | G | | | 05 15 | ☿♂♇ | | | | 10 10 | ☽□♅ | B |
| Mo | 02 57 | ♀△h | | We | 01 37 | ☿Qh | | | 24 | 05 17 | ☽□♂ | B | | | 05 34 | ☽✱☉ | G | | | 11 46 | ☿△♃ | |
| | 03 02 | ☿□h | | | 04 04 | ☽✱♅ | B | We | 05 36 | ☽♂♀ | G | | | 05 52 | ☽□♃ | B | | | 20 02 | ☽♃☉ | G |
| | 03 08 | ☿⊼♀ | | | 05 15 | ☉▽♇ | | | | 06 56 | ☽∠♀ | b | | | 05 59 | ☽□♇ | b | | | 21 02 | ☽⊼♇ | g |
| | 05 37 | ☽∠h | b | | 06 42 | ☽□♀ | B | | | 09 16 | ☽△♇ | b | | | 06 08 | ☽∠☿ | b | | | 21 05 | ☽□☿ | b |
| | 06 07 | ☽□♀ | B | | 08 08 | ☉Q♅ | | | | 15 06 | ☽∠♅ | b | | | 09 04 | ☽▽♃ | | 10 | | 05 05 | ☽✱ | |
| | 17 49 | ☽□♇ | B | | 13 27 | ☽∠♂ | B | | | 16 00 | ☽♉ | | | | 17 45 | ☽∥h | B | Sa | | 09 15 | ☽♃♀ | G |
| | 22 02 | ☽∠♂ | | | 13 41 | ♂♂♂ | g | | | 17 36 | ☽♃♃ | G | | | 23 47 | ☽♂Ψ | B | | | 12 29 | ☽△☉ | G |
| | 22 13 | ☽∥♀ | G | | 18 46 | ♂▽♅ | | | | 21 36 | ☽♃Ψ | B | 2 | | 11 49 | ☽△♇ | | | | 18 03 | ☉△Ψ | |
| 9 | 01 10 | ☽♈ | | 18 | 00 18 | ☽△♀ | G | | | 22 05 | ☽⊼☉ | g | Fr | | 11 54 | ☽♃♇ | D | | | 19 33 | ☽△h | G |
| Tu | 07 17 | ☽♃♀ | G | Th | 00 41 | ☽⊼♇ | g | 25 | 00 15 | ☽♃♇ | D | | | 14 59 | ☽♃Ψ | D | | | 23 01 | ☽∠♃ | g |
| | 08 22 | ☽□♀ | b | | 02 10 | ☽△☉ | G | Th | 03 00 | ☿□h | B | | | 17 34 | ☽✱♃ | G | 11 | | 01 55 | ♀✱♅ | |
| | 10 45 | ☽□♅ | b | | 02 43 | ☿▽♇ | | | | 03 44 | ☿▽♃ | | | | 19 05 | ☽✱♂ | g | Su | | 07 31 | ☽□♅ | B |
| | 12 00 | ☽♈ | G | | 04 11 | ☉∥h | | | | 10 40 | ☽♃♇ | | | | 20 17 | ☽♈ | | | | 16 21 | ☽✱Ψ | G |
| | 15 17 | ☽✱h | G | | 04 27 | ♀Q♅ | | | | 11 28 | ☽♂♃ | B | | | 21 02 | ☽♃♃ | G | | | 16 29 | ☽□♂ | b |
| | 21 13 | ☿±♃ | | | 05 30 | ☽∥h | | | | 12 55 | ☽⊼♀ | g | 3 | | 03 44 | ♂▽♅ | | | | 18 03 | ☽♂♃ | B |
| 10 | 03 43 | ☽⊼♃ | g | | 06 08 | ☽∠♅ | b | | | 16 22 | ☽∥h | B | Sa | | 07 36 | ☽△♀ | G | | | 22 19 | ☽♃h | B |
| We | 07 33 | ☽∥♅ | B | | 06 12 | ☽∥♀ | | | | 16 37 | ☽✱♅ | B | | | 07 40 | ☿⊼♀ | | | | 23 28 | ☿±Ψ | |
| | 07 51 | ☽□♀ | B | | 07 19 | ☽♈ | | 26 | 20 49 | ☽∥☉ | G | | | 07 50 | ☽∥♃ | G | 12 | | 01 22 | ☽∠♃ | b |
| | 14 02 | ☉□Ψ | | | 14 57 | ☽♃♂ | B | Fr | 01 43 | ♀△♇ | | | | 11 03 | ☽✱h | g | Mo | | 02 34 | ☽♂♇ | D |
| | 16 30 | ☽△Ψ | G | | 17 39 | ☽♂h | B | | | 01 45 | ☽□Ψ | B | | | 11 21 | ♀♈ | | | | 10 19 | ☽♃ | |
| 11 | 02 49 | ☽♃♅ | B | 19 | 02 28 | ☽∠♇ | b | | | 08 40 | ☽∥♂ | B | | | 17 37 | ☽✱♃ | G | | | 12 46 | ☽□♀ | b |
| Th | 03 06 | ☉±♇ | B | Fr | 04 15 | ☽□♃ | B | | | 10 39 | ☽✱♂ | G | | | 18 43 | ♂Ω | | | | 16 44 | ☽△♅ | |
| | 05 15 | ☽✱♅ | B | | 07 43 | ☽⊼♅ | b | | | 13 19 | ☽⊼♀ | g | 4 | | 01 58 | ☽♂♅ | B | | | 18 26 | ☽∠♃ | b |
| | 10 43 | ☽□♅ | b | | 07 57 | ☽⊼♃ | g | | | 13 48 | ☿□♅ | D | Su | | 02 33 | ☽∠♂ | b | 13 | | 03 07 | ♀♃♅ | |
| | 11 44 | ☿±♃ | | | 09 55 | ☽♃☉ | | | | 17 34 | ☽∥♀ | G | | | 04 48 | ☽♃♅ | B | Tu | | 03 30 | ☽✱♃ | G |
| | 12 25 | ☽♋ | | | 11 18 | ☽♃h | B | | | 19 19 | ☽♉ | | | | 05 40 | ☽∠♀ | b | | | 11 36 | ☽♃♅ | G |
| | 16 26 | ☽∥♃ | G | 27 | 05 26 | ☽♂☉ | D | | | 05 40 | ☽∠♀ | | | | | | | | | 13 37 | ☽♂♀ | B |
| | 17 17 | ☽♃♀ | G | | 15 05 | ☽✱♃ | B | Sa | 06 56 | ☽✱h | G | | | 07 25 | ☽♃♀ | b | | | 16 50 | ☽△♀ | G |
| | 18 58 | ☽∥Ψ | D | | 17 18 | ☽♂Ψ | D | | | 13 58 | ☽♂♂ | b | | | 17 46 | ☽∠h | b | | | 20 04 | ☽⊼♅ | g |
| | 22 00 | ☽∥♇ | D | | 20 52 | ☿♈ | | | | 17 57 | ☽♂♂ | b | | | 21 08 | ♀□h | | 14 | | 05 54 | ☽⊼♇ | g |
| | 23 04 | ☽□h | B | 20 | 03 58 | ☽∥♇ | D | | | 20 46 | ☽□♅ | B | | | 23 51 | ☽∠♃ | b | We | | 13 04 | ☽∠♅ | g |
| | 23 20 | ☿♂♂ | | Sa | 04 02 | ☽✱♇ | D | 28 | 20 56 | ☿±♃ | | 5 | | 00 30 | ☽□♇ | B | | | 13 32 | ☽♃ | |
| 12 | 04 35 | ☿♃♅ | | | 06 39 | ☽∥Ψ | D | Su | 02 21 | ♂♂♂ | D | Mo | | 09 08 | ☽♈ | | | | 13 58 | ☽∠h | |
| Fr | 09 42 | ☽♃☉ | G | | 09 21 | ☽□♇ | B | | | 04 48 | ☉✱h | G | | | 10 52 | ☽∥♅ | | | | 16 41 | ☽♃☉ | G |
| | 09 59 | ☽∠♇ | b | | 10 05 | ☽∥♃ | G | | | 06 10 | ☽△Ψ | G | | | 11 12 | ☽✱♂ | G | | | 20 28 | ☽♃☉ | G |
| | 12 03 | ☿✱♅ | | | 10 39 | ☽♈ | | | | 09 40 | ☽∠h | b | | | 17 04 | ☽□♀ | B | | | 21 31 | ♀±♅ | |
| | 13 14 | ☽♂♃ | | | 13 11 | ☽□♀ | B | | | 17 08 | ☽♂♅ | B | 6 | | 18 45 | ☽□♀ | b | 15 | | 01 02 | ☽♂♂ | B |
| | 15 27 | ☽△♃ | B | | 18 13 | ♀✱♅ | | | | 17 30 | ☽□♀ | b | Tu | | 04 53 | ☿♃♅ | | Th | | 03 46 | ☽□♀ | |
| | 16 06 | ☽♂♇ | B | | 18 53 | ☽∠♀ | b | | | 17 58 | ☽⊼♂ | g | | | 05 52 | ☽⊼♃ | g | | | 04 39 | ☽□♀ | b |
| | 17 05 | ☽♃h | B | | 21 59 | ☽□♂ | b | | | 23 23 | ☽✱♀ | G | | | 13 53 | ♂±♇ | | | | 05 48 | ☽□♃ | B |
| | 20 34 | ☽△♂ | G | 21 | 04 32 | ☽♈ | | 29 | 00 34 | ☽♈ | | | | 14 10 | ☽∥♅ | | | | 07 04 | ♀□♅ | |
| 13 | 00 54 | ☽♃♅ | | Su | 06 07 | ♀±♅ | | Mo | 03 23 | ♀∠♃ | | | | 16 55 | ☽△☉ | G | | | 07 11 | ☽∠♇ | b |
| Sa | 02 01 | ☽□Ψ | B | | 06 53 | ☽△♃ | G | | | 03 34 | ☽△Ψ | G | 7 | | 20 33 | ☽△Ψ | G | | | 14 22 | ☽⊼♅ | G |
| | 06 51 | ☽♂♅ | B | | 11 03 | ☽♂♅ | B | | | 09 21 | ☽□Ψ | B | We | | 02 33 | ☉±♃ | | | | 14 44 | ☽♃♂ | B |
| | 14 02 | ☽⊼♇ | g | | 13 53 | ☽∥♅ | B | | | 12 41 | ♀♈ | | | | 06 23 | ♀♂♃ | | | | 18 54 | ☽♃h | B |
| | 14 38 | ☽□♀ | b | | 15 44 | ☽♃♀ | G | | | 13 08 | ☽⊼h | g | | | 12 15 | ☽✱♇ | B | | | 20 46 | ☉Q♃ | |
| | 17 26 | ☽♃☉ | | | 20 13 | ☽⊼♀ | g | | | 15 29 | ☽⊼☉ | g | | | 15 25 | ♀Q♇ | | | | 22 40 | ☽♂Ψ | D |
| | 20 56 | ☽♈ | | | 22 37 | ☽⊼♀ | g | | | 17 18 | ♀∠♂ | | | | 18 06 | ☽♃♀ | G | 16 | | 00 06 | ☽□♀ | B |
| 14 | 01 43 | ☽□♂ | b | 22 | 00 28 | ☽△♀ | G | | | 20 48 | ☽△♃ | G | | | 20 03 | ☽□♅ | b | Fr | | 06 41 | ☽♃♀ | G |
| Su | 04 05 | ♀✱♂ | | Mo | 06 46 | ☽□♇ | B | 30 | 03 28 | ☽△♃ | G | | | 20 27 | ☽∥♃ | G | | | 07 44 | ☽△☉ | G |
| | 07 22 | ☽♃♅ | G | | 08 01 | ☽□♃ | b | Tu | 04 50 | ☿∠h | | | | 20 41 | ☽♈ | | | | 08 24 | ☽✱♇ | G |
| | 14 40 | ♀▽♃ | | | 13 05 | Ψ Stat | | | | 19 39 | ☽⊼♃ | g | 8 | | 00 10 | ☿⊼h | | | | 08 36 | ☽∥♇ | D |
| | 16 00 | ☉Qh | | | 13 24 | ☽♈ | | | | 20 59 | ☽⊼♀ | g | Th | | 00 45 | ☉±♀ | | | | 11 01 | ☽∥♇ | D |
| | 17 57 | ☿±♀ | | | 15 47 | ☽✱☉ | G | 31 | 01 40 | ♀Q♃ | | | | 00 47 | ☽□♇ | b | | | 13 00 | ☿▽♅ | G |
| | 20 05 | ☽⊼♂ | g | | 17 58 | ☿✱h | | We | 03 20 | ☽♂♃ | | | | 01 41 | ☽□♂ | B | | | 15 01 | ☉∥♀ | |
| | 20 39 | ☽△♀ | G | | 20 36 | ☽♃♅ | G | | | 04 42 | ♂♂♂ | B | | | 02 51 | ☽∥Ψ | D | | | 16 05 | ☽♈ | |
| | 22 50 | ☽□♅ | B | | 21 31 | ☽∠Ψ | b | | | 08 03 | ☽□♅ | b | | | 05 44 | ☽∥♇ | D | | | 17 22 | ☽∥♃ | G |
| 15 | 04 12 | ☿□Ψ | | 23 | 00 03 | ☽△h | G | | | 08 41 | ♃∠♇ | | | | 11 37 | ☽□h | B | | | 17 24 | ☉♂♇ | |
| Mo | 08 51 | ☽✱♃ | G | Tu | 01 06 | ☽✱☿ | G | | | 08 51 | ☽♋ | | | | 13 10 | ☽△♃ | G | 17 | 00 55 | ☽□♀ | b |
| | 08 51 | ☿±♃ | | | | | | | | | | | | | | | | | | | |

| | | | |
|---|---|---|---|
| Sa | 08 09 | ☽△♃ | G |
| | 16 58 | ☽☌♅ | B |
| | 18 51 | ☽∥♅ | B |
| | 22 11 | ♄±♅ | |
| 18 Su | 01 17 | ☽⊻♆ | g |
| | 04 31 | ☽△☿ | G |
| | 04 42 | ♂±♅ | |
| | 06 04 | ♂☌♄ | |
| | 07 23 | ☽⚹♀ | G |
| | 08 18 | ☽⚼♄ | b |
| | 08 23 | ☽⚼♂ | b |
| | 09 28 | ☽⚼♃ | b |
| | 11 02 | ☽□♇ | B |
| | 14 08 | ☽□☉ | B |
| | 18 54 | ☽♈ | |
| 19 Mo | 02 46 | ☽∠♆ | b |
| | 07 40 | ♅Stat | |
| | 07 40 | ♂□♃ | |
| | 10 04 | ☽△♄ | G |
| | 11 07 | ☽△♂ | G |
| | 11 18 | ☽∠♀ | b |
| | 19 11 | ☽⋕♅ | B |
| | 20 04 | ☽⊻♅ | g |
| 20 Tu | 02 08 | ♀⊽♇ | |
| | 04 27 | ☽⚹♆ | G |
| | 11 56 | ☽□☿ | B |
| | 14 18 | ☽△♇ | G |
| | 15 27 | ☽⊻♀ | g |
| | 19 22 | ♂⚼♇ | |
| | 20 57 | ☽⋕♃ | G |
| | 21 20 | ☽⚹☉ | G |
| | 21 54 | ☽∠♅ | b |
| | 22 23 | ☽♉ | |
| 21 We | 03 47 | ☽⋕♆ | D |
| | 06 12 | ☽⋕♇ | D |
| | 06 19 | ♀Q♅ | |
| | 12 26 | ☉♋ | |
| | 14 12 | ☽□♄ | B |
| | 14 21 | ♀Q♄ | |
| | 14 31 | ☽☍♃ | B |
| | 15 32 | ☽∥♀ | G |
| | 16 15 | ☽⚼♇ | b |
| | 17 15 | ☽□♂ | B |
| | 19 33 | ☽∥♄ | B |
| | 19 41 | ☽∥♂ | B |
| | 22 13 | ☿⊽♇ | |
| | 23 58 | ☽⚹♅ | G |
| 22 Th | 00 30 | ♂∥♄ | |
| | 01 21 | ☽∠☉ | b |
| | 08 27 | ☽□♆ | B |
| | 09 12 | ☽∥☿ | G |
| | 18 44 | ♃□♄ | |
| | 19 53 | ☽⚹☿ | G |
| | 20 35 | ☽∥☉ | G |
| 23 Fr | 00 44 | ☽☌♀ | G |
| | 02 49 | ☽♊ | |
| | 05 43 | ☽⊻☉ | g |
| | 15 48 | ♀∥♂ | |
| | 19 28 | ☽⚹♄ | G |
| 24 Sa | 00 14 | ☽∠☿ | b |
| | 00 31 | ♀♊ | |
| | 00 41 | ☽⚹♂ | G |
| | 05 04 | ☽□♅ | B |
| | 10 39 | ♀∥♄ | |
| | 12 07 | ♀Q♂ | |
| | 13 45 | ☽△♆ | G |
| | 22 09 | ☽⚼♃ | b |
| | 22 44 | ☽∠♄ | b |
| 25 | 00 02 | ☽☍♇ | B |
| Su | 04 58 | ☽⊻☿ | g |
| | 05 05 | ☉⊥♄ | |
| | 05 09 | ☽∠♂ | b |
| | 08 48 | ☽♋ | |
| | 12 01 | ☽⊻♀ | g |
| | 16 05 | ☽☌☉ | D |
| | 17 07 | ☽⚼♆ | b |
| 26 Mo | 01 40 | ☽△♃ | G |
| | 02 35 | ☽⊻♄ | g |
| | 05 48 | ☉⚼♆ | |
| | 10 17 | ☽⊻♂ | g |
| | 12 05 | ☽△♅ | G |
| | 18 48 | ☽∠♀ | b |
| 27 Tu | 16 03 | ☽☌☿ | G |
| | 16 34 | ☽⚼♅ | b |
| | 17 09 | ☽♌ | |
| | 21 02 | ☿∥♀ | |
| | 23 33 | ♂⊽♅ | |
| 28 We | 00 34 | ☽∥☉ | G |
| | 02 32 | ☽⚹♀ | G |
| | 04 41 | ☿⚼♅ | |
| | 05 32 | ☽⊻☉ | g |
| | 10 44 | ☽□♃ | B |
| | 12 21 | ☽☌♄ | B |
| | 12 47 | ☽⚼♇ | b |
| | 19 57 | ☿♌ | |
| | 21 46 | ☽∥♀ | G |
| | 22 57 | ☽☌♂ | B |
| 29 Th | 01 18 | ☽∥☿ | G |
| | 04 43 | ☽∥♄ | B |
| | 07 11 | ☽☍♆ | B |
| | 10 35 | ☽∥♂ | B |
| | 13 36 | ☽∠☉ | b |
| | 18 24 | ☽△♇ | G |
| | 18 46 | ☽⋕♇ | D |
| | 21 23 | ☽⋕♆ | D |
| 30 Fr | 01 39 | ♄⚼♇ | |
| | 04 15 | ☽♍ | |
| | 05 22 | ☽⊻☿ | g |
| | 05 48 | ☽⋕♃ | G |
| | 20 39 | ☽□♀ | B |
| | 22 22 | ☽⚹☉ | G |
| | 22 27 | ☽⚹♃ | G |
| | 23 21 | ☉△♃ | |
| JULY | | | |
| 1 Sa | 00 49 | ☽⊻♄ | g |
| | 06 11 | ☿∥♄ | |
| | 09 55 | ☽☍♅ | B |
| | 11 40 | ☽⋕♅ | B |
| | 12 31 | ☽∠☿ | b |
| | 14 19 | ♀⊽♃ | |
| | 14 29 | ☽⊻♂ | g |
| | 20 32 | ☿±♇ | |
| 2 Su | 04 54 | ☽∠♃ | b |
| | 06 58 | ☽□♇ | B |
| | 07 37 | ☽∠♄ | b |
| | 08 41 | ☉⊻♄ | |
| | 17 06 | ☽♎ | |
| | 18 04 | ♀⚹♄ | |
| | 19 34 | ☽⚹☿ | G |
| | 22 40 | ☽∠♂ | b |
| 3 Mo | 01 59 | ☽⚼♆ | b |
| | 11 19 | ☽⊻♃ | g |
| | 14 21 | ☽⚹♄ | G |
| | 16 23 | ☽△♀ | G |
| | 16 37 | ☽□☉ | B |
| | 21 29 | ☽∥♅ | B |
| 4 | 02 47 | ☉⊻♀ | |
| Tu | 06 33 | ☽⚹♂ | G |
| | 08 09 | ☽△♆ | G |
| | 19 17 | ☽⚹♇ | G |
| | 19 33 | ☿Stat | |
| 5 We | 01 35 | ☽⚼♀ | b |
| | 02 48 | ☽∥♃ | G |
| | 04 29 | ☽⚼♅ | b |
| | 05 13 | ☽♏ | |
| | 07 53 | ☽□☿ | B |
| | 10 13 | ☉⊥♂ | |
| | 11 09 | ☽∥♆ | D |
| | 11 53 | ☉±♆ | |
| | 12 47 | ♂☍♆ | |
| | 13 35 | ☽∥♇ | D |
| | 15 37 | ☽⋕♂ | B |
| | 20 34 | ☽⋕☿ | G |
| | 22 41 | ☽☌♃ | G |
| 6 Th | 00 31 | ☽∠♇ | b |
| | 02 04 | ☽⋕♄ | B |
| | 02 09 | ☽□♄ | B |
| | 06 57 | ♀□♅ | |
| | 07 15 | ♃Stat | |
| | 08 36 | ☽△☉ | G |
| | 09 28 | ☽△♅ | G |
| | 14 15 | ♀±♃ | |
| | 18 21 | ☽□♆ | B |
| | 18 46 | ☽⋕♀ | G |
| | 19 54 | ☽□♂ | B |
| | 19 59 | ☉△♅ | |
| 7 Fr | 01 57 | ☽⋕☉ | G |
| | 04 49 | ☽⊻♇ | g |
| | 12 33 | ☿∠♀ | |
| | 14 14 | ☽♐ | |
| | 14 53 | ☽⚼☉ | b |
| | 16 10 | ☽△☿ | G |
| | 17 30 | ♂⋕♇ | |
| 8 Sa | 06 32 | ☽⊻♃ | g |
| | 10 05 | ☿±♇ | |
| | 10 16 | ☽△♄ | G |
| | 16 31 | ☽□♅ | B |
| | 18 38 | ☽⚼☿ | b |
| | 22 09 | ☽☍♀ | B |
| 9 Su | 00 46 | ☽⚹♆ | G |
| | 04 51 | ☽△♂ | G |
| | 09 02 | ☽∠♃ | b |
| | 10 31 | ☽☌♇ | D |
| | 12 52 | ☽⚼♄ | b |
| | 19 25 | ☽♑ | |
| 10 Mo | 02 35 | ♂⋕♆ | |
| | 02 39 | ☽∠♆ | b |
| | 03 35 | ♀△♆ | |
| | 07 50 | ☽⚼♂ | b |
| | 10 45 | ☽⚹♃ | G |
| | 20 05 | ☽⚹♅ | G |
| | 20 18 | ☿♋ | |
| 11 Tu | 03 02 | ☽☍☉ | B |
| | 03 53 | ☽⊻♆ | g |
| | 12 03 | ☉∥♀ | |
| | 13 10 | ☽⊻♇ | g |
| | 15 37 | ☉⊽♆ | |
| | 20 19 | ☿⚼♅ | |
| | 20 58 | ☽☍☿ | B |
| | 21 00 | ☽∠♅ | b |
| | 21 46 | ☽♒ | |
| 12 We | 09 08 | ☽⚼♀ | b |
| | 09 53 | ☽⋕♀ | G |
| | 11 07 | ☽⋕☉ | G |
| | 12 38 | ☽□♃ | B |
| | 13 51 | ☽∠♇ | b |
| | 16 49 | ☽☍♄ | B |
| | 21 37 | ☽⊻♅ | g |
| 13 Th | 03 38 | ☿⊥♀ | |
| | 05 14 | ☽☌♆ | D |
| | 05 21 | ☽⋕♄ | B |
| | 11 55 | ☽△♀ | G |
| | 13 28 | ☽⋕☿ | G |
| | 13 37 | ☽☍♂ | B |
| | 14 23 | ☽⚹♇ | G |
| | 14 50 | ☽∥♇ | D |
| | 16 44 | ☽∥♆ | D |
| | 19 54 | ☽⋕♂ | B |
| | 22 59 | ☽♓ | |
| | 23 42 | ☽∥♃ | G |
| 14 Fr | 04 23 | ♀⚼♃ | |
| | 07 08 | ♂△♇ | |
| | 10 14 | ☽⚼☉ | b |
| | 13 55 | ☽△♃ | G |
| | 17 28 | ♀☍♇ | |
| | 20 05 | ☽⚼☿ | b |
| | 22 49 | ☽☌♅ | B |
| | 23 57 | ☽∥♅ | B |
| 15 Sa | 04 50 | ♀⚹♂ | |
| | 06 30 | ☽⊻♆ | g |
| | 12 48 | ☽△☉ | G |
| | 14 48 | ☽⚼♃ | b |
| | 15 48 | ☽□♇ | B |
| | 17 52 | ☽□♀ | B |
| | 19 35 | ☽⚼♄ | b |
| | 19 56 | ☽△☿ | G |
| 16 Su | 00 39 | ☽♈ | |
| | 07 31 | ☽∠♆ | b |
| | 10 32 | ☿⊻♀ | |
| | 16 26 | ☿∠♄ | |
| | 19 41 | ☽⚼♂ | b |
| | 21 03 | ☽△♄ | G |
| | 23 59 | ☿⊻♂ | |
| 17 Mo | 00 18 | ☽⋕♅ | B |
| | 01 00 | ☽⊻♅ | g |
| | 08 55 | ☽⚹♆ | G |
| | 09 14 | ☉⊽♇ | |
| | 18 31 | ☽△♇ | G |
| | 19 13 | ☽□☉ | B |
| | 20 32 | ☽□☿ | B |
| | 22 32 | ☽△♂ | G |
| 18 Tu | 01 33 | ☽⚹♀ | G |
| | 01 41 | ☽⋕♃ | G |
| | 01 45 | ☽∥♂ | B |
| | 02 42 | ☽∠♅ | b |
| | 03 24 | ♂⋕♃ | |
| | 03 44 | ☽♉ | |
| | 06 20 | ♂Q♃ | |
| | 07 07 | ☉☌☿ | |
| | 08 59 | ☽⋕♆ | D |
| | 10 55 | ☽⋕♇ | D |
| | 12 49 | ☽∥☿ | G |
| | 19 47 | ☽☍♃ | B |
| | 20 06 | ☽∥♄ | B |
| | 20 31 | ☽⚼♇ | b |
| 19 We | 01 20 | ☽□♄ | B |
| | 02 41 | ♀♋ | |
| | 04 52 | ☽⚹♅ | G |
| | 06 16 | ☽∠♀ | b |
| | 10 31 | ☽∥☉ | G |
| | 13 03 | ☽□♆ | B |
| | 16 38 | ☿⊽♇ | |
| | 21 09 | ☽∥♀ | G |
| | 22 43 | ☽⚹☿ | G |
| 20 | 03 49 | ☽⚹☉ | G |
| Th | 05 48 | ☽□♂ | B |
| | 08 38 | ☽♊ | |
| | 11 36 | ☽⊻♀ | g |
| 21 Fr | 00 29 | ☽∠☿ | b |
| | 07 31 | ☽⚹♄ | G |
| | 09 01 | ☽∠☉ | b |
| | 10 35 | ☽□♅ | B |
| | 18 07 | ☿⊥♂ | |
| | 19 03 | ☽△♆ | G |
| 22 Sa | 02 47 | ☽⊻☿ | g |
| | 04 59 | ☽⚼♃ | b |
| | 05 23 | ☽☍♇ | B |
| | 06 00 | ☉⚼♅ | |
| | 09 11 | ♀⚼♆ | |
| | 11 23 | ☽∠♄ | b |
| | 14 50 | ☽⊻☉ | g |
| | 15 17 | ☽⚹♂ | G |
| | 15 28 | ☽♋ | |
| | 18 53 | ♂♍ | |
| | 22 48 | ☽⚼♆ | b |
| | 23 18 | ☉♌ | |
| 23 Su | 00 14 | ☽☌♀ | G |
| | 07 33 | ☉⊻♂ | |
| | 09 05 | ☽△♃ | G |
| | 12 51 | ☉±♇ | |
| | 15 47 | ☽⊻♄ | g |
| | 18 17 | ☽△♅ | G |
| | 20 56 | ☽∠♂ | b |
| 24 Mo | 09 07 | ☽☌☿ | G |
| | 22 57 | ☽⚼♅ | b |
| 25 Tu | 00 24 | ☽♌ | |
| | 00 25 | ♀⊥♄ | |
| | 03 14 | ☽⊻♂ | g |
| | 04 31 | ☽☌☉ | D |
| | 04 54 | ♃∠♇ | |
| | 10 46 | ☽∥♀ | G |
| | 15 47 | ☽⊻♀ | g |
| | 18 54 | ☽⚼♇ | b |
| | 19 00 | ☽□♃ | B |
| 26 We | 02 19 | ☽☌♄ | B |
| | 06 23 | ☽∥☉ | G |
| | 13 19 | ☽☍♆ | B |
| | 16 16 | ☽∥♄ | B |
| | 16 38 | ☽∥☿ | G |
| | 18 14 | ☽⊻☿ | g |
| | 23 39 | ☿∥♄ | |
| 27 Th | 00 32 | ☽△♇ | G |
| | 00 43 | ☽∠♀ | b |
| | 01 11 | ☽⋕♇ | D |
| | 01 50 | ♀△♃ | |
| | 03 11 | ☽⋕♆ | D |
| | 11 06 | ☽⋕♃ | G |
| | 11 36 | ☽♍ | |
| | 17 49 | ☽•♂ | B |
| | 21 02 | ☽⊻☉ | g |
| | 22 05 | ☽∥♂ | B |
| | 23 55 | ☽∠☿ | b |
| 28 Fr | 07 09 | ☽⚹♃ | G |
| | 10 18 | ☽⚹♀ | G |
| | 15 02 | ☽⊻♄ | g |
| | 16 10 | ☽☍♅ | B |
| | 17 18 | ☽⋕♅ | B |
| 29 Sa | 00 39 | ☿Stat | |
| | 06 07 | ☽∠☉ | b |
| | 06 15 | ☽⚹☿ | G |
| | 13 06 | ☽□♇ | B |
| | 13 48 | ☽∠♃ | b |
| | 16 03 | ♀±♆ | |
| | 21 54 | ☽∠♄ | b |

| | | | |
|---|---|---|---|
| 30 | 00 27 | ☽♎ | |
| Su | 08 04 | ☽⚼♆ | b |
| | 10 10 | ☽⊻♂ | g |
| | 13 22 | ♀⊻♄ | |
| | 15 24 | ☽✱☉ | G |
| | 18 20 | ♀△♅ | |
| | 20 21 | ☉∥☿ | |
| | 20 33 | ☽⊻♃ | g |
| 31 | 04 46 | ☽✱♄ | G |
| Mo | 05 08 | ☽∥♅ | B |
| | 06 20 | ☽□♀ | B |
| | 09 44 | ☉±♅ | |
| | 14 28 | ☽△♆ | G |
| | 18 17 | ☽∠♂ | b |
| | 20 02 | ☽□☿ | B |
| | 20 03 | ☽#♂ | B |
| **AUGUST** | | | |
| 1 | 01 54 | ☽✱♇ | G |
| Tu | 04 22 | ♄⊼♅ | |
| | 11 12 | ☽⚼♅ | b |
| | 11 41 | ☽∥♃ | G |
| | 13 08 | ☽♏ | |
| | 18 35 | ☉⚼♇ | |
| | 19 10 | ☽∥♆ | D |
| | 21 02 | ☽∥♇ | D |
| 2 | 01 52 | ☽✱♂ | G |
| We | 04 34 | ☽#♄ | B |
| | 06 45 | ☽#☉ | G |
| | 07 38 | ☽∠♇ | b |
| | 08 46 | ☽□☉ | B |
| | 08 59 | ☽☌♃ | G |
| | 11 51 | ☉□♃ | |
| | 12 37 | ☽#☿ | G |
| | 16 40 | ☽△♅ | G |
| | 17 09 | ☽□♄ | B |
| 3 | 00 29 | ☽△♀ | G |
| Th | 01 39 | ☽□♆ | B |
| | 06 42 | ☽#♀ | G |
| | 09 08 | ☽△☿ | G |
| | 12 11 | ♀⊼♆ | |
| | 12 33 | ☽⊻♇ | g |
| | 23 13 | ☽♐ | |
| 4 | 05 29 | ☉∥♄ | |
| Fr | 07 49 | ☽⚼♀ | b |
| | 14 03 | ☽□♂ | B |
| | 14 37 | ☽⚼☿ | b |
| | 18 10 | ☽⊻♃ | g |
| | 22 03 | ☽△☉ | G |
| 5 | 00 50 | ☽□♅ | B |
| Sa | 01 57 | ☽△♄ | G |
| | 09 12 | ☽✱♆ | G |
| | 19 22 | ☽☌♇ | D |
| | 21 11 | ☽∠♃ | b |
| | 22 20 | ☿⊼♇ | |
| 6 | 02 46 | ☽⚼☉ | b |
| Su | 04 46 | ☽⚼♄ | b |
| | 05 19 | ☽♑ | |
| | 11 26 | ☉⊼♅ | |
| | 11 27 | ☽∠♆ | b |
| | 21 33 | ☽△♂ | G |
| | 23 14 | ☽✱♃ | G |
| 7 | 05 00 | ☽✱♅ | G |
| Mo | 11 54 | ☉☌♄ | |
| | 12 49 | ☽⊻♆ | g |
| | 21 54 | ☽☍♀ | B |
| | 22 23 | ☽⊻♇ | g |
| | 23 48 | ☽⚼♂ | b |
| 8 | 01 44 | ☽☍☿ | B |
| Tu | 03 41 | ♀⊼♇ | |
| | 05 51 | ☽∠♅ | b |
| | 07 47 | ☽♒ | |
| | 17 20 | ♂✱♃ | |
| | 22 52 | ☽∠♇ | b |
| 9 | 00 11 | ☽#♀ | G |
| We | 01 04 | ☽□♃ | B |
| | 06 09 | ☽⊻♅ | g |
| | 07 36 | ☽#☿ | G |
| | 08 16 | ☽☍♄ | B |
| | 09 09 | ☉#♇ | |
| | 10 54 | ☽☍☉ | B |
| | 13 41 | ☽☌♆ | D |
| | 18 43 | ☽#♄ | B |
| | 18 54 | ♀∠♂ | |
| | 22 58 | ☽✱♇ | G |
| | 23 35 | ☽∥♇ | D |
| 10 | 00 18 | ☽#☉ | G |
| Th | 00 56 | ☽∥♆ | D |
| | 04 51 | ☿⚼♅ | |
| | 06 12 | ☽∥♃ | G |
| | 08 10 | ☽♓ | |
| | 13 28 | ☉#♆ | |
| 11 | 01 29 | ☽△♃ | G |
| Fr | 03 34 | ☽☍♂ | B |
| | 04 09 | ☿☊ | |
| | 04 26 | ☽#♂ | B |
| | 04 58 | ☽⚼♀ | b |
| | 05 14 | ☉☍♆ | |
| | 06 07 | ☽☌♅ | B |
| | 07 00 | ☽∥♅ | B |
| | 08 21 | ☿±♇ | |
| | 08 34 | ☽⚼☿ | b |
| | 13 39 | ☽⊻♆ | g |
| | 18 39 | ♀⚼♅ | |
| | 23 01 | ☽□♇ | B |
| 12 | 01 46 | ☽⚼♃ | b |
| Sa | 07 17 | ☽△♀ | G |
| | 08 22 | ☽♈ | |
| | 09 08 | ☽⚼♄ | b |
| | 11 17 | ☽△☿ | G |
| | 13 51 | ☽∠♆ | b |
| | 16 11 | ☽⚼☉ | b |
| | 20 21 | ♀☊ | |
| 13 | 00 33 | ♀±♇ | |
| Su | 06 40 | ☽⊻♅ | g |
| | 07 49 | ☽#♅ | B |
| | 08 27 | ☽∥♂ | B |
| | 09 55 | ☽△♄ | G |
| | 12 51 | ♂☍♅ | |
| | 14 28 | ☽✱♆ | G |
| | 18 40 | ☽△☉ | G |
| 14 | 00 14 | ☽△♇ | G |
| Mo | 00 47 | ♂#♅ | |
| | 07 38 | ☽∠♅ | b |
| | 08 33 | ☽⚼♂ | b |
| | 10 00 | ☽♉ | |
| | 10 11 | ☽#♃ | G |
| | 10 28 | ☽∥☉ | G |
| | 13 33 | ☽□♀ | B |
| | 15 20 | ☽#♆ | D |
| | 15 27 | ☉#♃ | |
| | 16 42 | ☽#♇ | D |
| | 19 08 | ☽□☿ | B |
| | 20 59 | ☽∥♄ | B |
| 15 | 01 40 | ☽⚼♇ | b |
| Tu | 05 14 | ☽☍♃ | B |
| | 07 04 | ☽∥☿ | G |
| | 09 13 | ☽✱♅ | G |
| | 10 49 | ☽∥♀ | G |
| | 11 28 | ☽△♂ | G |
| | 13 14 | ☽□♄ | B |
| | 17 27 | ☽□♆ | B |
| 16 | 01 51 | ☽□☉ | B |
| We | 02 17 | ☿±♅ | |
| | 14 07 | ☽♊ | |
| | 23 08 | ☽✱♀ | G |
| 17 | 00 52 | ☿⚼♇ | |
| Th | 05 02 | ☉△♇ | |
| | 07 30 | ☽✱☿ | G |
| | 11 37 | ♂⊻♄ | |
| | 14 28 | ☽□♅ | B |
| | 14 59 | ☿⊥♂ | |
| | 19 23 | ☽✱♄ | G |
| | 19 42 | ☽□♂ | B |
| | 23 10 | ☽△♆ | G |
| 18 | 05 21 | ☽∠♀ | b |
| Fr | 09 30 | ☿□♃ | |
| | 10 08 | ☽☍♇ | B |
| | 12 30 | ☽✱☉ | G |
| | 14 46 | ☽⚼♃ | b |
| | 15 35 | ☽∠☿ | b |
| | 21 03 | ☽♋ | |
| | 22 12 | ♀±♅ | |
| | 23 32 | ☽∠♄ | b |
| 19 | 03 04 | ☽⚼♆ | b |
| Sa | 08 49 | ☿⊼♅ | |
| | 12 27 | ☽⊻♀ | g |
| | 19 07 | ☽∠☉ | b |
| | 19 21 | ☽△♃ | G |
| | 22 26 | ☽△♅ | G |
| 20 | 00 54 | ☽⊻☿ | g |
| Su | 04 20 | ☽⊻♄ | g |
| | 07 06 | ☽✱♂ | G |
| | 07 39 | ♀⚼♇ | |
| | 16 27 | ♂⊼♆ | |
| 21 | 00 43 | ☿☌♄ | |
| Mo | 02 29 | ☽⊻☉ | g |
| | 03 20 | ☽⚼♅ | b |
| | 06 33 | ☽☊ | |
| | 13 51 | ☽∠♂ | b |
| | 19 53 | ☿☍♆ | |
| 22 | 00 29 | ☽⚼♇ | b |
| Tu | 01 29 | ☿∥♄ | |
| | 05 07 | ☽☌♀ | G |
| | 06 20 | ☽□♃ | B |
| | 09 40 | ☿⊻♂ | |
| | 15 40 | ☽☌♄ | B |
| | 18 18 | ☽☍♆ | B |
| | 18 26 | ♀□♃ | |
| | 21 12 | ☽⊻♂ | g |
| | 21 17 | ☽∥♀ | G |
| | 22 43 | ☽☌☿ | G |
| 23 | 03 43 | ☽∥♄ | B |
| We | 06 19 | ☽△♇ | G |
| | 06 23 | ☉♍ | |
| | 06 45 | ☽∥☿ | G |
| | 07 00 | ☽#♇ | D |
| | 08 28 | ☽#♆ | D |
| | 08 59 | ☿#♇ | |
| | 12 25 | ☉Q♃ | |
| | 13 12 | ☽#♃ | G |
| | 16 02 | ♀⊼♅ | |
| | 18 08 | ☽♍ | |
| | 19 10 | ☽☌☉ | D |
| | 21 28 | ☿#♆ | |
| 24 | 05 16 | ☽∥☉ | G |
| Th | 19 13 | ☽✱♃ | G |
| | 20 35 | ☿△♇ | |
| | 20 50 | ☽☍♅ | B |
| | 22 01 | ☽#♅ | B |
| 25 | 00 17 | ☽⊻♀ | g |
| Fr | 00 42 | ♀⊥♂ | |
| | 04 45 | ☽⊻♄ | g |
| | 09 37 | ☿#♃ | |
| | 11 12 | ☽∥♂ | B |
| | 13 12 | ☽☌♂ | B |
| | 19 00 | ☽□♇ | B |
| | 23 35 | ☽⊻☿ | g |
| 26 | 02 05 | ☽∠♃ | b |
| Sa | 07 01 | ☽♎ | |
| | 10 23 | ☽∠♀ | b |
| | 11 39 | ☽∠♄ | b |
| | 13 09 | ☽⚼♆ | b |
| | 13 31 | ☽⊻☉ | g |
| | 21 57 | ☽#♂ | B |
| | 23 38 | ♀☌♄ | |
| 27 | 04 54 | ♀∥♄ | |
| Su | 09 01 | ☽⊻♃ | g |
| | 12 19 | ♀☍♆ | |
| | 12 23 | ☽∠☿ | b |
| | 12 55 | ☽∥♅ | B |
| | 18 31 | ☽✱♄ | G |
| | 19 30 | ☿♍ | |
| | 19 37 | ☽△♆ | G |
| | 20 29 | ☽✱♀ | G |
| | 22 46 | ☽∠☉ | b |
| | 23 40 | ☽#☉ | G |
| 28 | 05 46 | ☽⊻♂ | g |
| Mo | 06 02 | ☿Q♃ | |
| | 08 02 | ☽✱♇ | G |
| | 12 17 | ☽#☿ | G |
| | 14 28 | ♀#♇ | |
| | 16 02 | ☽⚼♅ | b |
| | 19 56 | ☽♏ | |
| | 22 43 | ☽∥♃ | G |
| 29 | 00 48 | ☽✱☿ | G |
| Tu | 02 32 | ☽∥♆ | D |
| | 03 00 | ☽#♀ | G |
| | 03 56 | ☽∥♇ | D |
| | 05 35 | ♂⊥♄ | |
| | 05 58 | ☽#♄ | B |
| | 07 39 | ☽✱☉ | G |
| | 09 06 | ♀#♆ | |
| | 09 13 | ♃△♅ | |
| | 13 35 | ☽∠♂ | b |
| | 14 07 | ☽∠♇ | b |
| | 17 19 | ♂±♆ | |
| | 21 53 | ☽△♅ | G |
| | 22 05 | ☽☌♃ | G |
| | 23 29 | ♂□♇ | |
| 30 | 07 13 | ☽□♄ | B |
| We | 07 32 | ☽□♆ | B |
| | 15 11 | ☽□♀ | B |
| | 19 35 | ☽⊻♇ | g |
| | 20 41 | ☽✱♂ | G |
| 31 | 06 02 | ♀#♃ | |
| Th | 07 00 | ☽♐ | |
| | 09 54 | ♄☍♆ | |
| | 22 25 | ☽□☿ | B |
| | 22 56 | ☽□☉ | B |
| **SEPTEMBER** | | | |
| 1 | 04 49 | ☉☌☿ | |
| Fr | 07 24 | ☽□♅ | B |
| | 08 25 | ☽⊻♃ | g |
| | 11 11 | ♀△♇ | |
| | 16 33 | ☽✱♆ | G |
| | 16 54 | ☽△♄ | G |
| 2 | 03 55 | ☽☌♇ | D |
| Sa | 05 39 | ☽△♀ | G |
| | 07 49 | ☽□♂ | B |
| | 12 07 | ☽∠♃ | b |
| | 14 34 | ☽♑ | |
| | 19 35 | ☽∠♆ | b |
| | 20 14 | ☽⚼♄ | b |
| 3 | 09 22 | ☿☍♅ | |
| Su | 09 31 | ☽△☉ | G |
| | 10 52 | ☽⚼♀ | b |
| | 12 00 | ☉#♅ | |
| | 13 07 | ☽✱♅ | G |
| | 13 43 | ☽△☿ | G |
| | 14 47 | ☽✱♃ | G |
| | 21 39 | ☽⊻♆ | g |
| | 22 05 | ☿✱♃ | |
| 4 | 04 05 | ♀⊻♂ | |
| Mo | 08 19 | ☽⊻♇ | g |
| | 08 21 | ☿#♅ | |
| | 13 00 | ☽⚼☉ | b |
| | 14 24 | ☽△♂ | G |
| | 14 33 | ☽∠♅ | b |
| | 18 15 | ☽♒ | |
| | 19 02 | ☽⚼☿ | b |
| | 23 19 | ♇Stat | |
| 5 | 03 14 | ☉∥☿ | |
| Tu | 09 13 | ☽∠♇ | b |
| | 10 54 | ☉☍♅ | |
| | 15 12 | ☽⊻♅ | g |
| | 16 15 | ☽⚼♂ | b |
| | 17 25 | ☽□♃ | B |
| | 23 18 | ☽☌♆ | D |
| 6 | 00 14 | ☿⊼♆ | |
| We | 00 38 | ☽☍♄ | B |
| | 06 15 | ♀♍ | |
| | 09 29 | ☽✱♇ | G |
| | 09 35 | ☽#♄ | B |
| | 09 53 | ☽∥♇ | D |
| | 10 55 | ☽∥♆ | D |
| | 11 39 | ☿⊻♄ | |
| | 12 40 | ☽∥♃ | G |
| | 18 56 | ☽♓ | |
| | 20 04 | ☽☍♀ | B |
| | 23 42 | ☽#♀ | G |
| 7 | 01 45 | ☉✱♃ | |
| Th | 03 15 | ♂∠♃ | |
| | 15 00 | ☽☌♅ | B |
| | 16 06 | ☽∥♅ | B |
| | 17 47 | ☽△♃ | G |
| | 18 42 | ☽☍☉ | B |
| | 21 48 | ☽#☉ | G |
| | 22 57 | ☽⊻♆ | g |
| 8 | 02 05 | ☽#☿ | G |
| Fr | 04 18 | ♂♎ | |
| | 05 25 | ☽☍☿ | B |
| | 05 51 | ♄#♇ | |
| | 06 56 | ♀Q♃ | |
| | 09 02 | ☽□♇ | B |
| | 15 11 | ☽#♂ | B |
| | 17 43 | ☽⚼♃ | b |
| | 18 23 | ☽♈ | |
| | 18 51 | ☽∥♂ | B |
| | 19 01 | ☽☍♂ | B |
| | 22 37 | ☽∠♆ | b |
| 9 | 00 36 | ☽⚼♄ | b |
| Sa | 05 12 | ☽∥☿ | G |
| | 06 24 | ☿±♆ | |

| | | | |
|---|---|---|---|
| | 10 33 | ☽∥☉ | G |
| | 12 00 | ☿□♇ | |
| | 14 22 | ☽⚺♅ | g |
| | 18 22 | ☽#♅ | B |
| | 22 30 | ☽✱♆ | G |
| 10 | 00 44 | ☽△♄ | G |
| Su | 00 59 | ☿⊥♄ | |
| | 01 49 | ☽⚼♀ | b |
| | 05 54 | ☽∥♀ | G |
| | 08 52 | ☽△♇ | G |
| | 11 52 | ☉∇♆ | |
| | 14 29 | ☽∠♅ | b |
| | 18 30 | ☽♉ | |
| | 23 09 | ☽#♃ | G |
| | 23 36 | ☽⚼☉ | b |
| 11 | 00 13 | ☽#♆ | D |
| Mo | 00 48 | ☽∥♄ | B |
| | 01 15 | ☽#♇ | D |
| | 04 31 | ☽△♀ | G |
| | 09 29 | ☽⚼♇ | b |
| | 15 10 | ☽✱♅ | G |
| | 15 49 | ☽⚼☿ | b |
| | 19 29 | ☽☍♃ | B |
| | 23 30 | ☽⚼♂ | b |
| | 23 45 | ☽□♆ | B |
| 12 | 02 27 | ☽△☉ | G |
| Tu | 02 36 | ☽□♄ | B |
| | 04 51 | ♂⚼♆ | |
| | 04 53 | ☉⚺♄ | |
| | 20 58 | ☽△☿ | G |
| | 20 59 | ☽♊ | |
| | 21 08 | ☿♎ | |
| 13 | 01 02 | ☿∠♃ | |
| We | 02 32 | ☽△♂ | G |
| | 03 07 | ☿#♂ | |
| | 12 47 | ☽□♀ | B |
| | 18 51 | ☽□♅ | B |
| 14 | 04 05 | ☽△♆ | G |
| Th | 07 42 | ☽✱♄ | G |
| | 09 03 | ☿⚼♆ | |
| | 11 15 | ☽□☉ | B |
| | 12 57 | ♄#♆ | |
| | 16 00 | ☽☍♇ | B |
| 15 | 02 53 | ☽♋ | |
| Fr | 04 04 | ☽⚼♃ | b |
| | 07 36 | ☽⚼♆ | b |
| | 09 29 | ♂∠♄ | |
| | 11 03 | ☽□☿ | B |
| | 11 38 | ☽∠♄ | b |
| | 11 43 | ☽□♂ | B |
| | 12 43 | ☿∥♂ | |
| | 15 44 | ☿∠♄ | |
| | 19 01 | ☿☌♂ | |
| | 19 33 | ♃#♄ | |
| 16 | 01 45 | ☽✱♀ | G |
| Sa | 02 05 | ☽△♅ | G |
| | 05 01 | ♀☍♅ | |
| | 08 47 | ☽△♃ | G |
| | 12 35 | ☉±♆ | |
| | 16 26 | ☽⚺♄ | g |
| | 22 53 | ♃∥♆ | |
| 17 | 00 31 | ☽✱☉ | G |
| Su | 00 42 | ☉#☿ | |
| | 03 34 | ☉□♇ | |
| | 06 37 | ♀#♅ | |
| | 06 56 | ☽⚼♅ | b |
| | 09 56 | ☽∠♀ | b |
| | 12 15 | ☽☊ | |
| 18 | 00 50 | ☽✱♂ | G |

| | | | |
|---|---|---|---|
| Mo | 04 03 | ☉#♂ | |
| | 05 56 | ☽✱☿ | G |
| | 06 15 | ☽⚼♇ | b |
| | 08 35 | ☽∠☉ | b |
| | 19 01 | ☽⚺♀ | g |
| | 20 30 | ☽□♃ | B |
| | 22 52 | ☽☍♆ | B |
| 19 | 01 55 | ☿⊥♃ | |
| Tu | 04 10 | ☽☌♄ | B |
| | 04 20 | ☉⊥♄ | |
| | 08 29 | ☽∠♂ | b |
| | 11 28 | ♀✱♃ | |
| | 12 17 | ☽△♇ | G |
| | 12 19 | ☽#♇ | D |
| | 12 58 | ☽#♃ | G |
| | 13 33 | ☽#♆ | D |
| | 14 33 | ☽∥♄ | B |
| | 16 38 | ☽∠☿ | b |
| | 17 18 | ☽⚺☉ | g |
| 20 | 00 07 | ☽♍ | |
| We | 05 21 | ☿Q♇ | |
| | 05 46 | ☿∇♅ | |
| | 07 45 | ♀∇♆ | |
| | 16 34 | ☽⚺♂ | g |
| 21 | 00 44 | ☽☍♅ | B |
| Th | 02 21 | ☽#♅ | B |
| | 03 44 | ☽⚺☿ | g |
| | 10 04 | ☽✱♃ | G |
| | 11 12 | ☽∥♀ | G |
| | 11 23 | ☽#☿ | G |
| | 12 12 | ☿#♀ | |
| | 14 47 | ☽•♀ | G |
| | 17 31 | ☽⚺♄ | g |
| | 23 00 | ☽#♂ | B |
| 22 | 01 12 | ☽□♇ | B |
| Fr | 08 40 | ♃∥♇ | |
| | 10 14 | ☽∥☉ | G |
| | 11 45 | ☽•● | D |
| | 12 31 | ☽#☉ | G |
| | 13 06 | ☽♎ | |
| | 17 05 | ☽∠♃ | b |
| | 17 58 | ☽⚼♆ | b |
| | 18 58 | ♀⚺♄ | |
| 23 | 00 21 | ☽∠♄ | b |
| Sa | 01 07 | ☽∥♂ | B |
| | 04 03 | ☉♎ | |
| | 07 50 | ☽#♀ | G |
| | 09 10 | ☿⚺♃ | |
| | 09 12 | ☽☌♂ | B |
| | 13 43 | ☿△♆ | |
| | 18 31 | ☽∥☿ | G |
| | 20 41 | ☽∥♅ | B |
| | 23 58 | ☿±♅ | |
| 24 | 00 03 | ☽⚺♃ | g |
| Su | 00 24 | ☽△♆ | G |
| | 02 00 | ☽☌☿ | G |
| | 07 05 | ☽✱♄ | G |
| | 10 56 | ☽⚺♀ | g |
| | 11 58 | ☿∥♅ | |
| | 14 11 | ☽✱♇ | G |
| | 19 51 | ☽⚼♅ | b |
| | 20 31 | ♃□♆ | |
| 25 | 01 49 | ♀±♆ | |
| Mo | 01 54 | ☽♏ | |
| | 06 00 | ☽⚺☉ | g |
| | 07 18 | ☽#♄ | B |
| | 07 51 | ♀#♂ | |
| | 09 21 | ☽∥♆ | D |
| | 10 36 | ☽∥♇ | D |

| | | | |
|---|---|---|---|
| | 11 20 | ☽∥♃ | G |
| | 13 17 | ☉⚼♆ | |
| | 17 31 | ☉∠♃ | |
| | 18 10 | ♀□♇ | |
| | 20 18 | ☽∠♇ | b |
| | 20 28 | ☿✱♄ | |
| | 20 33 | ☽∠♀ | b |
| | 22 20 | ♂⊥♃ | |
| 26 | 01 08 | ☽⚺♂ | g |
| Tu | 01 47 | ☽△♅ | G |
| | 12 26 | ☽□♆ | B |
| | 12 27 | ♂∇♅ | |
| | 13 06 | ☽☌♃ | G |
| | 14 30 | ☽∠☉ | b |
| | 19 33 | ☽□♄ | B |
| | 22 28 | ♂Q♇ | |
| | 22 32 | ☽⚺☿ | g |
| 27 | 01 59 | ☽⚺♇ | g |
| We | 05 32 | ☽✱♀ | G |
| | 08 22 | ☽∠♂ | b |
| | 13 16 | ☽♐ | |
| | 22 18 | ☽✱☉ | G |
| 28 | 01 29 | ♀⊥♄ | |
| Th | 03 27 | ☿✱♇ | |
| | 07 31 | ☽∠☿ | b |
| | 12 04 | ☽□♅ | B |
| | 14 50 | ☽✱♂ | G |
| | 17 12 | ☉#♀ | |
| | 22 20 | ☽✱♆ | G |
| | 23 55 | ☽⚺♃ | g |
| 29 | 05 40 | ☽△♄ | G |
| Fr | 11 22 | ☽☌♇ | D |
| | 12 08 | ☉∠♄ | |
| | 15 10 | ♃⊥♇ | |
| | 15 21 | ☽✱☿ | G |
| | 20 45 | ☽□♀ | B |
| | 22 01 | ☽♑ | |
| | 22 25 | ☿⚼♅ | |
| 30 | 02 10 | ☽∠♆ | b |
| Sa | 04 08 | ☽∠♃ | b |
| | 09 32 | ☽⚼♄ | b |
| | 10 02 | ♀♎ | |
| | 11 04 | ☽□☉ | B |
| | 19 24 | ☽✱♅ | G |
| OCTOBER | | | |
| 1 | 00 59 | ☽□♂ | B |
| Su | 05 08 | ☽⚺♆ | g |
| | 07 27 | ☽✱♃ | G |
| | 17 28 | ☽⚺♇ | g |
| | 21 46 | ☽∠♅ | b |
| 2 | 03 16 | ☽□☿ | B |
| Mo | 03 24 | ☽♒ | |
| | 04 38 | ☿♏ | |
| | 04 58 | ♀⚼♆ | |
| | 07 27 | ☽△♀ | G |
| | 19 14 | ☽∠♇ | b |
| | 19 32 | ☽△☉ | G |
| | 23 19 | ☽⚺♅ | g |
| 3 | 07 09 | ☽△♂ | G |
| Tu | 08 31 | ☽☌♆ | D |
| | 11 09 | ☽⚼♀ | b |
| | 11 27 | ☽□♃ | B |
| | 15 07 | ♀∠♃ | |
| | 15 50 | ☽☍♄ | B |
| | 17 22 | ☽∥♃ | G |
| | 19 36 | ☽∥♇ | D |
| | 20 14 | ☽✱♇ | G |
| | 20 40 | ☽∥♆ | D |

| | | | |
|---|---|---|---|
| | 22 18 | ☽⚼☉ | b |
| | 23 33 | ☽#♄ | B |
| 4 | 04 04 | ☽∥☿ | G |
| We | 05 33 | ☽♓ | |
| | 08 58 | ☽⚼♂ | b |
| | 10 33 | ☽△☿ | G |
| | 12 23 | ♂△♆ | |
| | 22 36 | ☿Q♄ | |
| 5 | 00 20 | ☽☌♅ | B |
| Th | 00 29 | ☉∇♅ | |
| | 01 45 | ☽∥♅ | B |
| | 04 06 | ♂±♅ | |
| | 06 52 | ☽∥♂ | B |
| | 09 12 | ☽⚺♆ | g |
| | 12 25 | ☽∥☉ | G |
| | 12 41 | ☽△♃ | G |
| | 12 59 | ☽⚼☿ | b |
| | 17 19 | ☉Q♇ | |
| | 20 33 | ☽□♇ | B |
| | 21 52 | ♀∠♄ | |
| | 23 25 | ☽∥♀ | G |
| 6 | 03 21 | ☿#♄ | |
| Fr | 05 32 | ☽♈ | |
| | 08 58 | ☽∠♆ | b |
| | 09 46 | ☽#♀ | G |
| | 12 46 | ☽⚼♃ | b |
| | 16 29 | ☽⚼♄ | b |
| | 18 01 | ☽☍♀ | B |
| | 21 48 | ☽#☉ | G |
| | 23 49 | ☽⚺♅ | g |
| 7 | 02 24 | ☉⊥♃ | |
| Sa | 03 08 | ☽#♂ | B |
| | 03 13 | ☽☍☉ | B |
| | 06 41 | ☽#♅ | B |
| | 08 40 | ☽✱♆ | G |
| | 11 50 | ☽☍♂ | B |
| | 15 28 | ☿∥♆ | |
| | 16 22 | ☽△♄ | G |
| | 20 05 | ☽△♇ | G |
| | 23 33 | ☽∠♅ | b |
| 8 | 04 11 | ☿∥♇ | |
| Su | 05 04 | ☽♉ | |
| | 07 55 | ☽∥♄ | B |
| | 11 18 | ☽#♆ | D |
| | 12 22 | ☽#♇ | D |
| | 13 07 | ☽#☿ | G |
| | 15 33 | ☽#♃ | G |
| | 18 33 | ♂⚺♃ | |
| | 19 11 | ☽☍☿ | B |
| | 20 09 | ☽⚼♇ | b |
| | 23 36 | ☽✱♅ | G |
| 9 | 06 47 | ☿∠♇ | |
| Mo | 08 47 | ☽□♆ | B |
| | 13 46 | ☽☍♃ | B |
| | 15 00 | ♀∇♅ | |
| | 17 08 | ☽□♄ | B |
| | 21 35 | ☿∥♃ | |
| 10 | 01 06 | ☽⚼♀ | b |
| Tu | 06 06 | ☽♊ | |
| | 08 37 | ♀Q♇ | |
| | 09 22 | ☽⚼☉ | b |
| | 14 05 | ☉△♆ | |
| | 16 46 | ☽⚼♂ | b |
| | 21 57 | ☉±♅ | |
| | 23 07 | ☿△♅ | |
| 11 | 01 35 | ☽□♅ | B |
| We | 05 06 | ☽△♀ | G |
| | 08 55 | ♂∥♅ | |
| | 11 27 | ☽△♆ | G |

| | | | |
|---|---|---|---|
| | 13 07 | ☽△☉ | G |
| | 20 08 | ☽△♂ | G |
| | 20 45 | ☽✱♄ | G |
| 12 | 00 22 | ☽☍♇ | B |
| Th | 04 47 | ♀⊥♃ | |
| | 06 46 | ☽⚼☿ | b |
| | 10 21 | ☽♋ | |
| | 10 38 | ♂✱♄ | |
| | 14 10 | ☽⚼♆ | b |
| | 21 00 | ☽⚼♃ | b |
| 13 | 00 04 | ☽∠♄ | b |
| Fr | 07 14 | ☽△♅ | G |
| | 12 59 | ☽△☿ | G |
| | 17 00 | ☽□♀ | B |
| 14 | 00 26 | ☽□☉ | B |
| Sa | 01 30 | ☽△♃ | G |
| | 02 26 | ☉∥♅ | |
| | 02 35 | ♀△♆ | |
| | 04 25 | ☽⚺♄ | g |
| | 06 27 | ☽□♂ | B |
| | 07 33 | ♀±♅ | |
| | 11 35 | ☽⚼♅ | b |
| | 17 26 | ☉⚺♃ | |
| | 18 38 | ☽☊ | |
| 15 | 12 21 | ♂✱♇ | |
| Su | 13 15 | ☽⚼♇ | b |
| | 23 00 | ☿□♆ | |
| | 23 41 | ☽#☿ | G |
| 16 | 04 17 | ☽☍♆ | B |
| Mo | 04 47 | ☽□☿ | B |
| | 07 29 | ☉✱♄ | |
| | 10 06 | ☽✱♀ | G |
| | 11 32 | ☽#♃ | G |
| | 13 20 | ☽□♃ | B |
| | 15 47 | ☽☌♄ | B |
| | 16 28 | ☽✱☉ | G |
| | 17 28 | ☽#♇ | D |
| | 18 57 | ☽#♆ | D |
| | 19 14 | ☽△♇ | G |
| | 21 01 | ☽✱♂ | G |
| 17 | 00 24 | ☽∥♄ | B |
| Tu | 06 16 | ☽♍ | |
| | 10 02 | ☿⊥♇ | |
| | 19 58 | ☽∠♀ | b |
| | 22 30 | ♀⚺♃ | |
| | 23 53 | ☽#♂ | B |
| 18 | 00 47 | ☽#☉ | G |
| We | 01 37 | ☽∠☉ | b |
| | 02 17 | ☉✱♇ | |
| | 02 50 | ♂⚼♅ | |
| | 05 06 | ☽☍♅ | B |
| | 05 15 | ☽∠♂ | b |
| | 06 59 | ☽#♅ | B |
| | 09 04 | ☽#♀ | G |
| | 19 54 | ♀✱♄ | |
| | 22 55 | ☽✱☿ | G |
| 19 | 03 18 | ☽✱♃ | G |
| Th | 05 08 | ☽⚺♄ | g |
| | 06 09 | ☽⚺♀ | g |
| | 08 18 | ☽□♇ | B |
| | 09 09 | ♀∥♅ | |
| | 11 01 | ☽⚺☉ | g |
| | 13 40 | ☽⚺♂ | g |
| | 18 03 | ☉⚼♅ | |
| | 19 19 | ☽♎ | |
| | 22 14 | ☉∥♂ | |
| | 23 30 | ☽⚼♆ | b |
| 20 | 02 42 | ♀✱♇ | |
| Fr | 07 52 | ☽∠☿ | b |

| | | | |
|---|---|---|---|
| | 10 23 | ☽∠♃ | b |
| | 11 52 | ☽∠♄ | b |
| 21 Sa | 04 15 | ☽∥♅ | B |
| | 05 54 | ☽△♆ | G |
| | 08 17 | ☽∥♀ | G |
| | 08 38 | ♀⚼♅ | |
| | 15 13 | ☽∥♂ | B |
| | 16 06 | ☽∥☉ | G |
| | 16 18 | ☽⚺☿ | g |
| | 17 14 | ☽⚺♃ | g |
| | 18 21 | ☽⚹♄ | G |
| | 21 12 | ☽⚹♇ | G |
| 22 Su | 00 13 | ☽⚼♅ | b |
| | 02 04 | ☽☌♀ | G |
| | 05 14 | ☽☌☉ | D |
| | 05 58 | ☽☌♂ | B |
| | 07 54 | ☽♏ | |
| | 09 52 | ☽#♄ | B |
| | 15 19 | ☿☌♃ | |
| | 15 56 | ☽∥♆ | D |
| | 17 31 | ☽∥♇ | D |
| 23 Mo | 01 04 | ☽∥♃ | G |
| | 03 09 | ☽∠♇ | b |
| | 06 00 | ☽△♅ | G |
| | 06 46 | ☉☌♂ | |
| | 10 06 | ☿□♄ | |
| | 13 26 | ☉♏ | |
| | 16 38 | ♂♏ | |
| | 17 38 | ☽□♆ | B |
| | 22 36 | ☽∥☿ | G |
| 24 Tu | 05 43 | ☽☌♃ | G |
| | 06 07 | ☽□♄ | B |
| | 06 56 | ☽☌☿ | G |
| | 08 38 | ☽⚺♇ | g |
| | 09 58 | ♀♏ | |
| | 18 53 | ☽♐ | |
| | 19 53 | ☽⚺♀ | g |
| | 20 24 | ☽⚺♂ | g |
| | 21 27 | ☽⚺☉ | g |
| 25 We | 06 10 | ♀☌♂ | |
| | 16 09 | ☽□♅ | B |
| | 17 26 | ♃□♄ | |
| 26 Th | 02 43 | ☽∠♂ | b |
| | 03 28 | ☽⚹♆ | G |
| | 03 45 | ☽∠♀ | b |
| | 04 35 | ☽∠☉ | b |
| | 14 47 | ☿⚺♇ | |
| | 15 50 | ☽△♄ | G |
| | 16 05 | ☽⚺♃ | g |
| | 18 02 | ☽☌♇ | D |
| | 18 06 | ☽⚺☿ | g |
| 27 Fr | 03 47 | ☽♑ | |
| | 07 33 | ☽∠♆ | b |
| | 08 22 | ☽⚹♂ | G |
| | 10 50 | ☽⚹♀ | G |
| | 10 59 | ☽⚹☉ | G |
| | 17 50 | ☉☌♀ | |
| | 19 48 | ☽⚼♄ | b |
| | 20 22 | ☽∠♃ | b |
| | 22 17 | ☽∠☿ | b |
| 28 Sa | 00 07 | ☽⚹♅ | G |
| | 04 53 | ♀∥♂ | |
| | 11 02 | ☽⚺♆ | g |
| | 19 15 | ☿Stat | |
| 29 Su | 00 00 | ☽⚹♃ | G |
| | 00 11 | ♀Q♄ | |
| | 01 05 | ☽⚺♇ | g |
| | 01 30 | ☽⚹☿ | G |
| | 03 11 | ☽∠♅ | b |
| | 07 54 | ♆Stat | |
| | 08 29 | ☉Q♄ | |
| | 10 17 | ☽♒ | |
| | 17 29 | ☽□♂ | B |
| | 21 25 | ☽□☉ | B |
| | 22 29 | ☽□♀ | B |
| 30 Mo | 01 54 | ☽∥☿ | G |
| | 03 38 | ☽∠♇ | b |
| | 05 36 | ☽⚺♅ | g |
| | 12 10 | ☿⚺♇ | |
| | 16 03 | ☽☌♆ | D |
| | 18 32 | ☽∥♃ | G |
| 31 Tu | 02 44 | ☽∥♇ | D |
| | 03 02 | ☿☌♃ | |
| | 03 49 | ☽☍♄ | B |
| | 04 16 | ☽∥♆ | D |
| | 05 08 | ☽□☿ | B |
| | 05 13 | ☽□♃ | B |
| | 05 31 | ☽⚹♇ | G |
| | 10 12 | ☽#♄ | B |
| | 11 34 | ☽∥☉ | G |
| | 13 26 | ☽∥♀ | G |
| | 14 11 | ☽♓ | |
| | 15 58 | ☽∥♂ | B |
| | 23 37 | ☽△♂ | G |
| NOVEMBER | | | |
| 1 We | 04 11 | ♃⚺♇ | |
| | 04 38 | ☽△☉ | G |
| | 06 42 | ☽△♀ | G |
| | 07 57 | ♀∠♇ | |
| | 08 31 | ☽☌♅ | B |
| | 09 56 | ☽∥♅ | B |
| | 11 55 | ☉#♄ | |
| | 12 37 | ♂Q♄ | |
| | 15 43 | ☿□♄ | |
| | 18 34 | ☽⚺♆ | g |
| 2 Th | 01 40 | ☽⚼♂ | b |
| | 03 32 | ♀△♅ | |
| | 05 24 | ☽△☿ | G |
| | 07 11 | ☽⚼☉ | b |
| | 07 33 | ☽□♇ | B |
| | 07 54 | ☽△♃ | G |
| | 09 34 | ♀#♄ | |
| | 09 42 | ☽⚼♀ | b |
| | 12 46 | ☉∠♇ | |
| | 15 46 | ☽♈ | |
| | 19 04 | ☽∠♆ | b |
| 3 Fr | 04 34 | ☽⚼☿ | b |
| | 06 28 | ☽⚼♄ | b |
| | 08 35 | ☽⚼♃ | b |
| | 09 26 | ☽⚺♅ | g |
| | 12 02 | ☉△♅ | |
| | 18 11 | ☽#♅ | B |
| | 19 16 | ☽⚹♆ | G |
| 4 Sa | 06 41 | ☽△♄ | G |
| | 08 04 | ☽△♇ | G |
| | 09 31 | ☽∠♅ | b |
| | 14 51 | ☽#♂ | B |
| | 16 05 | ☽♉ | |
| | 16 39 | ☽∥♄ | B |
| | 20 42 | ☽#♀ | G |
| | 20 56 | ☽#☉ | G |
| | 22 32 | ☽#♆ | D |
| 5 Su | 00 06 | ☽#♇ | D |
| | 05 46 | ☽☍♂ | B |
| | 08 14 | ☽⚼♇ | b |
| | 09 01 | ☽#♃ | G |
| | 09 38 | ☽⚹♅ | G |
| | 10 43 | ☉∥♀ | |
| | 11 45 | ☽#☿ | G |
| | 12 58 | ☽☍☉ | B |
| | 16 55 | ☽☍♀ | B |
| | 19 35 | ☽□♆ | B |
| 6 Mo | 00 26 | ☽☍☿ | B |
| | 00 44 | ♀∥♆ | |
| | 05 09 | ☉∥♆ | |
| | 07 20 | ☽□♄ | B |
| | 09 49 | ☿∥♃ | |
| | 10 18 | ☽☍♃ | B |
| | 14 04 | ♂#♄ | |
| | 16 46 | ☽♊ | |
| | 19 02 | ☿⊥♇ | |
| 7 Tu | 00 23 | ♀□♆ | |
| | 01 43 | ♀∥♇ | |
| | 10 54 | ☽□♅ | B |
| | 13 41 | ♂∠♇ | |
| | 14 19 | ☉∥♇ | |
| | 16 51 | ☿☌♀ | |
| | 21 22 | ☽△♆ | G |
| 8 We | 08 24 | ☿□♆ | |
| | 09 56 | ☽⚹♄ | G |
| | 11 15 | ☽☍♇ | B |
| | 12 20 | ☽⚼♂ | b |
| | 16 18 | ♀⊥♇ | |
| | 16 23 | ♂△♅ | |
| | 17 03 | ☿∥♀ | |
| | 19 46 | ☽♋ | |
| | 21 30 | ☉☌☿ | |
| | 22 04 | ☽⚼☿ | b |
| | 22 10 | ☽⚼☉ | b |
| | 23 24 | ☽⚼♆ | b |
| 9 Th | 00 14 | ☉∥☿ | |
| | 04 11 | ☽⚼♀ | b |
| | 12 31 | ☽∠♄ | b |
| | 13 48 | ☿∥♇ | |
| | 14 59 | ☉□♆ | |
| | 15 07 | ☽△♅ | G |
| | 16 22 | ☽△♂ | G |
| | 16 47 | ☽⚼♃ | b |
| | 22 34 | ☽△☿ | G |
| 10 Fr | 03 22 | ☽△☉ | G |
| | 04 22 | ☿∥♆ | |
| | 10 18 | ☽△♀ | G |
| | 16 09 | ☽⚺♄ | g |
| | 18 44 | ☽⚼♅ | b |
| | 20 59 | ☽△♃ | G |
| | 23 56 | ☿∥♂ | |
| 11 Sa | 02 34 | ☽♌ | |
| | 15 16 | ☿☌♂ | |
| | 18 45 | ☉⊥♇ | |
| | 22 13 | ☽⚼♇ | b |
| 12 Su | 02 23 | ☽□☿ | B |
| | 04 07 | ☽□♂ | B |
| | 10 24 | ☽#♃ | G |
| | 11 37 | ☽☍♆ | B |
| | 13 03 | ☽#♀ | G |
| | 16 02 | ☽#☉ | G |
| | 16 19 | ☿#♄ | |
| | 17 45 | ☽□☉ | B |
| | 23 05 | ☽#♇ | D |
| 13 Mo | 00 19 | ♀□♄ | |
| | 01 18 | ☽#♆ | D |
| | 01 48 | ☽#♂ | B |
| | 02 28 | ☽☌♄ | B |
| | 02 42 | ☽□♀ | B |
| | 03 51 | ☽△♇ | G |
| | 08 29 | ☽□♃ | B |
| | 09 04 | ☽∥♄ | B |
| | 11 04 | ☽#☿ | G |
| | 13 16 | ♂∥♆ | |
| | 13 19 | ☽♍ | |
| | 14 00 | ♀⚺♇ | |
| | 17 26 | ☿△♅ | |
| 14 Tu | 07 51 | ♀∥♃ | |
| | 09 35 | ☿∠♇ | |
| | 10 07 | ☽⚹☿ | G |
| | 11 11 | ☽☍♅ | B |
| | 12 38 | ☽#♅ | B |
| | 19 51 | ☽⚹♂ | G |
| 15 We | 11 55 | ☽⚹☉ | G |
| | 15 14 | ☽∠☿ | b |
| | 15 24 | ☽⚺♄ | g |
| | 16 47 | ☽□♇ | B |
| | 18 03 | ♂∥♇ | |
| | 20 35 | ♀☌♃ | |
| | 22 30 | ☽⚹♃ | G |
| | 22 41 | ☽⚹♀ | G |
| 16 Th | 02 14 | ☽♎ | |
| | 04 19 | ☽∠♂ | b |
| | 06 34 | ☽⚼♆ | b |
| | 20 55 | ☽⚺☿ | g |
| | 21 18 | ☽∠☉ | b |
| | 22 01 | ☽∠♄ | b |
| 17 Fr | 05 34 | ☽∠♃ | b |
| | 05 58 | ☉□♄ | |
| | 08 02 | ♀♐ | |
| | 08 46 | ☽∠♀ | b |
| | 11 24 | ☽∥♅ | B |
| | 12 38 | ☽⚺♂ | g |
| | 13 00 | ☽△♆ | G |
| | 19 00 | ♂□♆ | |
| | 22 28 | ☉⚺♇ | |
| 18 Sa | 00 26 | ☿Stat | |
| | 00 50 | ☉∥♃ | |
| | 04 21 | ☽⚹♄ | G |
| | 05 41 | ☽⚹♇ | G |
| | 06 00 | ☽∥☿ | G |
| | 06 20 | ☽⚺☉ | g |
| | 06 25 | ☽⚼♅ | b |
| | 12 15 | ☽⚺♃ | g |
| | 14 36 | ☽#♄ | B |
| | 14 47 | ☽♏ | |
| | 18 20 | ☽⚺♀ | g |
| | 22 30 | ☽∥♆ | D |
| 19 Su | 00 55 | ☽∥♇ | D |
| | 04 21 | ☽∥♂ | B |
| | 09 01 | ☽☌☿ | G |
| | 11 29 | ☽∠♇ | b |
| | 12 07 | ☽△♅ | G |
| | 15 24 | ☽∥♃ | G |
| | 17 07 | ☽∥☉ | G |
| | 23 28 | ☽∥♀ | G |
| 20 Mo | 00 32 | ☽□♆ | B |
| | 03 39 | ☽☌♂ | B |
| | 06 07 | ♅Stat | |
| | 15 23 | ☽□♄ | B |
| | 16 41 | ☽⚺♇ | g |
| | 22 18 | ☽☌☉ | D |
| | 23 54 | ☽☌♃ | G |
| 21 Tu | 01 15 | ☽♐ | |
| | 06 21 | ♂⊥♇ | |
| | 11 05 | ♀Q♆ | |
| | 11 07 | ☽☌♀ | G |
| | 20 48 | ☽⚺☿ | g |
| | 21 45 | ☽□♅ | B |
| | 23 15 | ☉☌♃ | |
| 22 We | 06 46 | ☿∠♇ | |
| | 09 42 | ☽⚹♆ | G |
| | 11 02 | ☉♐ | |
| | 14 50 | ☿△♅ | |
| | 15 54 | ☽⚺♂ | g |
| 23 Th | 00 02 | ☽△♄ | G |
| | 01 19 | ☽☌♇ | D |
| | 02 22 | ☽∠☿ | b |
| | 09 05 | ☽⚺♃ | g |
| | 09 25 | ☽♑ | |
| | 11 18 | ☽⚺☉ | g |
| | 13 29 | ☽∠♆ | b |
| | 21 04 | ☽∠♂ | b |
| 24 Fr | 00 48 | ☽⚺♀ | g |
| | 03 35 | ☽⚼♄ | b |
| | 04 43 | ♃♐ | |
| | 05 11 | ☽⚹♅ | G |
| | 07 40 | ☽⚹☿ | G |
| | 12 54 | ☽∠♃ | b |
| | 16 47 | ☽⚺♆ | g |
| | 16 51 | ☽∠☉ | b |
| 25 Sa | 01 43 | ☽⚹♂ | G |
| | 06 42 | ☽∠♀ | b |
| | 07 59 | ☽⚺♇ | g |
| | 08 13 | ☽∠♅ | b |
| | 15 41 | ☽♒ | |
| | 16 16 | ☽⚹♃ | G |
| | 21 53 | ☽⚹☉ | G |
| | 22 55 | ♀□♅ | |
| 26 Su | 02 57 | ☽∥♀ | G |
| | 09 47 | ☽∥☉ | G |
| | 10 41 | ☽∠♇ | b |
| | 10 52 | ☽⚺♅ | g |
| | 12 04 | ☽⚹♀ | G |
| | 16 45 | ☽∥♃ | G |
| | 17 30 | ☽□☿ | B |
| | 21 27 | ☽∥♂ | B |
| | 22 10 | ☽☌♆ | D |
| 27 Mo | 06 10 | ☿#♄ | |
| | 07 07 | ☽∥♇ | D |
| | 09 34 | ☽∥♆ | D |
| | 09 37 | ☽□♂ | B |
| | 11 40 | ☽☍♄ | B |
| | 13 00 | ☽⚹♇ | G |
| | 15 51 | ☽∥☿ | G |
| | 16 08 | ☉Q♆ | |
| | 16 31 | ☽#♄ | B |
| | 20 21 | ☽♓ | |
| | 21 46 | ☽□♃ | B |
| 28 Tu | 06 29 | ☽□☉ | B |
| | 15 00 | ☽☌♅ | B |
| | 15 47 | ☽∥♅ | B |
| | 21 15 | ☽□♀ | B |
| 29 We | 00 54 | ☿□♆ | |
| | 02 01 | ☽⚺♆ | g |
| | 02 07 | ☽△☿ | G |
| | 03 00 | ♂□♄ | |
| | 15 44 | ☽△♂ | G |
| | 16 29 | ☽□♇ | B |
| | 23 30 | ☽♈ | |
| 30 Th | 01 42 | ☽△♃ | G |
| | 03 23 | ☽∠♆ | b |
| | 05 55 | ☽⚼☿ | b |
| | 07 39 | ♂⚺♇ | |
| | 13 13 | ☽△☉ | G |
| | 16 19 | ☽⚼♄ | b |
| | 17 41 | ☽⚺♅ | g |
| | 18 12 | ☽⚼♂ | b |

| DECEMBER | | | |
|---|---|---|---|
| 1 | 01 36 | ☿⊥♇ | |
| Fr | 02 22 | ☽#♅ | B |
| | 02 31 | ☿∥♆ | |
| | 03 08 | ☽⚼♃ | b |
| | 03 22 | ♀✱♆ | |
| | 04 27 | ☽✱♆ | G |
| | 04 34 | ☽△♀ | G |
| | 16 03 | ☽⚼☉ | b |
| | 17 15 | ☽△♄ | G |
| | 18 36 | ☽∠♅ | b |
| | 18 41 | ☽△♇ | G |
| 2 | 00 49 | ☽∥♄ | B |
| Sa | 01 26 | ☽♉ | |
| | 07 21 | ☽#♆ | D |
| | 07 45 | ☽⚼♀ | b |
| | 09 47 | ☽#☿ | G |
| | 09 52 | ☽#♇ | D |
| | 10 44 | ☿∥♇ | |
| | 19 24 | ☽✱♅ | G |
| | 19 31 | ☽⚼♇ | b |
| | 23 49 | ☽#♂ | B |
| 3 | 00 45 | ☽#♃ | G |
| Su | 05 00 | ☉□♅ | |
| | 06 08 | ☽□♆ | B |
| | 11 56 | ☽#☉ | G |
| | 16 10 | ☽☍☿ | B |
| | 18 53 | ☽□♄ | B |
| | 19 48 | ☽#♀ | G |
| 4 | 00 32 | ☽☍♂ | B |
| Mo | 03 05 | ☽♊ | |
| | 06 49 | ☽☍♃ | B |
| | 15 15 | ♂∥♃ | |
| | 20 07 | ☿□♄ | |
| | 21 21 | ☽□♅ | B |
| 5 | 00 25 | ☽☍☉ | B |
| Tu | 08 23 | ☽△♆ | G |
| | 12 36 | ☿⚺♇ | |
| | 18 08 | ☽☍♀ | B |
| | 21 29 | ☽✱♄ | G |
| | 23 12 | ☽☍♇ | B |
| 6 | 04 06 | ♄ Stat | |
| We | 04 58 | ♂♐ | |
| | 06 00 | ☽♋ | |
| | 10 15 | ☽⚼♆ | b |
| | 23 41 | ☽∠♄ | b |
| 7 | 01 13 | ☽△♅ | G |
| Th | 05 51 | ☽⚼☿ | b |
| | 07 17 | ♀△♄ | |
| | 10 01 | ☽⚼♂ | b |
| | 13 49 | ☽⚼♃ | b |
| 8 | 02 45 | ☽⚺♄ | g |
| Fr | 03 51 | ♀☌♇ | |
| | 04 22 | ☽⚼♅ | b |
| | 05 52 | ☿♐ | |
| | 11 42 | ☽#♀ | G |
| | 11 52 | ☽☊ | |
| | 12 38 | ☽△☿ | G |
| | 14 23 | ☽⚼☉ | b |
| | 15 03 | ☽△♂ | G |
| | 17 53 | ☽△♃ | G |
| | 19 44 | ☽#☉ | G |
| 9 | 08 04 | ☽#♂ | B |
| Sa | 08 56 | ☽⚼♇ | b |
| | 11 00 | ☽#♃ | G |
| | 12 04 | ☽⚼♀ | b |
| | 13 52 | ☽#☿ | G |
| | 17 43 | ☉✱♆ | |
| | 21 04 | ☽☍♆ | B |
| | 21 22 | ☽△☉ | G |
| 10 | 02 28 | ☿☌♂ | |
| Su | 05 47 | ☽#♇ | D |
| | 09 07 | ☽#♆ | D |
| | 10 07 | ♀Q♅ | |
| | 11 46 | ☽•♄ | B |
| | 14 05 | ☽△♇ | G |
| | 16 30 | ☽∥♄ | B |
| | 16 58 | ☿☌♃ | |
| | 20 35 | ☽△♀ | G |
| | 21 31 | ☽♍ | |
| 11 | 01 09 | ☿∥♃ | |
| Mo | 04 31 | ☽□♂ | B |
| | 05 00 | ☽□♃ | B |
| | 05 33 | ♀♑ | |
| | 06 27 | ☽□☿ | B |
| | 16 11 | ♂☌♃ | |
| | 19 30 | ☽☍♅ | B |
| | 19 53 | ☽#♅ | B |
| | 23 28 | ☿Q♆ | |
| 12 | 14 32 | ☽□☉ | B |
| Tu | 23 53 | ☽⚺♄ | g |
| 13 | 02 32 | ☽□♇ | B |
| We | 07 05 | ♀∠♆ | |
| | 10 00 | ☽♎ | |
| | 15 18 | ☽⚼♆ | b |
| | 16 16 | ☽□♀ | B |
| | 18 49 | ☽✱♃ | G |
| | 21 04 | ☽✱♂ | G |
| 14 | 01 38 | ☿∥♂ | |
| Th | 03 10 | ♂Q♆ | |
| | 04 04 | ☽✱☿ | G |
| | 06 23 | ☽∠♄ | b |
| | 17 51 | ☽∥♅ | B |
| | 20 47 | ♀⚺♃ | |
| | 21 50 | ☽△♆ | G |
| 15 | 01 50 | ☽∠♃ | b |
| Fr | 05 26 | ☽∠♂ | b |
| | 09 10 | ☽✱☉ | G |
| | 12 41 | ☽✱♄ | G |
| | 14 51 | ☽∠☿ | b |
| | 14 52 | ☽⚼♅ | b |
| | 15 03 | ☿□♅ | |
| | 15 33 | ☽✱♇ | G |
| | 21 52 | ☽#♄ | B |
| | 22 43 | ☽♏ | |
| 16 | 04 57 | ☽∥♆ | D |
| Sa | 08 25 | ☽⚺♃ | g |
| | 08 39 | ☽∥♇ | D |
| | 11 50 | ☽✱♀ | G |
| | 13 16 | ☽⚺♂ | g |
| | 17 47 | ☽∠☉ | b |
| | 20 42 | ☽△♅ | G |
| | 21 24 | ☽∠♇ | b |
| 17 | 00 52 | ☽⚺☿ | g |
| Su | 01 36 | ☉△♄ | |
| | 05 32 | ☽∥♃ | G |
| | 09 33 | ☽□♆ | B |
| | 13 23 | ☽∥♂ | B |
| | 18 00 | ☽∥☿ | G |
| | 18 17 | ♀⚺♂ | |
| | 20 23 | ☽∠♀ | b |
| | 23 26 | ☽∥☉ | G |
| | 23 31 | ☽□♄ | B |
| 18 | 01 30 | ☽⚺☉ | g |
| Mo | 02 32 | ☽⚺♇ | g |
| | 04 25 | ☽∥♀ | G |
| | 09 10 | ☽♐ | |
| | 14 40 | ☉☌♇ | |
| | 19 24 | ☽☌♃ | G |
| 19 | 02 24 | ☽☌♂ | B |
| Tu | 03 07 | ♀⚼♄ | |
| | 03 54 | ☽⚺♀ | g |
| | 06 09 | ☽□♅ | B |
| | 17 38 | ☽☌☿ | G |
| | 18 21 | ☽✱♆ | G |
| | 23 44 | ☿✱♆ | |
| 20 | 03 30 | ♀✱♅ | |
| We | 07 23 | ☽△♄ | G |
| | 10 30 | ☽☌♇ | D |
| | 11 39 | ♃Q♆ | |
| | 14 01 | ☽☌☉ | D |
| | 14 47 | ♀⊥♆ | |
| | 15 21 | ♀⊥♃ | |
| | 16 39 | ☽♑ | |
| | 21 40 | ☽∠♆ | b |
| 21 | 03 02 | ☉∥☿ | |
| Th | 03 17 | ☽⚺♃ | g |
| | 05 55 | ☉Q♅ | |
| | 10 19 | ☽⚼♄ | b |
| | 12 08 | ☽⚺♂ | g |
| | 12 45 | ☽✱♅ | G |
| | 16 05 | ☽☌♀ | G |
| 22 | 00 17 | ♂□♅ | |
| Fr | 00 22 | ☉♑ | |
| | 00 26 | ☽⚺♆ | g |
| | 06 19 | ☽∠♃ | b |
| | 06 33 | ☽⚺☿ | g |
| | 14 00 | ☿∥♀ | |
| | 15 16 | ☽∠♅ | b |
| | 16 01 | ☽⚺♇ | g |
| | 16 03 | ☽∠♂ | b |
| | 21 49 | ☽♒ | |
| | 22 09 | ☽∥☿ | G |
| | 22 50 | ☽∥♀ | G |
| | 23 32 | ☽⚺☉ | g |
| 23 | 00 35 | ☽∥☉ | G |
| Sa | 06 22 | ☽∥♂ | B |
| | 08 57 | ☽✱♃ | G |
| | 12 04 | ☽∠☿ | b |
| | 15 48 | ☽∥♃ | G |
| | 17 26 | ☽⚺♅ | g |
| | 18 12 | ☽∠♇ | b |
| | 19 36 | ☽✱♂ | G |
| 24 | 01 48 | ☽⚺♀ | g |
| Su | 03 38 | ☽∠☉ | b |
| | 04 51 | ☽☌♆ | D |
| | 11 16 | ☽∥♇ | D |
| | 12 19 | ☿△♄ | |
| | 14 51 | ☽∥♆ | D |
| | 16 42 | ☽☍♄ | B |
| | 17 15 | ☽✱☿ | G |
| | 20 09 | ☽✱♇ | G |
| | 20 14 | ☽#♄ | B |
| | 20 38 | ☉∠♆ | |
| 25 | 01 43 | ☽♓ | |
| Mo | 06 11 | ☽∠♀ | b |
| | 07 29 | ☽✱☉ | G |
| | 12 11 | ♀⚺♆ | |
| | 13 29 | ☽□♃ | B |
| | 13 41 | ☉∥♀ | |
| | 19 47 | ☿☌♇ | |
| | 20 57 | ☽∥♅ | B |
| | 21 11 | ☽☌♅ | B |
| 26 | 02 00 | ☽□♂ | B |
| Tu | 03 13 | ♀±♄ | |
| | 08 28 | ☽⚺♆ | g |
| | 10 25 | ☽✱♀ | G |
| | 23 41 | ☽□♇ | B |
| 27 | 03 05 | ☽□☿ | B |
| We | 05 04 | ☽♈ | |
| | 10 08 | ☽∠♆ | b |
| | 11 37 | ☿Q♅ | |
| | 14 48 | ☽□☉ | B |
| | 17 32 | ☽△♃ | G |
| | 20 55 | ☿♑ | |
| | 21 29 | ☽⚼♄ | b |
| 28 | 00 31 | ☽⚺♅ | g |
| Th | 06 46 | ☽#♅ | B |
| | 07 57 | ☽△♂ | G |
| | 09 25 | ♀∥♂ | |
| | 11 44 | ☽✱♆ | G |
| | 18 33 | ☽□♀ | B |
| | 19 27 | ☽⚼♃ | b |
| | 22 25 | ♀⊥♂ | |
| | 22 57 | ☽△♄ | G |
| 29 | 02 05 | ☽∠♅ | b |
| Fr | 02 54 | ☽△♇ | G |
| | 06 22 | ♀∠♃ | |
| | 07 41 | ☽∥♄ | B |
| | 08 08 | ☽♉ | |
| | 10 50 | ☽⚼♂ | b |
| | 12 33 | ☽#♆ | D |
| | 12 33 | ☽△☿ | G |
| | 13 31 | ☉⚺♃ | |
| | 16 19 | ☽#♇ | D |
| | 19 25 | ☿∠♆ | |
| | 21 49 | ☽△☉ | G |
| 30 | 03 40 | ☽✱♅ | G |
| Sa | 04 29 | ☽⚼♇ | b |
| | 12 41 | ☽#♃ | G |
| | 14 54 | ☽□♆ | B |
| | 17 18 | ☽⚼☿ | b |
| | 17 47 | ☉∥♂ | |
| | 18 29 | ♀∇♄ | |
| | 20 54 | ☽#♀ | G |
| 31 | 00 33 | ☽#☉ | G |
| Su | 00 48 | ☽#♂ | B |
| | 01 22 | ☽⚼☉ | b |
| | 01 52 | ☽□♄ | B |
| | 02 37 | ☽△♀ | G |
| | 07 55 | ☉⚼♄ | |
| | 10 47 | ☽#☿ | G |
| | 11 16 | ☽♊ | |
| | 13 05 | ♂✱♆ | |

# DISTANCES APART OF ALL ☌s AND ☍s IN 2006

Note: The Distances Apart are in Declination

## JANUARY

| | | | | | |
|---|---|---|---|---|---|
| 1 | 12 | 25 | ☽☌♀ | 6 | 57 |
| 2 | 04 | 04 | ☽☍♄ | 3 | 31 |
| 2 | 14 | 03 | ☽☌♆ | 3 | 39 |
| 4 | 01 | 35 | ☽☌♅ | 1 | 41 |
| 8 | 19 | 04 | ☽☌♂ | 1 | 11 |
| 8 | 21 | 24 | ☽☍♃ | 3 | 54 |
| 12 | 01 | 46 | ☽☍♇ | 12 | 21 |
| 13 | 16 | 10 | ☽☍☿ | 3 | 29 |
| 13 | 23 | 59 | ☉☌♀ | 5 | 26 |
| 14 | 08 | 33 | ☽☍♀ | 10 | 15 |
| 14 | 09 | 48 | ☽☍☉ | 4 | 43 |
| 15 | 09 | 28 | ♂☍♃ | 2 | 42 |
| 15 | 15 | 10 | ☽☌♄ | 3 | 29 |
| 16 | 06 | 31 | ☽☍♆ | 3 | 33 |
| 17 | 15 | 31 | ☿☌♀ | 7 | 49 |
| 18 | 02 | 58 | ☽☍♅ | 1 | 32 |
| 23 | 17 | 49 | ☽☌♃ | 4 | 14 |
| 23 | 21 | 53 | ☽☍♂ | 1 | 36 |
| 26 | 15 | 25 | ☽☌♇ | 12 | 27 |
| 26 | 21 | 34 | ☉☌☿ | 2 | 01 |
| 27 | 13 | 03 | ☿☍♄ | 1 | 21 |
| 27 | 22 | 48 | ☉☍♄ | 0 | 40 |
| 28 | 02 | 06 | ☽☌♀ | 12 | 00 |
| 29 | 11 | 25 | ☽☍♄ | 3 | 31 |
| 29 | 14 | 15 | ☽☌☉ | 4 | 05 |
| 29 | 17 | 37 | ☽☌☿ | 1 | 58 |
| 30 | 02 | 02 | ☽☌♆ | 3 | 30 |
| 31 | 12 | 59 | ☽☌♅ | 1 | 26 |

## FEBRUARY

| | | | | | |
|---|---|---|---|---|---|
| 1 | 20 | 22 | ☿☌♆ | 1 | 45 |
| 5 | 09 | 01 | ☽☍♃ | 4 | 26 |
| 5 | 20 | 54 | ☽☌♂ | 2 | 00 |
| 6 | 05 | 33 | ☉☌♆ | 0 | 09 |
| 8 | 09 | 01 | ☽☍♇ | 12 | 33 |
| 10 | 01 | 39 | ☽☍♀ | 11 | 35 |
| 11 | 17 | 07 | ☽☌♄ | 3 | 33 |
| 12 | 14 | 58 | ☽☍♆ | 3 | 27 |
| 13 | 04 | 44 | ☽☍☉ | 3 | 10 |
| 14 | 11 | 44 | ☽☍☿ | 1 | 21 |
| 14 | 12 | 16 | ☽☍♅ | 1 | 20 |
| 14 | 15 | 33 | ☿☌♅ | 0 | 01 |
| 20 | 05 | 14 | ☽☌♃ | 4 | 39 |
| 21 | 05 | 40 | ☽☍♂ | 2 | 31 |
| 23 | 02 | 06 | ☽☌♇ | 12 | 41 |
| 25 | 00 | 22 | ☽☌♀ | 9 | 52 |
| 25 | 19 | 23 | ☽☍♄ | 3 | 38 |
| 26 | 15 | 05 | ☽☌♆ | 3 | 27 |
| 28 | 00 | 31 | ☽☌☉ | 2 | 04 |
| 28 | 02 | 40 | ☽☌♅ | 1 | 17 |

## MARCH

| | | | | | |
|---|---|---|---|---|---|
| 1 | 04 | 03 | ☽☌☿ | 3 | 01 |
| 1 | 11 | 02 | ☉☌♅ | 0 | 41 |
| 4 | 18 | 47 | ☽☍♃ | 4 | 45 |
| 6 | 05 | 54 | ☽☌♂ | 2 | 55 |
| 7 | 16 | 09 | ☽☍♇ | 12 | 45 |
| 10 | 18 | 43 | ☽☍♀ | 7 | 46 |
| 10 | 19 | 41 | ☽☌♄ | 3 | 42 |
| 11 | 07 | 31 | ♀☍♄ | 3 | 59 |
| 11 | 23 | 04 | ☽☍♆ | 3 | 26 |
| 12 | 02 | 44 | ☉☌☿ | 3 | 16 |
| 13 | 21 | 37 | ☽☍♅ | 1 | 13 |
| 14 | 13 | 01 | ☽☍☿ | 4 | 17 |
| 14 | 23 | 35 | ☽☍☉ | 0 | 51 |
| 19 | 10 | 56 | ☽☌♃ | 4 | 48 |
| 21 | 15 | 45 | ☽☍♂ | 3 | 17 |
| 22 | 09 | 47 | ☽☌♇ | 12 | 50 |
| 25 | 02 | 52 | ☽☍♄ | 3 | 44 |
| 26 | 02 | 23 | ☽☌♀ | 5 | 12 |
| 26 | 02 | 39 | ☽☌♆ | 3 | 25 |
| 26 | 06 | 30 | ♀☌♆ | 1 | 45 |
| 27 | 16 | 05 | ☽☌♅ | 1 | 10 |
| 27 | 18 | 02 | ☽☌☿ | 1 | 56 |
| 29 | 10 | 15 | ☽ ● ● | 0 | 22 |

## APRIL

| | | | | | |
|---|---|---|---|---|---|
| 1 | 02 | 39 | ☽☍♃ | 4 | 46 |
| 3 | 19 | 18 | ☽☌♂ | 3 | 30 |
| 4 | 00 | 09 | ☽☍♇ | 12 | 51 |
| 7 | 01 | 09 | ☽☌♄ | 3 | 43 |
| 8 | 07 | 13 | ☽☍♆ | 3 | 23 |
| 8 | 08 | 22 | ♂☍♇ | 9 | 18 |
| 9 | 12 | 25 | ☽☍♀ | 2 | 46 |
| 10 | 07 | 11 | ☽☍♅ | 1 | 06 |
| 11 | 04 | 56 | ☽☍☿ | 1 | 07 |
| 13 | 16 | 40 | ☽☍☉ | 1 | 37 |
| 15 | 12 | 32 | ☽☌♃ | 4 | 39 |
| 18 | 09 | 43 | ♀☌♅ | 0 | 17 |
| 18 | 15 | 12 | ☽☌♇ | 12 | 50 |
| 19 | 02 | 27 | ☽☍♂ | 3 | 36 |
| 21 | 09 | 50 | ☽☍♄ | 3 | 39 |
| 22 | 11 | 15 | ☽☌♆ | 3 | 19 |
| 24 | 03 | 06 | ☽☌♅ | 1 | 01 |
| 24 | 13 | 55 | ☽ ● ♀ | 0 | 22 |
| 26 | 05 | 19 | ☽☌☿ | 3 | 14 |
| 27 | 19 | 44 | ☽☌☉ | 2 | 42 |
| 28 | 08 | 05 | ☽☍♃ | 4 | 32 |

## MAY

| | | | | | |
|---|---|---|---|---|---|
| 1 | 08 | 51 | ☽☍♇ | 12 | 48 |
| 2 | 11 | 16 | ☽☌♂ | 3 | 34 |
| 4 | 10 | 22 | ☽☌♄ | 3 | 34 |
| 4 | 14 | 36 | ☉☍♃ | 1 | 17 |
| 5 | 15 | 34 | ☽☍♆ | 3 | 14 |
| 7 | 16 | 48 | ☽☍♅ | 0 | 55 |
| 9 | 15 | 17 | ☽☍♀ | 1 | 47 |
| 11 | 23 | 20 | ☿☍♃ | 0 | 24 |
| 12 | 13 | 14 | ☽☌♃ | 4 | 22 |
| 12 | 16 | 06 | ☽☍☿ | 3 | 59 |
| 13 | 06 | 51 | ☽☍☉ | 3 | 44 |
| 15 | 20 | 15 | ☽☌♇ | 12 | 45 |
| 17 | 13 | 27 | ☽☍♂ | 3 | 21 |
| 18 | 17 | 39 | ☽☍♄ | 3 | 25 |
| 18 | 20 | 02 | ☉☌☿ | 0 | 16 |
| 19 | 17 | 18 | ☽☌♆ | 3 | 08 |
| 21 | 11 | 03 | ☽☌♅ | 0 | 47 |
| 24 | 05 | 36 | ☽☌♀ | 3 | 33 |
| 25 | 11 | 28 | ☽☍♃ | 4 | 16 |
| 27 | 05 | 26 | ☽☌☉ | 4 | 27 |
| 28 | 02 | 21 | ☽☌☿ | 3 | 14 |
| 28 | 17 | 08 | ☽☍♇ | 12 | 42 |
| 31 | 04 | 42 | ☽☌♂ | 3 | 03 |
| 31 | 22 | 36 | ☽☌♄ | 3 | 16 |

## JUNE

| | | | | | |
|---|---|---|---|---|---|
| 1 | 05 | 15 | ☿☍♇ | 9 | 40 |
| 1 | 23 | 47 | ☽☍♆ | 3 | 01 |
| 4 | 01 | 58 | ☽☍♅ | 0 | 39 |
| 7 | 06 | 23 | ♀☍♃ | 0 | 43 |
| 8 | 16 | 04 | ☽☌♃ | 4 | 11 |
| 8 | 19 | 45 | ☽☍♀ | 5 | 01 |
| 11 | 18 | 03 | ☽☍☉ | 4 | 55 |
| 12 | 02 | 34 | ☽☌♇ | 12 | 39 |
| 13 | 13 | 37 | ☽☍☿ | 3 | 05 |
| 15 | 01 | 02 | ☽☍♂ | 2 | 37 |
| 15 | 03 | 46 | ☽☍♄ | 3 | 05 |
| 15 | 22 | 40 | ☽☌♆ | 2 | 55 |
| 16 | 17 | 24 | ☉☍♇ | 7 | 40 |
| 17 | 16 | 58 | ☽☌♅ | 0 | 31 |
| 18 | 06 | 04 | ♂☌♄ | 0 | 32 |
| 21 | 14 | 31 | ☽☍♃ | 4 | 09 |
| 23 | 00 | 44 | ☽☌♀ | 5 | 51 |
| 25 | 00 | 02 | ☽☍♇ | 12 | 38 |
| 25 | 16 | 05 | ☽☌☉ | 4 | 59 |
| 27 | 16 | 03 | ☽☌☿ | 4 | 54 |
| 28 | 12 | 21 | ☽☌♄ | 2 | 55 |
| 28 | 22 | 57 | ☽☌♂ | 2 | 07 |
| 29 | 07 | 11 | ☽☍♆ | 2 | 51 |

## JULY

| | | | | | |
|---|---|---|---|---|---|
| 1 | 09 | 55 | ☽☍♅ | 0 | 24 |
| 5 | 12 | 47 | ♂☍♆ | 0 | 58 |
| 5 | 22 | 41 | ☽☌♃ | 4 | 11 |
| 8 | 22 | 09 | ☽☍♀ | 6 | 05 |
| 9 | 10 | 31 | ☽☌♇ | 12 | 38 |
| 11 | 03 | 02 | ☽☍☉ | 4 | 40 |
| 11 | 20 | 58 | ☽☍☿ | 8 | 15 |
| 12 | 16 | 49 | ☽☍♄ | 2 | 45 |
| 13 | 05 | 14 | ☽☌♆ | 2 | 48 |
| 13 | 13 | 37 | ☽☍♂ | 1 | 32 |
| 14 | 17 | 28 | ♀☍♇ | 6 | 41 |
| 14 | 22 | 49 | ☽☌♅ | 0 | 19 |
| 18 | 07 | 07 | ☉☌☿ | 4 | 51 |
| 18 | 19 | 47 | ☽☍♃ | 4 | 14 |
| 22 | 05 | 23 | ☽☍♇ | 12 | 38 |
| 23 | 00 | 14 | ☽☌♀ | 5 | 34 |
| 24 | 09 | 07 | ☽☌☿ | 9 | 08 |
| 25 | 04 | 31 | ☽☌☉ | 4 | 03 |
| 26 | 02 | 19 | ☽☌♄ | 2 | 36 |
| 26 | 13 | 19 | ☽☍♆ | 2 | 46 |
| 27 | 17 | 49 | ☽ ● ♂ | 0 | 54 |
| 28 | 16 | 10 | ☽☍♅ | 0 | 16 |

## AUGUST

| | | | | | |
|---|---|---|---|---|---|
| 2 | 08 | 59 | ☽☌♃ | 4 | 21 |
| 5 | 19 | 22 | ☽☌♇ | 12 | 39 |
| 7 | 11 | 54 | ☉☌♄ | 0 | 46 |
| 7 | 21 | 54 | ☽☍♀ | 4 | 19 |
| 8 | 01 | 44 | ☽☍☿ | 5 | 38 |
| 9 | 08 | 16 | ☽☍♄ | 2 | 28 |
| 9 | 10 | 54 | ☽☍☉ | 3 | 07 |
| 9 | 13 | 41 | ☽☌♆ | 2 | 48 |
| 11 | 03 | 34 | ☽☍♂ | 0 | 14 |
| 11 | 05 | 14 | ☉☍♆ | 0 | 12 |
| 11 | 06 | 07 | ☽☌♅ | 0 | 15 |
| 13 | 12 | 51 | ♂☍♅ | 0 | 08 |
| 15 | 05 | 14 | ☽☍♃ | 4 | 27 |
| 18 | 10 | 08 | ☽☍♇ | 12 | 38 |
| 21 | 00 | 43 | ☿☌♄ | 0 | 28 |
| 21 | 19 | 53 | ☿☍♆ | 1 | 08 |
| 22 | 05 | 07 | ☽☌♀ | 2 | 46 |
| 22 | 15 | 40 | ☽☌♄ | 2 | 20 |
| 22 | 18 | 18 | ☽☍♆ | 2 | 49 |
| 22 | 22 | 43 | ☽☌☿ | 1 | 25 |
| 23 | 19 | 10 | ☽☌☉ | 2 | 04 |
| 24 | 20 | 50 | ☽☍♅ | 0 | 16 |
| 25 | 13 | 12 | ☽ ● ♂ | 0 | 27 |
| 26 | 23 | 38 | ♀☌♄ | 0 | 04 |
| 27 | 12 | 19 | ♀☍♆ | 0 | 41 |
| 29 | 22 | 05 | ☽☌♃ | 4 | 35 |
| 31 | 09 | 54 | ♄☍♆ | 0 | 36 |

## SEPTEMBER

| | | | | | |
|---|---|---|---|---|---|
| 1 | 04 | 49 | ☉☌☿ | 1 | 36 |
| 2 | 03 | 55 | ☽☌♇ | 12 | 37 |
| 3 | 09 | 22 | ☿☍♅ | 0 | 46 |
| 5 | 10 | 54 | ☉☍♅ | 0 | 45 |
| 5 | 23 | 18 | ☽☌♆ | 2 | 52 |
| 6 | 00 | 38 | ☽☍♄ | 2 | 12 |
| 6 | 20 | 04 | ☽☍♀ | 0 | 56 |
| 7 | 15 | 00 | ☽☌♅ | 0 | 19 |
| 7 | 18 | 42 | ☽ ●☍● ☉ | 0 | 53 |
| 8 | 05 | 25 | ☽☍☿ | 0 | 54 |
| 8 | 19 | 01 | ☽☍♂ | 1 | 07 |
| 11 | 19 | 29 | ☽☍♃ | 4 | 42 |
| 14 | 16 | 00 | ☽☍♇ | 12 | 34 |
| 15 | 19 | 01 | ☿☌♂ | 0 | 08 |
| 16 | 05 | 01 | ♀☍♅ | 0 | 31 |
| 18 | 22 | 52 | ☽☍♆ | 2 | 54 |
| 19 | 04 | 10 | ☽☌♄ | 2 | 04 |
| 21 | 00 | 44 | ☽☍♅ | 0 | 22 |
| 21 | 14 | 47 | ☽ ● ♀ | 0 | 46 |
| 22 | 11 | 45 | ☽ ● ● | 0 | 20 |
| 23 | 09 | 12 | ☽☌♂ | 1 | 49 |
| 24 | 02 | 00 | ☽☌☿ | 1 | 30 |
| 26 | 13 | 06 | ☽☌♃ | 4 | 49 |
| 29 | 11 | 22 | ☽☌♇ | 12 | 28 |

## OCTOBER

| | | | | | |
|---|---|---|---|---|---|
| 3 | 08 | 31 | ☽☌♆ | 2 | 54 |
| 3 | 15 | 50 | ☽☍♄ | 1 | 54 |
| 5 | 00 | 20 | ☽☌♅ | 0 | 25 |
| 6 | 18 | 01 | ☽☍♀ | 2 | 20 |
| 7 | 03 | 13 | ☽☍☉ | 1 | 32 |
| 7 | 11 | 50 | ☽☍♂ | 2 | 28 |
| 8 | 19 | 11 | ☽☍☿ | 1 | 22 |
| 9 | 13 | 46 | ☽☍♃ | 4 | 55 |
| 12 | 00 | 22 | ☽☍♇ | 12 | 22 |
| 16 | 04 | 17 | ☽☍♆ | 2 | 53 |
| 16 | 15 | 47 | ☽☌♄ | 1 | 45 |
| 18 | 05 | 06 | ☽☍♅ | 0 | 26 |
| 22 | 02 | 04 | ☽☌♀ | 3 | 37 |
| 22 | 05 | 14 | ☽☌☉ | 2 | 41 |
| 22 | 05 | 58 | ☽☌♂ | 3 | 05 |
| 22 | 15 | 19 | ☿☌♃ | 3 | 45 |
| 23 | 06 | 46 | ☉☌♂ | 0 | 22 |
| 24 | 05 | 43 | ☽☌♃ | 5 | 00 |
| 24 | 06 | 56 | ☽☌☿ | 1 | 18 |
| 25 | 06 | 10 | ♀☌♂ | 0 | 38 |
| 26 | 18 | 02 | ☽☌♇ | 12 | 13 |
| 27 | 17 | 50 | ☉☌♀ | 0 | 55 |
| 30 | 16 | 03 | ☽☌♆ | 2 | 48 |
| 31 | 03 | 02 | ☿☌♃ | 3 | 11 |
| 31 | 03 | 49 | ☽☍♄ | 1 | 33 |

## NOVEMBER

| | | | | | |
|---|---|---|---|---|---|
| 1 | 08 | 31 | ☽☌♅ | 0 | 23 |
| 5 | 05 | 46 | ☽☍♂ | 3 | 38 |
| 5 | 12 | 58 | ☽☍☉ | 3 | 40 |
| 5 | 16 | 55 | ☽☍♀ | 4 | 28 |
| 6 | 00 | 26 | ☽☍☿ | 3 | 02 |

## DISTANCES APART OF ALL ☌s AND ☍s IN 2006

Note: The Distances Apart are in Declination

| | | | | | | | | | | | | | | | |
|---|---|---|---|---|---|---|---|---|---|---|---|---|---|---|---|
| 6 | 10 18 | ☽☍♃ | 5 06 | 20 | 23 54 | ☽☌♃ | 5 12 | 5 | 00 25 | ☽☍☉ | 4 54 | 19 | 02 24 | ☽☌♂ | 4 41 |
| 7 | 16 51 | ☿☌♀ | 1 06 | 21 | 11 07 | ☽☌♀ | 4 48 | 5 | 18 08 | ☽☍♀ | 4 30 | 19 | 17 38 | ☽☌☿ | 4 43 |
| 8 | 11 15 | ☽☍♇ | 12 07 | 21 | 23 15 | ☉☌♃ | 0 42 | 5 | 23 12 | ☽☍♇ | 11 54 | 20 | 10 30 | ☽☌♇ | 11 51 |
| 8 | 21 30 | ☉☌☿ | 0 07 | 23 | 01 19 | ☽☌♇ | 11 59 | 8 | 03 51 | ♀☌♇ | 7 30 | 20 | 14 01 | ☽☌☉ | 4 57 |
| 11 | 15 16 | ☿☌♂ | 0 34 | 26 | 22 10 | ☽☌♆ | 2 33 | 9 | 21 04 | ☽☍♆ | 2 26 | 21 | 16 05 | ☽☌♀ | 3 31 |
| 12 | 11 37 | ☽☍♆ | 2 42 | 27 | 11 40 | ☽☍♄ | 1 10 | 10 | 02 28 | ☿☌♂ | 0 58 | 24 | 04 51 | ☽☌♆ | 2 17 |
| 13 | 02 28 | ☽☌♄ | 1 23 | 28 | 15 00 | ☽☌♅ | 0 13 | 10 | 11 46 | ☽•♄ | 1 00 | 24 | 16 42 | ☽☍♄ | 0 52 |
| 14 | 11 11 | ☽☍♅ | 0 20 | DECEMBER | | | | 10 | 16 58 | ☿☌♃ | 0 07 | 25 | 19 47 | ☿☌♇ | 7 47 |
| 15 | 20 35 | ♀☌♃ | 0 25 | | | | | 11 | 16 11 | ♂☌♃ | 0 47 | 25 | 21 11 | ☽☌♅ | 0 04 |
| 19 | 09 01 | ☽☌☿ | 5 39 | 3 | 16 10 | ☽☍☿ | 5 53 | 11 | 19 30 | ☽☍♅ | 0 05 | | | | |
| 20 | 03 39 | ☽☌♂ | 4 07 | 4 | 00 32 | ☽☍♂ | 4 29 | 18 | 14 40 | ☉☌♇ | 6 53 | | | | |
| 20 | 22 18 | ☽☌☉ | 4 28 | 4 | 06 49 | ☽☍♃ | 5 19 | 18 | 19 24 | ☽☌♃ | 5 27 | | | | |

## PHENOMENA IN 2006

d h

**JANUARY**

1 23 ☽ in Perigee
4 15 ⊕ in perihelion
5 17 ☽ Zero Dec.
10 00 ☿ in aphelion
12 13 ☽ Max. Dec.28°N25′
17 19 ☽ in Apogee
20 01 ☽ Zero Dec.
24 23 ♀ in perihelion
27 00 ☽ Max. Dec.28°S30′
30 08 ☽ in Perigee

**FEBRUARY**

2 00 ☽ Zero Dec.
8 18 ☽ Max. Dec.28°N33′
14 00 ☽ in Apogee
16 07 ☽ Zero Dec.
18 08 ☿ ☊
23 00 ☿ in perihelion
23 10 ☽ Max. Dec.28°S39′
24 05 ☿ Gt.Elong. 18 ° E.
27 20 ☽ in Perigee

**MARCH**

1 11 ☽ Zero Dec.
8 00 ☽ Max. Dec.28°N42′
13 02 ☽ in Apogee
15 13 ☽ Zero Dec.
22 17 ☽ Max. Dec.28°S43′
25 07 ♀ Gt.Elong. 47 ° W.
28 07 ☽ in Perigee
28 15 ☿ ☋
28 22 ☽ Zero Dec.
29 10 ● Total eclipse

**APRIL**

4 08 ☽ Max. Dec.28°N43′
7 23 ☿ in aphelion
8 19 ☿ Gt.Elong. 28 ° W.
9 13 ☽ in Apogee
11 19 ☽ Zero Dec.
12 17 ♀ ☋
18 22 ☽ Max. Dec.28°S40′
25 07 ☽ Zero Dec.
25 10 ☽ in Perigee

d h

**MAY**

1 16 ☽ Max. Dec.28°N37′
7 07 ☽ in Apogee
9 02 ☽ Zero Dec.
16 04 ☽ Max. Dec.28°S32′
17 05 ♀ in aphelion
17 07 ☿ ☊
21 23 ☿ in perihelion
22 14 ☽ Zero Dec.
22 15 ☽ in Perigee
29 01 ☽ Max. Dec.28°N29′

**JUNE**

4 02 ☽ in Apogee
5 10 ☽ Zero Dec.
12 11 ☽ Max. Dec.28°S27′
16 17 ☽ in Perigee
18 19 ☽ Zero Dec.
20 20 ☿ Gt.Elong. 25 ° E.
24 14 ☿ ☋
25 09 ☽ Max. Dec.28°N27′
26 01 ♂ in aphelion

**JULY**

1 20 ☽ in Apogee
2 17 ☽ Zero Dec.
4 00 ⊕ in aphelion
4 23 ☿ in aphelion
9 19 ☽ Max. Dec.28°S29′
13 18 ☽ in Perigee
16 00 ☽ Zero Dec.
22 15 ☽ Max. Dec.28°N31′
29 13 ☽ in Apogee
29 23 ☽ Zero Dec.

**AUGUST**

3 21 ♀ ☊
6 04 ☽ Max. Dec.28°S36′
7 00 ☿ Gt.Elong. 19 ° W.
10 19 ☽ in Perigee
12 07 ☽ Zero Dec.
13 06 ☿ ☊
17 22 ☿ in perihelion
18 20 ☽ Max. Dec.28°N39′
26 02 ☽ in Apogee
26 05 ☽ Zero Dec.

d h

**SEPTEMBER**

2 13 ☽ Max. Dec.28°S42′
6 12 ♀ in perihelion
7 19 ◗ Partial eclipse
8 03 ☽ in Perigee
8 17 ☽ Zero Dec.
15 01 ☽ Max. Dec.28°N43′
20 13 ☿ ☋
22 06 ☽ in Apogee
22 11 ☽ Zero Dec.
22 12 ● Annular eclipse
29 21 ☽ Max. Dec.28°S43′
30 22 ☿ in aphelion

**OCTOBER**

6 04 ☽ Zero Dec.
6 14 ☽ in Perigee
12 09 ☽ Max. Dec.28°N41′
17 04 ☿ Gt.Elong. 25 ° E.
19 10 ☽ in Apogee
19 18 ☽ Zero Dec.
27 02 ☽ Max. Dec.28°S36′

**NOVEMBER**

2 14 ☽ Zero Dec.
4 00 ☽ in Perigee
8 18 ☽ Max. Dec.28°N32′
9 06 ☿ ☊
13 22 ☿ in perihelion
15 23 ☽ in Apogee
16 00 ☽ Zero Dec.
23 07 ☽ Max. Dec.28°S27′
23 10 ♀ ☋
25 13 ☿ Gt.Elong. 20 ° W.
29 21 ☽ Zero Dec.

**DECEMBER**

2 00 ☽ in Perigee
3 01 ♂ ☋
6 04 ☽ Max. Dec.28°N24′
13 07 ☽ Zero Dec.
13 19 ☽ in Apogee
17 13 ☿ ☋
20 14 ☽ Max. Dec.28°S23′
27 02 ☽ Zero Dec.
27 21 ☿ in aphelion
27 21 ♀ in aphelion
28 02 ☽ in Perigee

## LOCAL MEAN TIME OF SUNRISE FOR LATITUDES
### 60° North to 50° South
### FOR ALL SUNDAYS IN 2006 (ALL TIMES ARE A.M.)

| Date | | LONDON | NORTHERN LATITUDES 60° | 55° | 50° | 40° | 30° | 20° | 10° | 0° | SOUTHERN LATITUDES 10° | 20° | 30° | 40° | 50° |
|---|---|---|---|---|---|---|---|---|---|---|---|---|---|---|---|
| | | H M | H M | H M | H M | H M | H M | H M | H M | H M | H M | H M | H M | H M | H M |
| 2006 | | | | | | | | | | | | | | | |
| Jan. | 1 | 8 6 | 9 2 | 8 25 | 7 59 | 7 22 | 6 56 | 6 35 | 6 17 | 6 0 | 5 42 | 5 23 | 5 2 | 4 35 | 3 54 |
| ,, | 8 | 8 4 | 8 57 | 8 22 | 7 57 | 7 22 | 6 57 | 6 37 | 6 19 | 6 3 | 5 46 | 5 28 | 5 7 | 4 41 | 4 3 |
| ,, | 15 | 7 59 | 8 48 | 8 16 | 7 53 | 7 20 | 6 57 | 6 38 | 6 22 | 6 5 | 5 50 | 5 33 | 5 14 | 4 49 | 4 13 |
| ,, | 22 | 7 52 | 8 36 | 8 7 | 7 46 | 7 17 | 6 55 | 6 38 | 6 22 | 6 8 | 5 54 | 5 38 | 5 20 | 4 57 | 4 25 |
| ,, | 29 | 7 43 | 8 22 | 7 57 | 7 38 | 7 12 | 6 52 | 6 36 | 6 23 | 6 10 | 5 56 | 5 42 | 5 26 | 5 5 | 4 36 |
| Feb. | 5 | 7 32 | 8 5 | 7 44 | 7 28 | 7 5 | 6 48 | 6 34 | 6 22 | 6 11 | 5 59 | 5 46 | 5 32 | 5 14 | 4 49 |
| ,, | 12 | 7 20 | 7 47 | 7 30 | 7 16 | 6 57 | 6 43 | 6 31 | 6 21 | 6 11 | 6 1 | 5 50 | 5 38 | 5 22 | 5 1 |
| ,, | 19 | 7 7 | 7 28 | 7 15 | 7 4 | 6 48 | 6 37 | 6 27 | 6 19 | 6 11 | 6 2 | 5 53 | 5 43 | 5 30 | 5 13 |
| ,, | 26 | 6 52 | 7 8 | 6 58 | 6 50 | 6 38 | 6 29 | 6 22 | 6 16 | 6 10 | 6 3 | 5 57 | 5 49 | 5 39 | 5 25 |
| Mar. | 5 | 6 37 | 6 47 | 6 41 | 6 36 | 6 28 | 6 22 | 6 17 | 6 12 | 6 8 | 6 4 | 5 59 | 5 54 | 5 47 | 5 37 |
| ,, | 12 | 6 21 | 6 27 | 6 23 | 6 21 | 6 17 | 6 14 | 6 11 | 6 9 | 6 7 | 6 4 | 6 1 | 5 58 | 5 54 | 5 48 |
| ,, | 19 | 6 5 | 6 5 | 6 5 | 6 5 | 6 5 | 6 5 | 6 5 | 6 5 | 6 5 | 6 4 | 6 3 | 6 3 | 6 2 | 6 0 |
| ,, | 26 | 5 50 | 5 44 | 5 48 | 5 50 | 5 54 | 5 57 | 5 59 | 6 1 | 6 2 | 6 4 | 6 5 | 6 7 | 6 9 | 6 11 |
| Apr. | 2 | 5 34 | 5 24 | 5 30 | 5 36 | 5 43 | 5 49 | 5 53 | 5 57 | 6 1 | 6 4 | 6 7 | 6 11 | 6 16 | 6 21 |
| ,, | 9 | 5 18 | 5 2 | 5 12 | 5 20 | 5 32 | 5 40 | 5 47 | 5 53 | 5 58 | 6 4 | 6 9 | 6 15 | 6 23 | 6 33 |
| ,, | 16 | 5 4 | 4 41 | 4 55 | 5 5 | 5 21 | 5 32 | 5 41 | 5 49 | 5 56 | 6 4 | 6 11 | 6 20 | 6 30 | 6 43 |
| ,, | 23 | 4 49 | 4 22 | 4 38 | 4 52 | 5 11 | 5 25 | 5 36 | 5 46 | 5 55 | 6 4 | 6 13 | 6 24 | 6 36 | 6 54 |
| ,, | 30 | 4 34 | 4 1 | 4 22 | 4 38 | 5 2 | 5 18 | 5 32 | 5 43 | 5 54 | 6 4 | 6 16 | 6 28 | 6 44 | 7 5 |
| May | 7 | 4 21 | 3 42 | 4 8 | 4 26 | 4 53 | 5 12 | 5 28 | 5 41 | 5 53 | 6 5 | 6 18 | 6 33 | 6 50 | 7 15 |
| ,, | 14 | 4 10 | 3 26 | 3 55 | 4 16 | 4 46 | 5 8 | 5 25 | 5 39 | 5 53 | 6 6 | 6 20 | 6 37 | 6 57 | 7 25 |
| ,, | 21 | 4 0 | 3 9 | 3 43 | 4 6 | 4 40 | 5 3 | 5 22 | 5 38 | 5 53 | 6 8 | 6 23 | 6 41 | 7 3 | 7 34 |
| ,, | 28 | 3 52 | 2 56 | 3 33 | 3 59 | 4 35 | 5 0 | 5 20 | 5 38 | 5 54 | 6 9 | 6 26 | 6 45 | 7 9 | 7 43 |
| June | 4 | 3 45 | 2 46 | 3 26 | 3 54 | 4 32 | 4 59 | 5 20 | 5 38 | 5 55 | 6 11 | 6 29 | 6 49 | 7 14 | 7 49 |
| ,, | 11 | 3 43 | 2 38 | 3 21 | 3 51 | 4 31 | 4 58 | 5 20 | 5 39 | 5 56 | 6 13 | 6 31 | 6 52 | 7 18 | 7 55 |
| ,, | 18 | 3 42 | 2 35 | 3 20 | 3 50 | 4 31 | 4 59 | 5 21 | 5 40 | 5 57 | 6 15 | 6 33 | 6 55 | 7 21 | 7 59 |
| ,, | 25 | 3 44 | 2 37 | 3 21 | 3 51 | 4 32 | 5 0 | 5 22 | 5 41 | 5 59 | 6 16 | 6 35 | 6 56 | 7 22 | 8 0 |
| July | 2 | 3 48 | 2 43 | 3 26 | 3 55 | 4 35 | 5 3 | 5 24 | 5 43 | 6 0 | 6 17 | 6 36 | 6 56 | 7 23 | 7 59 |
| ,, | 9 | 3 54 | 2 53 | 3 33 | 4 1 | 4 39 | 5 6 | 5 27 | 5 45 | 6 1 | 6 18 | 6 36 | 6 56 | 7 21 | 7 56 |
| ,, | 16 | 4 1 | 3 4 | 3 42 | 4 8 | 4 44 | 5 9 | 5 29 | 5 46 | 6 2 | 6 18 | 6 35 | 6 54 | 7 18 | 7 51 |
| ,, | 23 | 4 10 | 3 20 | 3 53 | 4 17 | 4 50 | 5 13 | 5 32 | 5 48 | 6 3 | 6 18 | 6 33 | 6 51 | 7 13 | 7 44 |
| ,, | 30 | 4 20 | 3 36 | 4 5 | 4 26 | 4 56 | 5 18 | 5 35 | 5 49 | 6 3 | 6 16 | 6 31 | 6 47 | 7 7 | 7 35 |
| Aug. | 6 | 4 31 | 3 51 | 4 17 | 4 35 | 5 2 | 5 22 | 5 37 | 5 50 | 6 2 | 6 15 | 6 27 | 6 42 | 7 0 | 7 25 |
| ,, | 13 | 4 42 | 4 9 | 4 30 | 4 46 | 5 9 | 5 26 | 5 39 | 5 51 | 6 1 | 6 12 | 6 23 | 6 36 | 6 51 | 7 12 |
| ,, | 20 | 4 53 | 4 26 | 4 44 | 4 57 | 5 16 | 5 30 | 5 41 | 5 51 | 6 0 | 6 9 | 6 18 | 6 29 | 6 42 | 6 59 |
| ,, | 27 | 5 4 | 4 42 | 4 57 | 5 7 | 5 22 | 5 34 | 5 43 | 5 51 | 5 58 | 6 6 | 6 13 | 6 22 | 6 32 | 6 46 |
| Sept. | 3 | 5 15 | 4 59 | 5 10 | 5 18 | 5 29 | 5 38 | 5 45 | 5 51 | 5 56 | 6 1 | 6 7 | 6 13 | 6 21 | 6 31 |
| ,, | 10 | 5 27 | 5 15 | 5 23 | 5 28 | 5 36 | 5 42 | 5 46 | 5 50 | 5 54 | 5 57 | 6 1 | 6 5 | 6 9 | 6 16 |
| ,, | 17 | 5 38 | 5 31 | 5 37 | 5 38 | 5 42 | 5 45 | 5 48 | 5 50 | 5 51 | 5 53 | 5 55 | 5 57 | 5 59 | 6 1 |
| ,, | 24 | 5 49 | 5 48 | 5 49 | 5 49 | 5 49 | 5 49 | 5 49 | 5 49 | 5 49 | 5 48 | 5 48 | 5 47 | 5 46 | 5 45 |
| Oct. | 1 | 6 0 | 6 5 | 6 2 | 6 0 | 5 56 | 5 53 | 5 51 | 5 49 | 5 46 | 5 44 | 5 42 | 5 39 | 5 35 | 5 30 |
| ,, | 8 | 6 12 | 6 21 | 6 15 | 6 10 | 6 3 | 5 57 | 5 52 | 5 48 | 5 44 | 5 40 | 5 36 | 5 31 | 5 24 | 5 15 |
| ,, | 15 | 6 24 | 6 39 | 6 29 | 6 22 | 6 10 | 6 2 | 5 55 | 5 48 | 5 42 | 5 36 | 5 30 | 5 22 | 5 13 | 5 0 |
| ,, | 22 | 6 36 | 6 56 | 6 43 | 6 33 | 6 18 | 6 6 | 5 57 | 5 49 | 5 41 | 5 33 | 5 25 | 5 15 | 5 2 | 4 45 |
| ,, | 29 | 6 47 | 7 13 | 6 57 | 6 44 | 6 25 | 6 11 | 6 0 | 5 50 | 5 40 | 5 31 | 5 20 | 5 8 | 4 54 | 4 33 |
| Nov. | 5 | 7 0 | 7 32 | 7 11 | 6 56 | 6 33 | 6 17 | 6 3 | 5 51 | 5 40 | 5 29 | 5 17 | 5 2 | 4 45 | 4 20 |
| ,, | 12 | 7 12 | 7 50 | 7 26 | 7 8 | 6 41 | 6 22 | 6 7 | 5 53 | 5 41 | 5 28 | 5 14 | 4 58 | 4 37 | 4 9 |
| ,, | 19 | 7 24 | 8 7 | 7 39 | 7 18 | 6 49 | 6 28 | 6 11 | 5 56 | 5 42 | 5 28 | 5 12 | 4 54 | 4 32 | 4 0 |
| ,, | 26 | 7 36 | 8 24 | 7 52 | 7 30 | 6 57 | 6 34 | 6 15 | 5 59 | 5 44 | 5 28 | 5 11 | 4 52 | 4 27 | 3 52 |
| Dec. | 3 | 7 46 | 8 38 | 8 4 | 7 39 | 7 4 | 6 40 | 6 20 | 6 2 | 5 46 | 5 30 | 5 12 | 4 51 | 4 25 | 3 48 |
| ,, | 10 | 7 55 | 8 50 | 8 13 | 7 47 | 7 10 | 6 45 | 6 24 | 6 6 | 5 49 | 5 32 | 5 13 | 4 52 | 4 25 | 3 45 |
| ,, | 17 | 8 1 | 8 59 | 8 20 | 7 53 | 7 16 | 6 49 | 6 28 | 6 10 | 5 52 | 5 35 | 5 16 | 4 54 | 4 26 | 3 46 |
| ,, | 24 | 8 5 | 9 3 | 8 24 | 7 57 | 7 20 | 6 53 | 6 32 | 6 13 | 5 56 | 5 38 | 5 19 | 4 57 | 4 29 | 3 49 |
| ,, | 31 | 8 6 | 9 3 | 8 25 | 7 59 | 7 22 | 6 55 | 6 35 | 6 16 | 5 59 | 5 42 | 5 23 | 5 1 | 4 34 | 3 54 |

Example:—To find the time of Sunrise in Jamaica (Latitude 18°N.) on Wednesday June 14th. 2006. On June 11th. L.M.T. = 5h. 20m. + $\frac{8}{10}$ × 19m. = 5h. 24m., on June 18th. L.M.T. = 5h. 21m. + $\frac{8}{10}$ × 19m. = 5h. 25m., therefore L.M.T. on June 14th. = 5h. 24m. + $\frac{3}{7}$ × 1m. = 5h. 24m. A.M.

# LOCAL MEAN TIME OF SUNSET FOR LATITUDES
## 60° North to 50° South
## FOR ALL SUNDAYS IN 2006 (ALL TIMES ARE P.M.)

| Date | LON-DON | NORTHERN LATITUDES 60° | 55° | 50° | 40° | 30° | 20° | 10° | 0° | SOUTHERN LATITUDES 10° | 20° | 30° | 40° | 50° |
|---|---|---|---|---|---|---|---|---|---|---|---|---|---|---|
| | H M | H M | H M | H M | H M | H M | H M | H M | H M | H M | H M | H M | H M | H M |
| **2006** Jan. 1 | 4 1 | 3 5 | 3 42 | 4 9 | 4 45 | 5 11 | 5 32 | 5 50 | 6 8 | 6 25 | 6 43 | 7 4 | 7 32 | 8 11 |
| ,, 8 | 4 10 | 3 16 | 3 51 | 4 16 | 4 51 | 5 16 | 5 36 | 5 54 | 6 10 | 6 27 | 6 45 | 7 6 | 7 32 | 8 10 |
| ,, 15 | 4 20 | 3 31 | 4 3 | 4 25 | 4 59 | 5 22 | 5 41 | 5 57 | 6 13 | 6 29 | 6 46 | 7 5 | 7 30 | 8 5 |
| ,, 22 | 4 31 | 3 47 | 4 16 | 4 37 | 5 7 | 5 28 | 5 45 | 6 1 | 6 15 | 6 30 | 6 45 | 7 3 | 7 26 | 7 59 |
| ,, 29 | 4 43 | 4 5 | 4 30 | 4 48 | 5 15 | 5 34 | 5 50 | 6 4 | 6 17 | 6 30 | 6 44 | 7 0 | 7 21 | 7 50 |
| Feb. 5 | 4 56 | 4 23 | 4 44 | 5 0 | 5 23 | 5 40 | 5 54 | 6 6 | 6 17 | 6 29 | 6 42 | 6 56 | 7 14 | 7 39 |
| ,, 12 | 5 9 | 4 42 | 4 59 | 5 12 | 5 32 | 5 46 | 5 58 | 6 8 | 6 18 | 6 28 | 6 38 | 6 51 | 7 6 | 7 28 |
| ,, 19 | 5 21 | 5 0 | 5 14 | 5 21 | 5 40 | 5 52 | 6 1 | 6 9 | 6 17 | 6 25 | 6 34 | 6 44 | 6 57 | 7 14 |
| ,, 26 | 5 33 | 5 18 | 5 28 | 5 36 | 5 48 | 5 56 | 6 4 | 6 10 | 6 16 | 6 23 | 6 29 | 6 37 | 6 47 | 7 1 |
| Mar. 5 | 5 45 | 5 36 | 5 42 | 5 48 | 5 55 | 6 1 | 6 6 | 6 11 | 6 15 | 6 19 | 6 24 | 6 30 | 6 37 | 6 46 |
| ,, 12 | 5 57 | 5 54 | 5 56 | 6 0 | 6 3 | 6 6 | 6 9 | 6 11 | 6 13 | 6 16 | 6 18 | 6 21 | 6 25 | 6 31 |
| ,, 19 | 6 10 | 6 11 | 6 10 | 6 10 | 6 10 | 6 10 | 6 11 | 6 11 | 6 11 | 6 12 | 6 12 | 6 13 | 6 14 | 6 16 |
| ,, 26 | 6 22 | 6 27 | 6 24 | 6 21 | 6 17 | 6 15 | 6 12 | 6 11 | 6 9 | 6 8 | 6 6 | 6 5 | 6 3 | 6 10 |
| Apr. 2 | 6 34 | 6 45 | 6 38 | 6 33 | 6 25 | 6 19 | 6 14 | 6 10 | 6 7 | 6 3 | 6 0 | 5 56 | 5 51 | 5 45 |
| ,, 9 | 6 46 | 7 2 | 6 51 | 6 43 | 6 32 | 6 23 | 6 16 | 6 10 | 6 5 | 6 0 | 5 54 | 5 48 | 5 41 | 5 31 |
| ,, 16 | 6 57 | 7 19 | 7 5 | 6 54 | 6 39 | 6 27 | 6 18 | 6 10 | 6 3 | 5 56 | 5 49 | 5 40 | 5 30 | 5 16 |
| ,, 23 | 7 8 | 7 37 | 7 19 | 7 6 | 6 46 | 6 32 | 6 21 | 6 11 | 6 2 | 5 53 | 5 43 | 5 33 | 5 20 | 5 2 |
| ,, 30 | 7 20 | 7 54 | 7 32 | 7 16 | 6 53 | 6 36 | 6 23 | 6 11 | 6 1 | 5 50 | 5 39 | 5 26 | 5 11 | 4 50 |
| May 7 | 7 32 | 8 11 | 7 45 | 7 27 | 7 0 | 6 41 | 6 25 | 6 12 | 6 0 | 5 48 | 5 35 | 5 20 | 5 3 | 4 38 |
| ,, 14 | 7 42 | 8 28 | 7 58 | 7 37 | 7 7 | 6 45 | 6 28 | 6 14 | 6 0 | 5 46 | 5 32 | 5 16 | 4 56 | 4 27 |
| ,, 21 | 7 53 | 8 44 | 8 10 | 7 46 | 7 13 | 6 50 | 6 31 | 6 15 | 6 0 | 5 45 | 5 30 | 5 12 | 4 50 | 4 19 |
| ,, 28 | 8 2 | 8 59 | 8 21 | 7 55 | 7 19 | 6 54 | 6 34 | 6 17 | 6 1 | 5 45 | 5 28 | 5 9 | 4 45 | 4 12 |
| June 4 | 8 10 | 9 12 | 8 31 | 8 3 | 7 24 | 6 58 | 6 37 | 6 19 | 6 2 | 5 45 | 5 28 | 5 7 | 4 42 | 4 7 |
| ,, 11 | 8 16 | 9 21 | 8 38 | 8 8 | 7 28 | 7 1 | 6 39 | 6 20 | 6 3 | 5 46 | 5 28 | 5 7 | 4 41 | 4 4 |
| ,, 18 | 8 20 | 9 26 | 8 42 | 8 12 | 7 31 | 7 3 | 6 41 | 6 22 | 6 5 | 5 47 | 5 29 | 5 7 | 4 41 | 4 4 |
| ,, 25 | 8 22 | 9 28 | 8 44 | 8 13 | 7 33 | 7 5 | 6 43 | 6 24 | 6 6 | 5 49 | 5 30 | 5 9 | 4 42 | 4 5 |
| July 2 | 8 21 | 9 25 | 8 42 | 8 12 | 7 33 | 7 5 | 6 43 | 6 25 | 6 8 | 5 50 | 5 32 | 5 11 | 4 45 | 4 9 |
| ,, 9 | 8 17 | 9 17 | 8 37 | 8 9 | 7 31 | 7 4 | 6 43 | 6 25 | 6 9 | 5 52 | 5 35 | 5 14 | 4 49 | 4 14 |
| ,, 16 | 8 11 | 9 6 | 8 30 | 8 3 | 7 27 | 7 2 | 6 43 | 6 26 | 6 10 | 5 54 | 5 37 | 5 18 | 4 54 | 4 21 |
| ,, 23 | 8 2 | 8 53 | 8 20 | 7 56 | 7 23 | 6 59 | 6 41 | 6 25 | 6 10 | 5 55 | 5 40 | 5 22 | 5 0 | 4 29 |
| ,, 30 | 7 52 | 8 37 | 8 8 | 7 47 | 7 17 | 6 55 | 6 38 | 6 23 | 6 10 | 5 56 | 5 42 | 5 26 | 5 6 | 4 38 |
| Aug. 6 | 7 40 | 8 19 | 7 54 | 7 35 | 7 9 | 6 50 | 6 35 | 6 21 | 6 9 | 5 57 | 5 45 | 5 30 | 5 12 | 4 48 |
| ,, 13 | 7 27 | 8 1 | 7 39 | 7 23 | 7 0 | 6 44 | 6 30 | 6 19 | 6 8 | 5 58 | 5 47 | 5 34 | 5 19 | 4 58 |
| ,, 20 | 7 14 | 7 41 | 7 23 | 7 10 | 6 51 | 6 37 | 6 26 | 6 16 | 6 7 | 5 58 | 5 49 | 5 38 | 5 25 | 5 8 |
| ,, 27 | 6 59 | 7 20 | 7 6 | 6 56 | 6 40 | 6 29 | 6 20 | 6 12 | 6 5 | 5 58 | 5 50 | 5 42 | 5 32 | 5 18 |
| Sept. 3 | 6 43 | 7 0 | 6 49 | 6 41 | 6 30 | 6 21 | 6 14 | 6 8 | 6 3 | 5 57 | 5 52 | 5 46 | 5 38 | 5 28 |
| ,, 10 | 6 28 | 6 38 | 6 31 | 6 26 | 6 18 | 6 12 | 6 8 | 6 4 | 6 0 | 5 57 | 5 53 | 5 49 | 5 45 | 5 39 |
| ,, 17 | 6 12 | 6 17 | 6 13 | 6 10 | 6 6 | 6 4 | 6 1 | 6 0 | 5 58 | 5 56 | 5 55 | 5 53 | 5 51 | 5 49 |
| ,, 24 | 5 55 | 5 56 | 5 55 | 5 55 | 5 55 | 5 55 | 5 55 | 5 55 | 5 55 | 5 56 | 5 56 | 5 57 | 5 58 | 5 59 |
| Oct. 1 | 5 39 | 5 35 | 5 38 | 5 40 | 5 44 | 5 46 | 5 49 | 5 51 | 5 53 | 5 55 | 5 58 | 6 1 | 6 5 | 6 10 |
| ,, 8 | 5 23 | 5 13 | 5 20 | 5 25 | 5 32 | 5 38 | 5 43 | 5 47 | 5 51 | 5 55 | 6 0 | 6 5 | 6 12 | 6 21 |
| ,, 15 | 5 8 | 4 53 | 5 3 | 5 10 | 5 22 | 5 30 | 5 37 | 5 43 | 5 49 | 5 55 | 6 2 | 6 10 | 6 19 | 6 32 |
| ,, 22 | 4 53 | 4 33 | 4 46 | 4 56 | 5 11 | 5 23 | 5 32 | 5 40 | 5 48 | 5 56 | 6 4 | 6 14 | 6 27 | 6 44 |
| ,, 29 | 4 39 | 4 13 | 4 30 | 4 43 | 5 2 | 5 16 | 5 28 | 5 38 | 5 47 | 5 57 | 6 7 | 6 20 | 6 35 | 6 56 |
| Nov. 5 | 4 27 | 3 55 | 4 16 | 4 31 | 4 54 | 5 10 | 5 24 | 5 36 | 5 47 | 5 58 | 6 11 | 6 25 | 6 43 | 7 7 |
| ,, 12 | 4 16 | 3 39 | 4 3 | 4 21 | 4 47 | 5 6 | 5 21 | 5 35 | 5 48 | 6 1 | 6 15 | 6 31 | 6 51 | 7 19 |
| ,, 19 | 4 6 | 3 23 | 3 51 | 4 12 | 4 44 | 5 3 | 5 20 | 5 35 | 5 49 | 6 3 | 6 19 | 6 37 | 6 59 | 7 31 |
| ,, 26 | 3 59 | 3 11 | 3 42 | 4 5 | 4 37 | 5 0 | 5 19 | 5 35 | 5 51 | 6 6 | 6 23 | 6 43 | 7 7 | 7 42 |
| Dec. 3 | 3 54 | 3 1 | 3 36 | 4 0 | 4 35 | 5 0 | 5 20 | 5 37 | 5 53 | 6 10 | 6 28 | 6 48 | 7 14 | 7 52 |
| ,, 10 | 3 51 | 2 55 | 3 32 | 3 58 | 4 35 | 5 1 | 5 21 | 5 39 | 5 56 | 6 14 | 6 32 | 6 54 | 7 21 | 8 1 |
| ,, 17 | 3 51 | 2 53 | 3 32 | 3 59 | 4 36 | 5 3 | 5 24 | 5 42 | 6 0 | 6 17 | 6 36 | 6 58 | 7 26 | 8 6 |
| ,, 24 | 3 54 | 2 56 | 3 35 | 4 2 | 4 39 | 5 6 | 5 27 | 5 46 | 6 3 | 6 21 | 6 40 | 7 2 | 7 30 | 8 10 |
| ,, 31 | 4 0 | 3 3 | 3 41 | 4 7 | 4 44 | 5 10 | 5 31 | 5 50 | 6 7 | 6 24 | 6 43 | 7 4 | 7 32 | 8 12 |

Example:—To find the time of Sunset in Canberra (Latitude 35·3°S.), on Friday July 28th. 2006. On July 23rd. L.M.T. = 5h. 22m. − $\frac{5\cdot3}{10}$ × 22m. = 5h. 11m., on July 30th. L.M.T. = 5h. 26m. − $\frac{5\cdot3}{10}$ × 20m. = 5h. 15m., therefore L.M.T. on July 28th. = 5h. 11m. + $\frac{5}{7}$ × 4m. = 5h. 14m. P.M.

## TABLES OF HOUSES FOR LONDON, Latitude 51º 32' N.

| Sidereal Time H. M. S. | 10 ♈ | 11 ♉ | 12 ♊ | Ascen ♋ | 2 ♌ | 3 ♍ | Sidereal Time H. M. S. | 10 ♉ | 11 ♊ | 12 ♋ | Ascen ♌ | 2 ♍ | 3 ♍ | Sidereal Time H. M. S. | 10 ♊ | 11 ♋ | 12 ♌ | Ascen ♍ | 2 ♍ | 3 ♎ |
|---|---|---|---|---|---|---|---|---|---|---|---|---|---|---|---|---|---|---|---|---|
| 0 0 0 | 0 | 0 | 22 | 26 36 | 12 | 3 | 1 51 37 | 0 | 9 | 17 | 16 28 | 4 | 28 | 3 51 15 | 0 | 8 | 11 | 7 21 | 28 | 25 |
| 0 3 40 | 1 | 10 | 23 | 27 17 | 13 | 3 | 1 55 27 | 1 | 10 | 18 | 17 8 | 5 | 29 | 3 55 25 | 1 | 9 | 12 | 8 5 | 29 | 26 |
| 0 7 20 | 2 | 11 | 24 | 27 56 | 14 | 4 | 1 59 17 | 2 | 11 | 19 | 17 48 | 6 | ♎ | 3 59 36 | 2 | 10 | 12 | 8 49 | ♎ | 27 |
| 0 11 0 | 3 | 12 | 25 | 28 42 | 15 | 5 | 2 3 8 | 3 | 12 | 19 | 18 28 | 7 | 1 | 4 3 48 | 3 | 10 | 13 | 9 33 | 1 | 28 |
| 0 14 41 | 4 | 13 | 25 | 29 17 | 15 | 6 | 2 6 59 | 4 | 13 | 20 | 19 9 | 8 | 2 | 4 8 0 | 4 | 11 | 14 | 10 17 | 2 | 29 |
| 0 18 21 | 5 | 14 | 26 | 29 55 | 16 | 7 | 2 10 51 | 5 | 14 | 21 | 19 49 | 9 | 2 | 4 12 13 | 5 | 12 | 15 | 11 2 | 2 | ♏ |
| 0 22 2 | 6 | 15 | 27 | 0♋34 | 17 | 8 | 2 14 44 | 6 | 15 | 22 | 20 29 | 9 | 3 | 4 16 26 | 6 | 13 | 16 | 11 46 | 3 | 1 |
| 0 25 42 | 7 | 16 | 28 | 1 14 | 18 | 8 | 2 18 37 | 7 | 16 | 22 | 21 10 | 10 | 4 | 4 20 40 | 7 | 14 | 17 | 12 30 | 4 | 2 |
| 0 29 23 | 8 | 17 | 29 | 1 55 | 18 | 9 | 2 22 31 | 8 | 17 | 23 | 21 51 | 11 | 5 | 4 24 55 | 8 | 15 | 17 | 13 15 | 5 | 3 |
| 0 33 4 | 9 | 18 | ♋ | 2 33 | 19 | 10 | 2 26 25 | 9 | 18 | 24 | 22 32 | 11 | 6 | 4 29 10 | 9 | 16 | 18 | 14 0 | 6 | 4 |
| 0 36 45 | 10 | 19 | 1 | 3 14 | 20 | 11 | 2 30 20 | 10 | 19 | 25 | 23 14 | 12 | 7 | 4 33 26 | 10 | 17 | 19 | 14 45 | 7 | 5 |
| 0 40 26 | 11 | 20 | 1 | 3 54 | 20 | 12 | 2 34 16 | 11 | 20 | 25 | 23 55 | 13 | 8 | 4 37 42 | 11 | 18 | 20 | 15 30 | 8 | 6 |
| 0 44 8 | 12 | 21 | 2 | 4 33 | 21 | 13 | 2 38 13 | 12 | 21 | 26 | 24 36 | 14 | 9 | 4 41 59 | 12 | 19 | 21 | 16 15 | 8 | 7 |
| 0 47 50 | 13 | 22 | 3 | 5 12 | 22 | 14 | 2 42 10 | 13 | 22 | 27 | 25 17 | 15 | 10 | 4 46 16 | 13 | 20 | 21 | 17 0 | 9 | 8 |
| 0 51 32 | 14 | 23 | 4 | 5 52 | 23 | 15 | 2 46 8 | 14 | 22 | 28 | 25 58 | 15 | 11 | 4 50 34 | 14 | 21 | 22 | 17 45 | 10 | 9 |
| 0 55 14 | 15 | 24 | 5 | 6 30 | 23 | 15 | 2 50 7 | 15 | 24 | 29 | 26 40 | 16 | 12 | 4 54 52 | 15 | 22 | 23 | 18 30 | 11 | 10 |
| 0 58 57 | 16 | 25 | 6 | 7 9 | 24 | 16 | 2 54 7 | 16 | 25 | 29 | 27 22 | 17 | 12 | 4 59 10 | 16 | 23 | 24 | 19 16 | 12 | 11 |
| 1 2 40 | 17 | 26 | 6 | 7 50 | 25 | 17 | 2 58 7 | 17 | 26 | ♌ | 28 4 | 18 | 13 | 5 3 29 | 17 | 24 | 25 | 20 3 | 13 | 12 |
| 1 6 23 | 18 | 27 | 7 | 8 30 | 26 | 18 | 3 2 8 | 18 | 27 | 1 | 28 46 | 18 | 14 | 5 7 49 | 18 | 25 | 26 | 20 49 | 14 | 13 |
| 1 10 7 | 19 | 28 | 8 | 9 9 | 26 | 19 | 3 6 9 | 19 | 27 | 2 | 29 28 | 19 | 15 | 5 12 9 | 19 | 25 | 27 | 21 35 | 14 | 14 |
| 1 13 51 | 20 | 29 | 9 | 9 48 | 27 | 19 | 3 10 12 | 20 | 28 | 3 | 0♍12 | 20 | 16 | 5 16 29 | 20 | 26 | 28 | 22 20 | 15 | 14 |
| 1 17 35 | 21 | ♊ | 10 | 10 28 | 28 | 20 | 3 14 15 | 21 | 29 | 3 | 0 54 | 21 | 17 | 5 20 49 | 21 | 27 | 28 | 23 6 | 16 | 15 |
| 1 21 20 | 22 | 1 | 10 | 11 8 | 28 | 21 | 3 18 19 | 22 | ♋ | 4 | 1 36 | 22 | 18 | 5 25 9 | 22 | 28 | 29 | 23 51 | 17 | 16 |
| 1 25 6 | 23 | 2 | 11 | 11 48 | 29 | 22 | 3 22 23 | 23 | 1 | 5 | 2 20 | 22 | 19 | 5 29 30 | 23 | 29 | ♏ | 24 37 | 18 | 17 |
| 1 28 52 | 24 | 3 | 12 | 12 28 | ♍ | 23 | 3 26 29 | 24 | 2 | 6 | 3 2 | 23 | 20 | 5 33 51 | 24 | ♌ | 1 | 25 23 | 19 | 18 |
| 1 32 38 | 25 | 4 | 13 | 13 8 | 1 | 24 | 3 30 35 | 25 | 3 | 7 | 3 45 | 24 | 21 | 5 38 12 | 25 | 1 | 2 | 26 9 | 20 | 19 |
| 1 36 25 | 26 | 5 | 14 | 13 48 | 1 | 25 | 3 34 41 | 26 | 4 | 7 | 4 28 | 25 | 22 | 5 42 34 | 26 | 2 | 3 | 26 55 | 21 | 20 |
| 1 40 12 | 27 | 6 | 14 | 14 28 | 2 | 25 | 3 38 49 | 27 | 5 | 8 | 5 11 | 26 | 23 | 5 46 55 | 27 | 3 | 4 | 27 41 | 21 | 21 |
| 1 44 0 | 28 | 7 | 15 | 15 8 | 3 | 26 | 3 42 57 | 28 | 6 | 9 | 5 54 | 27 | 24 | 5 51 17 | 28 | 4 | 4 | 28 27 | 22 | 22 |
| 1 47 48 | 29 | 8 | 16 | 15 48 | 4 | 27 | 3 47 6 | 29 | 7 | 10 | 6 38 | 27 | 25 | 5 55 38 | 29 | 5 | 5 | 29 13 | 23 | 23 |
| 1 51 37 | 30 | 9 | 17 | 16 28 | 4 | 28 | 3 51 15 | 30 | 8 | 11 | 7 21 | 28 | 25 | 6 0 0 | 30 | 6 | 6 | 30 0 | 24 | 24 |

| Sidereal Time H. M. S. | 10 ♋ | 11 ♌ | 12 ♍ | Ascen ♎ | 2 ♎ | 3 ♏ | Sidereal Time H. M. S. | 10 ♌ | 11 ♍ | 12 ♎ | Ascen ♎ | 2 ♏ | 3 ♐ | Sidereal Time H. M. S. | 10 ♍ | 11 ♎ | 12 ♏ | Ascen ♏ | 2 ♐ | 3 ♑ |
|---|---|---|---|---|---|---|---|---|---|---|---|---|---|---|---|---|---|---|---|---|
| 6 0 0 | 0 | 6 | 6 | 0 0 | 24 | 24 | 8 8 45 | 0 | 5 | 2 | 22 40 | 19 | 22 | 10 8 23 | 0 | 2 | 26 | 13 33 | 13 | 20 |
| 6 4 22 | 1 | 7 | 7 | 0 47 | 25 | 25 | 8 12 54 | 1 | 5 | 3 | 23 24 | 20 | 23 | 10 12 12 | 1 | 3 | 26 | 14 13 | 14 | 21 |
| 6 8 43 | 2 | 8 | 8 | 1 33 | 26 | 26 | 8 17 3 | 2 | 6 | 3 | 24 7 | 21 | 24 | 10 16 0 | 2 | 4 | 27 | 14 53 | 15 | 22 |
| 6 13 5 | 3 | 9 | 9 | 2 19 | 27 | 27 | 8 21 11 | 3 | 7 | 4 | 24 50 | 22 | 25 | 10 19 48 | 3 | 5 | 28 | 15 33 | 15 | 23 |
| 6 17 26 | 4 | 10 | 10 | 3 5 | 27 | 28 | 8 25 19 | 4 | 8 | 5 | 25 34 | 23 | 26 | 10 23 35 | 4 | 5 | 29 | 16 13 | 16 | 24 |
| 6 21 48 | 5 | 11 | 10 | 3 51 | 28 | 29 | 8 29 26 | 5 | 9 | 6 | 26 18 | 23 | 27 | 10 27 22 | 5 | 6 | 29 | 16 52 | 17 | 25 |
| 6 26 9 | 6 | 12 | 11 | 4 37 | 29 | ♐ | 8 33 31 | 6 | 10 | 7 | 27 1 | 24 | 28 | 10 31 8 | 6 | 7 | ♏ | 17 32 | 18 | 26 |
| 6 30 30 | 7 | 13 | 12 | 5 23 | ♏ | 1 | 8 37 37 | 7 | 11 | 8 | 27 44 | 25 | 29 | 10 34 54 | 7 | 8 | 1 | 18 12 | 19 | 27 |
| 6 34 51 | 8 | 14 | 13 | 6 9 | 1 | 2 | 8 41 41 | 8 | 12 | 8 | 28 26 | 26 | ♐ | 10 38 40 | 8 | 9 | 2 | 18 52 | 20 | 28 |
| 6 39 11 | 9 | 15 | 14 | 6 55 | 2 | 3 | 8 45 45 | 9 | 13 | 9 | 29 8 | 27 | 1 | 10 42 25 | 9 | 10 | 2 | 19 31 | 20 | 29 |
| 6 43 31 | 10 | 16 | 15 | 7 40 | 2 | 4 | 8 49 48 | 10 | 14 | 10 | 29 50 | 27 | 2 | 10 46 9 | 10 | 11 | 3 | 20 11 | 21 | ♒ |
| 6 47 51 | 11 | 16 | 16 | 8 26 | 3 | 4 | 8 53 51 | 11 | 15 | 11 | 0♏32 | 28 | 3 | 10 49 53 | 11 | 11 | 4 | 20 50 | 22 | 1 |
| 6 52 11 | 12 | 17 | 16 | 9 12 | 4 | 5 | 8 57 52 | 12 | 16 | 12 | 1 15 | 29 | 4 | 10 53 37 | 12 | 12 | 4 | 21 30 | 23 | 2 |
| 6 56 31 | 13 | 18 | 17 | 9 58 | 5 | 6 | 9 1 53 | 13 | 17 | 12 | 1 58 | ♐ | 4 | 10 57 20 | 13 | 13 | 5 | 22 9 | 24 | 3 |
| 7 0 50 | 14 | 19 | 18 | 10 43 | 6 | 7 | 9 5 53 | 14 | 18 | 13 | 2 39 | 1 | 5 | 11 1 3 | 14 | 14 | 6 | 22 49 | 24 | 4 |
| 7 5 8 | 15 | 20 | 19 | 11 28 | 7 | 8 | 9 9 53 | 15 | 18 | 14 | 3 21 | 1 | 6 | 11 4 46 | 15 | 15 | 7 | 23 28 | 25 | 5 |
| 7 9 26 | 16 | 21 | 20 | 12 14 | 8 | 9 | 9 13 52 | 16 | 19 | 15 | 4 3 | 2 | 7 | 11 8 28 | 16 | 16 | 7 | 24 8 | 26 | 6 |
| 7 13 44 | 17 | 22 | 21 | 12 59 | 8 | 10 | 9 17 50 | 17 | 20 | 16 | 4 44 | 3 | 8 | 11 12 10 | 17 | 17 | 8 | 24 47 | 27 | 7 |
| 7 18 1 | 18 | 23 | 22 | 13 45 | 9 | 11 | 9 21 47 | 18 | 21 | 16 | 5 26 | 3 | 9 | 11 15 52 | 18 | 17 | 9 | 25 27 | 28 | 8 |
| 7 22 18 | 19 | 24 | 23 | 14 30 | 10 | 12 | 9 25 44 | 19 | 22 | 17 | 6 7 | 4 | 10 | 11 19 34 | 19 | 18 | 10 | 26 6 | 29 | 10 |
| 7 26 34 | 20 | 25 | 24 | 15 15 | 11 | 13 | 9 29 40 | 20 | 23 | 18 | 6 48 | 5 | 11 | 11 23 15 | 20 | 19 | 10 | 26 45 | ♑ | 11 |
| 7 30 50 | 21 | 26 | 25 | 16 0 | 12 | 14 | 9 33 35 | 21 | 24 | 18 | 7 29 | 5 | 12 | 11 26 56 | 21 | 20 | 11 | 27 25 | 0 | 12 |
| 7 35 5 | 22 | 27 | 26 | 16 45 | 13 | 15 | 9 37 29 | 22 | 25 | 19 | 8 9 | 6 | 13 | 11 30 37 | 22 | 21 | 12 | 28 5 | 1 | 13 |
| 7 39 20 | 23 | 28 | 26 | 17 30 | 13 | 16 | 9 41 23 | 23 | 26 | 20 | 8 50 | 7 | 14 | 11 34 18 | 23 | 22 | 13 | 28 44 | 2 | 14 |
| 7 43 34 | 24 | 29 | 27 | 18 15 | 14 | 17 | 9 45 16 | 24 | 27 | 21 | 9 31 | 8 | 15 | 11 37 58 | 24 | 23 | 13 | 29 24 | 3 | 15 |
| 7 47 47 | 25 | ♍ | 28 | 18 59 | 15 | 18 | 9 49 9 | 25 | 28 | 22 | 10 11 | 9 | 16 | 11 41 39 | 25 | 23 | 14 | 0♐3 | 4 | 16 |
| 7 52 0 | 26 | 1 | 29 | 19 43 | 16 | 19 | 9 53 1 | 26 | 28 | 23 | 10 51 | 9 | 17 | 11 45 19 | 26 | 24 | 15 | 0 43 | 5 | 17 |
| 7 56 12 | 27 | 2 | 29 | 20 27 | 17 | 20 | 9 56 52 | 27 | 29 | 23 | 11 32 | 10 | 18 | 11 49 0 | 27 | 25 | 15 | 1 23 | 6 | 18 |
| 8 0 24 | 28 | 3 | ♎ | 21 11 | 18 | 20 | 10 0 43 | 28 | ♎ | 24 | 12 12 | 11 | 19 | 11 52 40 | 28 | 26 | 16 | 2 3 | 6 | 19 |
| 8 4 35 | 29 | 4 | 1 | 21 56 | 18 | 21 | 10 4 33 | 29 | 1 | 25 | 12 53 | 12 | 20 | 11 56 20 | 29 | 27 | 17 | 2 43 | 7 | 20 |
| 8 8 45 | 30 | 5 | 2 | 22 40 | 19 | 22 | 10 8 23 | 30 | 2 | 26 | 13 33 | 13 | 20 | 12 0 0 | 30 | 27 | 17 | 3 23 | 8 | 21 |

# TABLES OF HOUSES FOR LONDON, Latitude 51° 32' N.

| Sidereal Time H. M. S. | 10 ♎ | 11 ♎ | 12 ♏ | Ascen ♐ | 2 ♑ | 3 ♒ |
|---|---|---|---|---|---|---|
| 12 0 0 | 0 | 27 | 17 | 3 23 | 8 | 21 |
| 12 3 40 | 1 | 28 | 18 | 4 4 | 9 | 23 |
| 12 7 20 | 2 | 29 | 19 | 4 45 | 10 | 24 |
| 12 11 0 | 3 | ♏ | 20 | 5 26 | 11 | 25 |
| 12 14 41 | 4 | 1 | 20 | 6 7 | 12 | 26 |
| 12 18 21 | 5 | 1 | 21 | 6 48 | 13 | 27 |
| 12 22 2 | 6 | 2 | 22 | 7 29 | 14 | 28 |
| 12 25 42 | 7 | 3 | 23 | 8 10 | 15 | 29 |
| 12 29 23 | 8 | 4 | 23 | 8 51 | 16 | ♓ |
| 12 33 4 | 9 | 5 | 24 | 9 33 | 17 | 2 |
| 12 36 45 | 10 | 6 | 25 | 10 15 | 18 | 3 |
| 12 40 26 | 11 | 6 | 25 | 10 57 | 19 | 4 |
| 12 44 8 | 12 | 7 | 26 | 11 40 | 20 | 5 |
| 12 47 50 | 13 | 8 | 27 | 12 22 | 21 | 6 |
| 12 51 32 | 14 | 9 | 28 | 13 4 | 22 | 7 |
| 12 55 14 | 15 | 10 | 28 | 13 47 | 23 | 9 |
| 12 58 57 | 16 | 11 | 29 | 14 30 | 24 | 10 |
| 13 2 40 | 17 | 11 | ♐ | 15 14 | 25 | 11 |
| 13 6 23 | 18 | 12 | 1 | 15 59 | 26 | 12 |
| 13 10 7 | 19 | 13 | 1 | 16 44 | 27 | 13 |
| 13 13 51 | 20 | 14 | 2 | 17 29 | 28 | 15 |
| 13 17 35 | 21 | 15 | 3 | 18 14 | 29 | 16 |
| 13 21 20 | 22 | 16 | 4 | 19 0 | ♒ | 17 |
| 13 25 6 | 23 | 16 | 4 | 19 45 | 1 | 18 |
| 13 28 52 | 24 | 17 | 5 | 20 31 | 2 | 20 |
| 13 32 38 | 25 | 18 | 6 | 21 18 | 4 | 21 |
| 13 36 25 | 26 | 19 | 7 | 22 6 | 5 | 22 |
| 13 40 12 | 27 | 20 | 7 | 22 54 | 6 | 23 |
| 13 44 0 | 28 | 21 | 8 | 23 42 | 7 | 25 |
| 13 47 48 | 29 | 21 | 9 | 24 31 | 8 | 26 |
| 13 51 37 | 30 | 22 | 10 | 25 20 | 10 | 27 |

| Sidereal Time H. M. S. | 10 ♏ | 11 ♏ | 12 ♐ | Ascen ♐ | 2 ♒ | 3 ♓ |
|---|---|---|---|---|---|---|
| 13 51 37 | 0 | 22 | 10 | 25 20 | 10 | 27 |
| 13 55 27 | 1 | 23 | 11 | 26 10 | 11 | 28 |
| 13 59 17 | 2 | 24 | 11 | 27 2 | 12 | ♈ |
| 14 3 8 | 3 | 25 | 12 | 27 53 | 14 | 1 |
| 14 6 59 | 4 | 26 | 13 | 28 45 | 15 | 2 |
| 14 10 51 | 5 | 26 | 14 | 29 36 | 16 | 4 |
| 14 14 44 | 6 | 27 | 15 | 0♑29 | 18 | 5 |
| 14 18 37 | 7 | 28 | 15 | 1 23 | 19 | 6 |
| 14 22 31 | 8 | 29 | 16 | 2 18 | 20 | 8 |
| 14 26 25 | 9 | ♐ | 17 | 3 14 | 22 | 9 |
| 14 30 20 | 10 | 1 | 18 | 4 11 | 23 | 10 |
| 14 34 16 | 11 | 2 | 19 | 5 9 | 25 | 11 |
| 14 38 13 | 12 | 2 | 20 | 6 7 | 26 | 13 |
| 14 42 10 | 13 | 3 | 20 | 7 6 | 28 | 14 |
| 14 46 8 | 14 | 4 | 21 | 8 6 | 29 | 15 |
| 14 50 7 | 15 | 5 | 22 | 9 8 | ♓ | 17 |
| 14 54 7 | 16 | 6 | 23 | 10 11 | 2 | 18 |
| 14 58 7 | 17 | 7 | 24 | 11 15 | 4 | 19 |
| 15 2 8 | 18 | 8 | 25 | 12 20 | 5 | 21 |
| 15 6 9 | 19 | 9 | 26 | 13 27 | 8 | 22 |
| 15 10 12 | 20 | 9 | 27 | 14 35 | 9 | 23 |
| 15 14 15 | 21 | 10 | 27 | 15 43 | 11 | 24 |
| 15 18 19 | 22 | 11 | 28 | 16 52 | 13 | 26 |
| 15 22 23 | 23 | 12 | 29 | 18 3 | 14 | 27 |
| 15 26 29 | 24 | 13 | ♑ | 19 16 | 16 | 28 |
| 15 30 35 | 25 | 14 | 1 | 20 32 | 17 | 29 |
| 15 34 41 | 26 | 15 | 2 | 21 48 | 19 | ♉ |
| 15 38 49 | 27 | 16 | 3 | 23 8 | 21 | 2 |
| 15 42 57 | 28 | 17 | 4 | 24 29 | 22 | 3 |
| 15 47 6 | 29 | 18 | 5 | 25 51 | 24 | 5 |
| 15 51 15 | 30 | 18 | 6 | 27 15 | 26 | 6 |

| Sidereal Time H. M. S. | 10 ♐ | 11 ♐ | 12 ♑ | Ascen ♑ | 2 ♓ | 3 ♉ |
|---|---|---|---|---|---|---|
| 15 51 15 | 0 | 18 | 6 | 27 15 | 26 | 6 |
| 15 55 25 | 1 | 19 | 7 | 28 42 | 28 | 7 |
| 15 59 36 | 2 | 20 | 8 | 0♒11 | ♈ | 9 |
| 16 3 48 | 3 | 21 | 9 | 1 42 | 2 | 10 |
| 16 8 0 | 4 | 22 | 10 | 3 16 | 3 | 11 |
| 16 12 13 | 5 | 23 | 11 | 4 53 | 5 | 12 |
| 16 16 26 | 6 | 24 | 12 | 6 32 | 7 | 14 |
| 16 20 40 | 7 | 25 | 13 | 8 13 | 9 | 15 |
| 16 24 55 | 8 | 26 | 14 | 9 57 | 11 | 16 |
| 16 29 10 | 9 | 27 | 16 | 11 44 | 12 | 17 |
| 16 33 26 | 10 | 28 | 17 | 13 34 | 14 | 18 |
| 16 37 42 | 11 | 29 | 18 | 15 26 | 16 | 20 |
| 16 41 59 | 12 | ♑ | 19 | 17 20 | 18 | 21 |
| 16 46 16 | 13 | 1 | 20 | 19 18 | 20 | 22 |
| 16 50 34 | 14 | 2 | 21 | 21 22 | 21 | 23 |
| 16 54 52 | 15 | 3 | 22 | 23 29 | 23 | 25 |
| 16 59 10 | 16 | 4 | 24 | 25 36 | 25 | 26 |
| 17 3 29 | 17 | 5 | 25 | 27 46 | 27 | 27 |
| 17 7 49 | 18 | 6 | 26 | 0♓0 | 28 | 28 |
| 17 12 9 | 19 | 7 | 27 | 2 19 | ♉ | 29 |
| 17 16 29 | 20 | 8 | 29 | 4 40 | 2 | ♊ |
| 17 20 49 | 21 | 9 | ♒ | 7 2 | 3 | 1 |
| 17 25 9 | 22 | 10 | 1 | 9 26 | 5 | 2 |
| 17 29 30 | 23 | 11 | 3 | 11 54 | 7 | 3 |
| 17 33 51 | 24 | 12 | 4 | 14 24 | 8 | 5 |
| 17 38 12 | 25 | 13 | 5 | 17 0 | 10 | 6 |
| 17 42 34 | 26 | 14 | 7 | 19 33 | 11 | 7 |
| 17 46 55 | 27 | 15 | 8 | 22 6 | 13 | 8 |
| 17 51 17 | 28 | 16 | 10 | 24 40 | 14 | 9 |
| 17 55 38 | 29 | 17 | 11 | 27 20 | 16 | 10 |
| 18 0 0 | 30 | 18 | 13 | 30 0 | 17 | 11 |

| Sidereal Time H. M. S. | 10 ♑ | 11 ♑ | 12 ♒ | Ascen ♈ | 2 ♉ | 3 ♊ |
|---|---|---|---|---|---|---|
| 18 0 0 | 0 | 18 | 13 | 0 0 | 17 | 11 |
| 18 4 22 | 1 | 20 | 14 | 2 39 | 19 | 13 |
| 18 8 43 | 2 | 21 | 16 | 5 19 | 20 | 14 |
| 18 13 5 | 3 | 22 | 17 | 7 55 | 22 | 15 |
| 18 17 26 | 4 | 23 | 19 | 10 29 | 23 | 16 |
| 18 21 48 | 5 | 24 | 20 | 13 2 | 25 | 17 |
| 18 26 9 | 6 | 25 | 22 | 15 36 | 26 | 18 |
| 18 30 30 | 7 | 26 | 23 | 18 6 | 28 | 19 |
| 18 34 51 | 8 | 27 | 25 | 20 34 | 29 | 20 |
| 18 39 11 | 9 | 29 | 27 | 22 59 | ♊ | 21 |
| 18 43 31 | 10 | ♒ | 28 | 25 22 | 1 | 22 |
| 18 47 51 | 11 | 1 | ♈ | 27 42 | 2 | 23 |
| 18 52 11 | 12 | 2 | 2 | 29 58 | 4 | 24 |
| 18 56 31 | 13 | 3 | 3 | 2♉8 | 5 | 26 |
| 19 0 50 | 14 | 4 | 5 | 4 15 | 7 | 27 |
| 19 5 8 | 15 | 6 | 6 | 6 19 | 8 | 28 |
| 19 9 26 | 16 | 7 | 8 | 8 21 | 10 | 29 |
| 19 13 44 | 17 | 8 | 10 | 10 40 | 11 | ♋ |
| 19 18 1 | 18 | 9 | 12 | 12 17 | 12 | 1 |
| 19 22 18 | 19 | 11 | 13 | 14 18 | 13 | 2 |
| 19 26 34 | 20 | 12 | 16 | 16 28 | 14 | 3 |
| 19 30 50 | 21 | 13 | 18 | 18 11 | 15 | 4 |
| 19 35 5 | 22 | 14 | 19 | 20 3 | 16 | 5 |
| 19 39 20 | 23 | 15 | 21 | 22 0 | 17 | 6 |
| 19 43 34 | 24 | 16 | 23 | 23 29 | 18 | 7 |
| 19 47 47 | 25 | 18 | 25 | 25 9 | 19 | 8 |
| 19 52 0 | 26 | 19 | 27 | 26 52 | 20 | 9 |
| 19 56 12 | 27 | 20 | 28 | 28 18 | 21 | 10 |
| 20 0 24 | 28 | 21 | ♈ | 29 49 | 22 | 11 |
| 20 4 35 | 29 | 23 | 2 | 1♊19 | 23 | 11 |
| 20 8 45 | 30 | 24 | 4 | 2 45 | 24 | 12 |

| Sidereal Time H. M. S. | 10 ♒ | 11 ♒ | 12 ♈ | Ascen ♊ | 2 ♊ | 3 ♋ |
|---|---|---|---|---|---|---|
| 20 8 45 | 0 | 24 | 4 | 2 45 | 24 | 12 |
| 20 12 54 | 1 | 25 | 6 | 4 9 | 25 | 12 |
| 20 17 3 | 2 | 27 | 7 | 5 32 | 26 | 13 |
| 20 21 11 | 3 | 28 | 9 | 6 53 | 27 | 14 |
| 20 25 19 | 4 | 29 | 11 | 8 12 | 28 | 15 |
| 20 29 26 | 5 | ♓ | 13 | 9 27 | 29 | 16 |
| 20 33 31 | 6 | 2 | 14 | 10 43 | ♋ | 17 |
| 20 37 37 | 7 | 3 | 16 | 11 58 | 1 | 18 |
| 20 41 41 | 8 | 4 | 18 | 13 9 | 2 | 19 |
| 20 45 45 | 9 | 6 | 19 | 14 18 | 3 | 20 |
| 20 49 48 | 10 | 7 | 21 | 15 25 | 3 | 21 |
| 20 53 51 | 11 | 8 | 23 | 16 32 | 4 | 21 |
| 20 57 52 | 12 | 9 | 24 | 17 39 | 5 | 22 |
| 21 1 53 | 13 | 11 | 26 | 18 44 | 6 | 23 |
| 21 5 53 | 14 | 12 | 28 | 19 48 | 7 | 24 |
| 21 9 53 | 15 | 13 | 29 | 20 53 | 8 | 25 |
| 21 13 52 | 16 | 15 | ♉ | 21 53 | 9 | 26 |
| 21 17 50 | 17 | 16 | 2 | 22 53 | 10 | 27 |
| 21 21 47 | 18 | 17 | 4 | 23 52 | 11 | 28 |
| 21 25 44 | 19 | 19 | 5 | 24 51 | 11 | 28 |
| 21 29 40 | 20 | 20 | 7 | 25 48 | 12 | 29 |
| 21 33 35 | 21 | 22 | 8 | 26 44 | 13 | ♌ |
| 21 37 29 | 22 | 23 | 10 | 27 40 | 14 | 1 |
| 21 41 23 | 23 | 24 | 11 | 28 35 | 15 | 2 |
| 21 45 16 | 24 | 25 | 13 | 29 29 | 15 | 3 |
| 21 49 9 | 25 | 26 | 14 | 0♋22 | 16 | 4 |
| 21 53 1 | 26 | 28 | 15 | 1 15 | 17 | 4 |
| 21 56 52 | 27 | 29 | 16 | 2 7 | 18 | 5 |
| 22 0 43 | 28 | ♈ | 18 | 2 57 | 19 | 6 |
| 22 4 33 | 29 | 2 | 19 | 3 48 | 19 | 7 |
| 22 8 23 | 30 | 3 | 20 | 4 38 | 20 | 8 |

| Sidereal Time H. M. S. | 10 ♓ | 11 ♈ | 12 ♉ | Ascen ♋ | 2 ♋ | 3 ♌ |
|---|---|---|---|---|---|---|
| 22 8 23 | 0 | 3 | 20 | 4 38 | 20 | 8 |
| 22 12 12 | 1 | 4 | 21 | 5 28 | 21 | 8 |
| 22 16 0 | 2 | 6 | 23 | 6 17 | 22 | 9 |
| 22 19 48 | 3 | 7 | 24 | 7 5 | 23 | 10 |
| 22 23 35 | 4 | 8 | 25 | 7 53 | 23 | 11 |
| 22 27 22 | 5 | 9 | 26 | 8 42 | 24 | 12 |
| 22 31 8 | 6 | 10 | 28 | 9 29 | 25 | 13 |
| 22 34 54 | 7 | 12 | 29 | 10 16 | 26 | 14 |
| 22 38 40 | 8 | 13 | ♊ | 11 2 | 26 | 14 |
| 22 42 25 | 9 | 14 | 1 | 11 47 | 27 | 15 |
| 22 46 9 | 10 | 15 | 2 | 12 31 | 28 | 16 |
| 22 49 53 | 11 | 17 | 3 | 13 16 | 29 | 17 |
| 22 53 37 | 12 | 18 | 4 | 14 1 | 29 | 18 |
| 22 57 20 | 13 | 19 | 6 | 14 45 | ♌ | 19 |
| 23 1 3 | 14 | 20 | 7 | 15 28 | 1 | 19 |
| 23 4 46 | 15 | 21 | 7 | 16 11 | 2 | 20 |
| 23 8 28 | 16 | 23 | 9 | 16 54 | 2 | 21 |
| 23 12 10 | 17 | 24 | 9 | 17 37 | 3 | 22 |
| 23 15 52 | 18 | 25 | 10 | 18 20 | 4 | 23 |
| 23 19 34 | 19 | 26 | 11 | 19 3 | 5 | 24 |
| 23 23 15 | 20 | 27 | 12 | 19 45 | 5 | 24 |
| 23 26 56 | 21 | 29 | 13 | 20 26 | 6 | 25 |
| 23 30 37 | 22 | ♉ | 14 | 21 8 | 7 | 26 |
| 23 34 18 | 23 | 1 | 15 | 21 50 | 7 | 27 |
| 23 37 58 | 24 | 2 | 16 | 22 32 | 8 | 28 |
| 23 41 39 | 25 | 3 | 17 | 23 12 | 9 | 28 |
| 23 45 19 | 26 | 4 | 18 | 23 53 | 9 | 29 |
| 23 49 0 | 27 | 5 | 19 | 24 32 | 10 | ♍ |
| 23 52 40 | 28 | 6 | 20 | 25 15 | 11 | 1 |
| 23 56 20 | 29 | 8 | 21 | 25 56 | 12 | 2 |
| 24 0 0 | 30 | 9 | 22 | 26 36 | 13 | 3 |

# TABLES OF HOUSES FOR LIVERPOOL, Latitude 53º 25' N.

| Sidereal Time (H. M. S.) | 10 ♈ | 11 ♉ | 12 ♊ | Ascen ♋ | 2 ♌ | 3 ♍ | Sidereal Time (H. M. S.) | 10 ♉ | 11 ♊ | 12 ♋ | Ascen ♌ | 2 ♍ | 3 ♎ | Sidereal Time (H. M. S.) | 10 ♊ | 11 ♋ | 12 ♌ | Ascen ♍ | 2 ♎ | 3 ♏ |
|---|---|---|---|---|---|---|---|---|---|---|---|---|---|---|---|---|---|---|---|---|
| 0 0 0 | 0 | 0 | 9 | 24 28 | 12 | 14 | 1 51 37 | 0 | 10 | 18 | 17 32 | 5 | 28 | 3 51 15 | 0 | 9 | 12 | 7 55 | 28 | 25 |
| 0 3 40 | 1 | 10 | 25 | 28 51 | 14 | 4 | 1 55 27 | 1 | 11 | 19 | 18 11 | 6 | 29 | 3 55 25 | 1 | 10 | 13 | 8 37 | 29 | 26 |
| 0 7 20 | 2 | 12 | 25 | 29 30 | 15 | 4 | 1 59 17 | 2 | 12 | 20 | 18 51 | 6 | ♎ | 3 59 36 | 2 | 11 | 13 | 9 20 | ♎ | 27 |
| 0 11 0 | 3 | 13 | 26 | 0♋9 | 16 | 5 | 2 3 8 | 3 | 13 | 21 | 19 30 | 7 | 1 | 4 3 48 | 3 | 12 | 14 | 10 3 | 1 | 28 |
| 0 14 41 | 4 | 14 | 27 | 0 48 | 17 | 6 | 2 6 59 | 4 | 14 | 22 | 20 9 | 8 | 2 | 4 8 0 | 4 | 12 | 15 | 10 46 | 2 | 29 |
| 0 18 21 | 5 | 15 | 28 | 1 27 | 17 | 7 | 2 10 51 | 5 | 15 | 22 | 20 49 | 9 | 2 | 4 12 13 | 5 | 13 | 16 | 11 30 | 2 | ♏ |
| 0 22 2 | 6 | 16 | 29 | 2 6 | 18 | 8 | 2 14 44 | 6 | 16 | 23 | 21 28 | 9 | 3 | 4 16 26 | 6 | 14 | 17 | 12 13 | 3 | 1 |
| 0 25 42 | 7 | 17 | ♋ | 2 44 | 19 | 9 | 2 18 37 | 7 | 17 | 24 | 22 8 | 10 | 4 | 4 20 40 | 7 | 15 | 18 | 12 56 | 4 | 2 |
| 0 29 23 | 8 | 18 | 1 | 3 22 | 19 | 10 | 2 22 31 | 8 | 18 | 25 | 22 48 | 11 | 5 | 4 24 55 | 8 | 16 | 18 | 13 40 | 5 | 3 |
| 0 33 4 | 9 | 19 | 1 | 4 1 | 20 | 10 | 2 26 25 | 9 | 19 | 25 | 23 28 | 12 | 6 | 4 29 10 | 9 | 17 | 19 | 14 24 | 6 | 4 |
| 0 36 45 | 10 | 20 | 2 | 4 39 | 21 | 11 | 2 30 20 | 10 | 20 | 26 | 24 8 | 12 | 7 | 4 33 26 | 10 | 18 | 20 | 15 8 | 7 | 5 |
| 0 40 26 | 11 | 21 | 3 | 5 18 | 22 | 12 | 2 34 16 | 11 | 21 | 27 | 24 48 | 13 | 8 | 4 37 42 | 11 | 19 | 21 | 15 52 | 7 | 6 |
| 0 44 8 | 12 | 22 | 4 | 5 56 | 22 | 13 | 2 38 13 | 12 | 22 | 28 | 25 28 | 14 | 9 | 4 41 59 | 12 | 20 | 21 | 16 36 | 8 | 6 |
| 0 47 50 | 13 | 23 | 5 | 6 34 | 23 | 14 | 2 42 10 | 13 | 23 | 29 | 26 8 | 15 | 10 | 4 46 16 | 13 | 21 | 22 | 17 20 | 9 | 7 |
| 0 51 32 | 14 | 24 | 6 | 7 13 | 24 | 14 | 2 46 8 | 14 | 24 | 29 | 26 49 | 15 | 10 | 4 50 34 | 14 | 22 | 23 | 18 4 | 10 | 8 |
| 0 55 14 | 15 | 25 | 6 | 7 51 | 24 | 15 | 2 50 7 | 15 | 25 | ♌ | 27 29 | 16 | 11 | 4 54 52 | 15 | 23 | 24 | 18 48 | 11 | 9 |
| 0 58 57 | 16 | 26 | 7 | 8 30 | 25 | 16 | 2 54 7 | 16 | 26 | 1 | 28 10 | 17 | 12 | 4 59 10 | 16 | 24 | 25 | 19 32 | 12 | 10 |
| 1 2 40 | 17 | 27 | 8 | 9 8 | 26 | 17 | 2 58 7 | 17 | 27 | 2 | 28 51 | 18 | 13 | 5 3 29 | 17 | 24 | 26 | 20 17 | 12 | 11 |
| 1 6 23 | 18 | 28 | 9 | 9 47 | 26 | 18 | 3 2 8 | 18 | 28 | 2 | 29 32 | 19 | 14 | 5 7 49 | 18 | 25 | 26 | 21 1 | 13 | 12 |
| 1 10 7 | 19 | 29 | 10 | 10 25 | 27 | 19 | 3 6 9 | 19 | 29 | 3 | 0♍13 | 19 | 15 | 5 12 9 | 19 | 26 | 27 | 21 46 | 14 | 13 |
| 1 13 51 | 20 | ♊ | 11 | 11 4 | 28 | 19 | 3 10 12 | 20 | 29 | 4 | 0 54 | 20 | 16 | 5 16 29 | 20 | 27 | 28 | 22 31 | 15 | 14 |
| 1 17 35 | 21 | 1 | 11 | 11 43 | 28 | 20 | 3 14 15 | 21 | ♋ | 5 | 1 36 | 21 | 17 | 5 20 49 | 21 | 28 | 29 | 23 16 | 16 | 15 |
| 1 21 20 | 22 | 2 | 12 | 12 21 | 29 | 21 | 3 18 19 | 22 | 1 | 5 | 2 17 | 22 | 18 | 5 25 9 | 22 | 29 | ♍ | 24 0 | 17 | 16 |
| 1 25 6 | 23 | 3 | 13 | 13 0 | ♍ | 22 | 3 22 23 | 23 | 2 | 6 | 2 59 | 23 | 19 | 5 29 30 | 23 | ♌ | 1 | 24 45 | 18 | 17 |
| 1 28 52 | 24 | 4 | 14 | 13 39 | 1 | 23 | 3 26 29 | 24 | 3 | 7 | 3 41 | 23 | 20 | 5 33 51 | 24 | 1 | 1 | 25 30 | 18 | 18 |
| 1 32 38 | 25 | 5 | 15 | 14 17 | 1 | 24 | 3 30 35 | 25 | 4 | 8 | 4 23 | 24 | 21 | 5 38 12 | 25 | 2 | 2 | 26 15 | 19 | 19 |
| 1 36 25 | 26 | 6 | 15 | 14 56 | 2 | 25 | 3 34 41 | 26 | 5 | 9 | 5 5 | 25 | 22 | 5 42 34 | 26 | 3 | 3 | 27 0 | 20 | 20 |
| 1 40 12 | 27 | 7 | 16 | 15 35 | 3 | 25 | 3 38 49 | 27 | 6 | 10 | 5 47 | 26 | 22 | 5 46 55 | 27 | 4 | 4 | 27 45 | 21 | 21 |
| 1 44 0 | 28 | 8 | 17 | 16 14 | 3 | 26 | 3 42 57 | 28 | 7 | 10 | 6 29 | 27 | 23 | 5 51 17 | 28 | 5 | 5 | 28 30 | 22 | 21 |
| 1 47 48 | 29 | 9 | 18 | 16 53 | 4 | 27 | 3 47 6 | 29 | 8 | 11 | 7 12 | 27 | 24 | 5 55 38 | 29 | 6 | 6 | 29 15 | 23 | 22 |
| 1 51 37 | 30 | 10 | 18 | 17 32 | 5 | 28 | 3 51 15 | 30 | 9 | 12 | 7 55 | 28 | 25 | 6 0 0 | 30 | 7 | 7 | 30 0 | 23 | 23 |

| Sidereal Time (H. M. S.) | 10 ♋ | 11 ♌ | 12 ♍ | Ascen ♎ | 2 ♎ | 3 ♏ | Sidereal Time (H. M. S.) | 10 ♌ | 11 ♍ | 12 ♎ | Ascen ♎ | 2 ♏ | 3 ♐ | Sidereal Time (H. M. S.) | 10 ♍ | 11 ♎ | 12 ♏ | Ascen ♐ | 2 ♐ | 3 ♑ |
|---|---|---|---|---|---|---|---|---|---|---|---|---|---|---|---|---|---|---|---|---|
| 6 0 0 | 0 | 7 | 7 | 0 0 | 23 | 23 | 8 8 45 | 0 | 5 | 2 | 22 5 | 18 | 21 | 10 8 23 | 0 | 2 | 25 | 12 28 | 11 | 19 |
| 6 4 22 | 1 | 8 | 7 | 0 45 | 24 | 24 | 8 12 54 | 1 | 6 | 2 | 22 48 | 19 | 22 | 10 12 12 | 1 | 3 | 26 | 13 6 | 12 | 20 |
| 6 8 43 | 2 | 9 | 8 | 1 30 | 25 | 25 | 8 17 3 | 2 | 7 | 3 | 23 30 | 20 | 23 | 10 16 0 | 2 | 4 | 27 | 13 45 | 13 | 21 |
| 6 13 5 | 3 | 9 | 9 | 2 15 | 26 | 26 | 8 21 11 | 3 | 8 | 4 | 24 13 | 20 | 24 | 10 19 48 | 3 | 4 | 27 | 14 25 | 14 | 22 |
| 6 17 26 | 4 | 10 | 10 | 3 0 | 27 | 27 | 8 25 19 | 4 | 8 | 5 | 24 55 | 21 | 25 | 10 23 35 | 4 | 5 | 28 | 15 4 | 15 | 23 |
| 6 21 48 | 5 | 11 | 11 | 3 45 | 28 | 28 | 8 29 26 | 5 | 9 | 6 | 25 37 | 22 | 26 | 10 27 22 | 5 | 6 | 29 | 15 42 | 15 | 24 |
| 6 26 9 | 6 | 12 | 12 | 4 30 | 29 | 29 | 8 33 31 | 6 | 10 | 7 | 26 19 | 23 | 27 | 10 31 8 | 6 | 7 | 29 | 16 21 | 16 | 25 |
| 6 30 30 | 7 | 13 | 12 | 5 15 | 29 | ♐ | 8 37 37 | 7 | 11 | 7 | 27 1 | 24 | 28 | 10 34 54 | 7 | 8 | ♏ | 17 0 | 17 | 26 |
| 6 34 51 | 8 | 14 | 13 | 6 0 | ♏ | 1 | 8 41 41 | 8 | 12 | 8 | 27 43 | 25 | 29 | 10 38 40 | 8 | 9 | 1 | 17 39 | 18 | 27 |
| 6 39 11 | 9 | 15 | 14 | 6 44 | 1 | 2 | 8 45 45 | 9 | 13 | 9 | 28 24 | 25 | ♑ | 10 42 25 | 9 | 10 | 2 | 18 17 | 18 | 28 |
| 6 43 31 | 10 | 16 | 15 | 7 29 | 2 | 3 | 8 49 48 | 10 | 14 | 10 | 29 6 | 26 | 1 | 10 46 9 | 10 | 11 | 3 | 18 55 | 19 | 29 |
| 6 47 51 | 11 | 17 | 16 | 8 14 | 3 | 4 | 8 53 51 | 11 | 15 | 11 | 29 47 | 27 | 2 | 10 49 53 | 11 | 11 | 3 | 19 34 | 20 | ♒ |
| 6 52 11 | 12 | 18 | 17 | 8 59 | 4 | 5 | 8 57 52 | 12 | 16 | 11 | 0♏28 | 28 | 2 | 10 53 37 | 12 | 12 | 4 | 20 13 | 21 | 1 |
| 6 56 31 | 13 | 19 | 18 | 9 43 | 4 | 6 | 9 1 53 | 13 | 17 | 12 | 1 9 | 28 | 3 | 10 57 20 | 13 | 13 | 4 | 20 52 | 22 | 2 |
| 7 0 50 | 14 | 20 | 18 | 10 27 | 5 | 6 | 9 5 53 | 14 | 18 | 13 | 1 50 | 29 | 4 | 11 1 3 | 14 | 14 | 5 | 21 30 | 22 | 3 |
| 7 5 8 | 15 | 21 | 19 | 11 11 | 6 | 7 | 9 9 53 | 15 | 19 | 14 | 2 31 | ♐ | 5 | 11 4 46 | 15 | 15 | 6 | 22 8 | 23 | 5 |
| 7 9 26 | 16 | 22 | 20 | 11 56 | 7 | 8 | 9 13 52 | 16 | 19 | 15 | 3 11 | 1 | 6 | 11 8 28 | 16 | 16 | 7 | 22 46 | 24 | 6 |
| 7 13 44 | 17 | 23 | 21 | 12 40 | 8 | 9 | 9 17 50 | 17 | 20 | 15 | 3 52 | 1 | 7 | 11 12 10 | 17 | 16 | 7 | 23 25 | 25 | 7 |
| 7 18 1 | 18 | 24 | 22 | 13 24 | 8 | 10 | 9 21 47 | 18 | 21 | 16 | 4 32 | 2 | 8 | 11 15 52 | 18 | 17 | 8 | 24 4 | 26 | 8 |
| 7 22 18 | 19 | 24 | 23 | 14 8 | 9 | 11 | 9 25 44 | 19 | 22 | 17 | 5 12 | 3 | 9 | 11 19 34 | 19 | 18 | 9 | 24 42 | 26 | 9 |
| 7 26 34 | 20 | 25 | 23 | 14 52 | 10 | 12 | 9 29 40 | 20 | 23 | 18 | 5 52 | 4 | 10 | 11 23 15 | 20 | 19 | 9 | 25 21 | 27 | 10 |
| 7 30 50 | 21 | 26 | 24 | 15 36 | 11 | 13 | 9 33 35 | 21 | 24 | 18 | 6 32 | 5 | 11 | 11 26 56 | 21 | 20 | 10 | 25 59 | 28 | 11 |
| 7 35 5 | 22 | 27 | 25 | 16 20 | 12 | 14 | 9 37 29 | 22 | 25 | 19 | 7 12 | 5 | 12 | 11 30 37 | 22 | 20 | 11 | 26 38 | 29 | 12 |
| 7 39 20 | 23 | 28 | 26 | 17 4 | 13 | 15 | 9 41 23 | 23 | 26 | 20 | 7 52 | 6 | 13 | 11 34 18 | 23 | 21 | 12 | 27 16 | ♑ | 13 |
| 7 43 34 | 24 | 29 | 27 | 17 47 | 13 | 16 | 9 45 16 | 24 | 27 | 21 | 8 32 | 7 | 14 | 11 37 58 | 24 | 22 | 12 | 27 54 | 1 | 14 |
| 7 47 47 | 25 | ♍ | 28 | 18 30 | 14 | 17 | 9 49 9 | 25 | 27 | 21 | 9 12 | 8 | 15 | 11 41 39 | 25 | 23 | 13 | 28 33 | 1 | 15 |
| 7 52 0 | 26 | 1 | 28 | 19 13 | 15 | 18 | 9 53 1 | 26 | 28 | 22 | 9 51 | 8 | 16 | 11 45 19 | 26 | 24 | 14 | 29 11 | 2 | 16 |
| 7 56 12 | 27 | 2 | 29 | 19 57 | 16 | 18 | 9 56 52 | 27 | 29 | 23 | 10 30 | 9 | 17 | 11 49 0 | 27 | 25 | 14 | 29 50 | 3 | 17 |
| 8 0 24 | 28 | 3 | ♎ | 20 40 | 17 | 19 | 10 0 43 | 28 | ♎ | 24 | 11 9 | 10 | 17 | 11 52 40 | 28 | 26 | 15 | 0♐30 | 4 | 18 |
| 8 4 35 | 29 | 4 | 1 | 21 23 | 17 | 20 | 10 4 33 | 29 | 1 | 24 | 11 49 | 11 | 18 | 11 56 20 | 29 | 26 | 16 | 1 9 | 5 | 20 |
| 8 8 45 | 30 | 5 | 2 | 22 5 | 18 | 21 | 10 8 23 | 30 | 2 | 25 | 12 28 | 11 | 19 | 12 0 0 | 30 | 27 | 16 | 1 48 | 6 | 21 |

# TABLES OF HOUSES FOR LIVERPOOL, Latitude 53° 25' N.

| Sidereal Time | 10 ♎ | 11 ♎ | 12 ♏ | Ascen ♐ | 2 ♑ | 3 ♒ |
|---|---|---|---|---|---|---|
| H. M. S. | ° | ° | ° | ° ' | ° | ° |
| 12 0 0 | 0 27 | 16 | 1 48 | 6 | 21 |
| 12 3 40 | 1 28 | 17 | 2 27 | 7 | 22 |
| 12 7 20 | 2 29 | 18 | 3 6 | 8 | 23 |
| 12 11 0 | 3 ♏ | 18 | 3 46 | 9 | 24 |
| 12 14 41 | 4 0 | 19 | 4 25 | 10 | 25 |
| 12 18 21 | 5 1 | 20 | 5 6 | 10 | 26 |
| 12 22 2 | 6 2 | 21 | 5 46 | 11 | 28 |
| 12 25 42 | 7 3 | 21 | 6 26 | 12 | 29 |
| 12 29 23 | 8 4 | 22 | 7 6 | 13 | ♓ |
| 12 33 4 | 9 4 | 23 | 7 46 | 14 | 1 |
| 12 36 45 | 10 5 | 24 | 8 27 | 15 | 2 |
| 12 40 26 | 11 6 | 24 | 9 8 | 16 | 3 |
| 12 44 8 | 12 7 | 25 | 9 49 | 17 | 5 |
| 12 47 50 | 13 8 | 26 | 10 30 | 18 | 6 |
| 12 51 32 | 14 9 | 26 | 11 12 | 19 | 7 |
| 12 55 14 | 15 9 | 27 | 11 54 | 20 | 8 |
| 12 58 57 | 16 10 | 28 | 12 36 | 21 | 10 |
| 13 2 40 | 17 11 | 28 | 13 19 | 22 | 11 |
| 13 6 23 | 18 12 | 29 | 14 2 | 23 | 12 |
| 13 10 7 | 19 13 | ♐ | 14 45 | 25 | 13 |
| 13 13 51 | 20 13 | 1 | 15 28 | 26 | 15 |
| 13 17 35 | 21 14 | 1 | 16 12 | 27 | 16 |
| 13 21 20 | 22 15 | 2 | 16 56 | 28 | 17 |
| 13 25 6 | 23 16 | 3 | 17 41 | 29 | 18 |
| 13 28 52 | 24 17 | 4 | 18 26 | ♒ | 19 |
| 13 32 38 | 25 17 | 4 | 19 11 | 1 | 21 |
| 13 36 25 | 26 18 | 5 | 19 57 | 3 | 22 |
| 13 40 12 | 27 19 | 6 | 20 44 | 4 | 23 |
| 13 44 0 | 28 20 | 7 | 21 31 | 5 | 24 |
| 13 47 48 | 29 21 | 7 | 22 18 | 7 | 26 |
| 13 51 37 | 30 21 | 8 | 23 6 | 8 | 27 |

| Sidereal Time | 10 ♏ | 11 ♏ | 12 ♐ | Ascen ♐ | 2 ♒ | 3 ♓ |
|---|---|---|---|---|---|---|
| H. M. S. | ° | ° | ° | ° ' | ° | ° |
| 13 51 37 | 0 21 | 8 | 23 6 | 8 | 27 |
| 13 55 27 | 1 22 | 9 | 23 55 | 9 | 28 |
| 13 59 17 | 2 23 | 10 | 24 43 | 10 | ♈ |
| 14 3 8 | 3 24 | 10 | 25 33 | 12 | 1 |
| 14 6 59 | 4 25 | 11 | 26 23 | 13 | 2 |
| 14 10 51 | 5 26 | 12 | 27 14 | 15 | 4 |
| 14 14 44 | 6 26 | 13 | 28 6 | 16 | 5 |
| 14 18 37 | 7 27 | 13 | 28 59 | 18 | 6 |
| 14 22 31 | 8 28 | 14 | 29 52 | 19 | 8 |
| 14 26 25 | 9 29 | 15 | 0♓46 | 20 | 9 |
| 14 30 20 | 10 ♐ | 16 | 1 41 | 22 | 10 |
| 14 34 16 | 11 1 | 17 | 2 36 | 23 | 11 |
| 14 38 13 | 12 2 | 18 | 3 33 | 25 | 13 |
| 14 42 10 | 13 2 | 18 | 4 30 | 26 | 14 |
| 14 46 8 | 14 3 | 19 | 5 29 | 28 | 16 |
| 14 50 7 | 15 4 | 20 | 6 29 | ♓ | 17 |
| 14 54 7 | 16 5 | 21 | 7 30 | 1 | 18 |
| 14 58 7 | 17 6 | 22 | 8 32 | 3 | 20 |
| 15 2 8 | 18 7 | 23 | 9 35 | 5 | 21 |
| 15 6 9 | 19 8 | 24 | 10 39 | 6 | 22 |
| 15 10 12 | 20 8 | 24 | 11 45 | 8 | 23 |
| 15 14 15 | 21 9 | 25 | 12 52 | 10 | 25 |
| 15 18 19 | 22 10 | 26 | 14 1 | 11 | 26 |
| 15 22 23 | 23 11 | 27 | 15 11 | 13 | 27 |
| 15 26 29 | 24 12 | 28 | 16 23 | 15 | 29 |
| 15 30 35 | 25 13 | 29 | 17 37 | 17 | ♉ |
| 15 34 49 | 26 14 | ♑ | 18 53 | 19 | 1 |
| 15 38 49 | 27 15 | 1 | 20 10 | 21 | 3 |
| 15 42 57 | 28 16 | 2 | 21 29 | 22 | 4 |
| 15 47 51 | 29 16 | 3 | 22 49 | 24 | 6 |
| 15 51 15 | 30 17 | 4 | 24 15 | 26 | 7 |

| Sidereal Time | 10 ♐ | 11 ♐ | 12 ♑ | Ascen ♑ | 2 ♓ | 3 ♉ |
|---|---|---|---|---|---|---|
| H. M. S. | ° | ° | ° | ° ' | ° | ° |
| 15 51 15 | 0 17 | 4 | 24 15 | 26 | 7 |
| 15 55 25 | 1 18 | 5 | 25 41 | 28 | 8 |
| 15 59 36 | 2 19 | 6 | 27 10 | ♈ | 9 |
| 16 3 48 | 3 20 | 7 | 28 41 | 2 | 10 |
| 16 8 0 | 4 21 | 8 | 0♒14 | 4 | 12 |
| 16 12 13 | 5 22 | 9 | 1 50 | 5 | 13 |
| 16 16 26 | 6 23 | 10 | 3 30 | 7 | 14 |
| 16 20 40 | 7 24 | 11 | 5 13 | 9 | 15 |
| 16 24 55 | 8 25 | 12 | 6 58 | 11 | 17 |
| 16 29 10 | 9 26 | 13 | 8 46 | 13 | 18 |
| 16 33 26 | 10 27 | 14 | 10 38 | 15 | 19 |
| 16 37 42 | 11 28 | 15 | 12 32 | 17 | 20 |
| 16 41 59 | 12 29 | 16 | 14 31 | 19 | 22 |
| 16 46 16 | 13 ♑ | 17 | 16 33 | 20 | 23 |
| 16 50 34 | 14 1 | 19 | 18 40 | 22 | 24 |
| 16 54 52 | 15 2 | 20 | 20 50 | 24 | 25 |
| 16 59 10 | 16 3 | 21 | 23 4 | 26 | 26 |
| 17 3 29 | 17 4 | 22 | 25 21 | 28 | 28 |
| 17 7 49 | 18 5 | 24 | 27 42 | 29 | 29 |
| 17 12 9 | 19 6 | 25 | 0♈8 | ♉ | ♊ |
| 17 16 29 | 20 7 | 26 | 2 37 | 3 | 1 |
| 17 20 49 | 21 8 | 28 | 5 10 | 5 | 3 |
| 17 25 9 | 22 9 | 29 | 7 46 | 6 | 4 |
| 17 29 30 | 23 10 | ♒ | 10 24 | 8 | 5 |
| 17 33 51 | 24 11 | 2 | 13 7 | 10 | 6 |
| 17 38 12 | 25 12 | 3 | 15 52 | 11 | 7 |
| 17 42 34 | 26 13 | 4 | 18 38 | 13 | 8 |
| 17 46 55 | 27 14 | 6 | 21 27 | 15 | 9 |
| 17 51 17 | 28 15 | 7 | 24 17 | 16 | 10 |
| 17 55 38 | 29 16 | 9 | 27 8 | 18 | 12 |
| 18 0 0 | 30 17 | 11 | 30 0 | 19 | 13 |

| Sidereal Time | 10 ♑ | 11 ♑ | 12 ♒ | Ascen ♈ | 2 ♉ | 3 ♊ |
|---|---|---|---|---|---|---|
| H. M. S. | ° | ° | ° | ° ' | ° | ° |
| 18 0 0 | 0 17 | 11 | 0 0 | 19 | 13 |
| 18 4 22 | 1 18 | 12 | 2 52 | 21 | 14 |
| 18 8 43 | 2 20 | 14 | 5 43 | 23 | 15 |
| 18 13 5 | 3 21 | 15 | 8 33 | 24 | 16 |
| 18 17 26 | 4 22 | 17 | 11 22 | 25 | 17 |
| 18 21 48 | 5 23 | 19 | 14 8 | 27 | 18 |
| 18 26 9 | 6 24 | 20 | 16 53 | 28 | 19 |
| 18 30 30 | 7 25 | 22 | 19 36 | ♊ | 20 |
| 18 34 51 | 8 26 | 24 | 22 14 | 1 | 21 |
| 18 39 11 | 9 27 | 25 | 24 50 | 2 | 22 |
| 18 43 31 | 10 29 | 27 | 27 23 | 4 | 23 |
| 18 47 51 | 11 ♒ | 28 | 29 52 | 5 | 24 |
| 18 52 11 | 12 1 | ♓ | 2♉18 | 6 | 25 |
| 18 56 31 | 13 2 | 2 | 4 39 | 8 | 26 |
| 19 0 50 | 14 4 | 4 | 6 56 | 9 | 27 |
| 19 5 8 | 15 5 | 6 | 9 10 | 10 | 28 |
| 19 9 26 | 16 6 | 8 | 11 20 | 12 | 29 |
| 19 13 44 | 17 7 | 10 | 13 27 | 12 | ♋ |
| 19 18 1 | 18 8 | 11 | 15 29 | 14 | 1 |
| 19 22 18 | 19 9 | 13 | 17 28 | 15 | 2 |
| 19 26 34 | 20 11 | 15 | 19 22 | 16 | 3 |
| 19 30 50 | 21 12 | 17 | 21 14 | 17 | 4 |
| 19 35 5 | 22 13 | 19 | 23 2 | 18 | 5 |
| 19 39 20 | 23 15 | 21 | 24 47 | 19 | 6 |
| 19 43 34 | 24 16 | 23 | 26 30 | 21 | 7 |
| 19 47 47 | 25 17 | 25 | 28 10 | 21 | 8 |
| 19 52 0 | 26 18 | 26 | 29 46 | 22 | 9 |
| 19 56 12 | 27 20 | 28 | 1♊19 | 23 | 10 |
| 20 0 24 | 28 21 | ♈ | 2 50 | 24 | 11 |
| 20 4 35 | 29 22 | 2 | 4 19 | 25 | 12 |
| 20 8 45 | 30 23 | 4 | 5 45 | 26 | 13 |

| Sidereal Time | 10 ♒ | 11 ♒ | 12 ♈ | Ascen ♉ | 2 ♊ | 3 ♋ |
|---|---|---|---|---|---|---|
| H. M. S. | ° | ° | ° | ° ' | ° | ° |
| 20 8 45 | 0 23 | 4 | 5 45 | 26 | 13 |
| 20 12 54 | 1 25 | 6 | 7 9 | 27 | 14 |
| 20 17 3 | 2 26 | 8 | 8 31 | 28 | 14 |
| 20 21 11 | 3 27 | 9 | 9 50 | 29 | 15 |
| 20 25 19 | 4 29 | 11 | 11 7 | ♋ | 16 |
| 20 29 26 | 5 ♓ | 13 | 12 23 | 1 | 17 |
| 20 33 31 | 6 1 | 15 | 13 37 | 2 | 18 |
| 20 37 37 | 7 3 | 17 | 14 49 | 3 | 19 |
| 20 41 41 | 8 4 | 19 | 15 59 | 4 | 20 |
| 20 45 45 | 9 5 | 20 | 17 8 | 5 | 21 |
| 20 49 48 | 10 7 | 22 | 18 15 | 6 | 22 |
| 20 53 51 | 11 8 | 24 | 19 21 | 7 | 22 |
| 20 57 52 | 12 10 | 25 | 20 25 | 7 | 23 |
| 21 1 53 | 13 11 | 27 | 21 28 | 8 | 24 |
| 21 5 53 | 14 12 | 29 | 22 30 | 9 | 25 |
| 21 9 53 | 15 13 | ♉ | 23 31 | 10 | 26 |
| 21 13 52 | 16 14 | 2 | 24 31 | 11 | 27 |
| 21 17 50 | 17 16 | 4 | 25 30 | 12 | 28 |
| 21 21 47 | 18 17 | 5 | 26 27 | 12 | 28 |
| 21 25 44 | 19 18 | 7 | 27 24 | 13 | 29 |
| 21 29 40 | 20 20 | 8 | 28 19 | 14 | ♌ |
| 21 33 35 | 21 21 | 10 | 29 14 | 15 | 1 |
| 21 37 29 | 22 22 | 11 | 0♋6 | 16 | 2 |
| 21 41 23 | 23 24 | 12 | 1 1 | 17 | 3 |
| 21 45 16 | 24 25 | 14 | 1 54 | 17 | 4 |
| 21 49 9 | 25 26 | 15 | 2 46 | 18 | 4 |
| 21 53 1 | 26 28 | 17 | 3 37 | 19 | 5 |
| 21 56 52 | 27 29 | 18 | 4 28 | 20 | 6 |
| 22 0 43 | 28 ♈ | 20 | 5 17 | 20 | 7 |
| 22 4 33 | 29 2 | 21 | 6 5 | 21 | 8 |
| 22 8 23 | 30 3 | 22 | 6 54 | 22 | 8 |

| Sidereal Time | 10 ♓ | 11 ♈ | 12 ♉ | Ascen ♋ | 2 ♋ | 3 ♌ |
|---|---|---|---|---|---|---|
| H. M. S. | ° | ° | ° | ° ' | ° | ° |
| 22 8 23 | 0 3 | 22 | 6 54 | 22 | 8 |
| 22 12 12 | 1 4 | 23 | 7 42 | 23 | 9 |
| 22 16 0 | 2 5 | 25 | 8 29 | 23 | 10 |
| 22 19 48 | 3 7 | 26 | 9 16 | 24 | 11 |
| 22 23 35 | 4 8 | 27 | 10 3 | 25 | 12 |
| 22 27 22 | 5 9 | 29 | 10 49 | 26 | 13 |
| 22 31 8 | 6 11 | ♊ | 11 34 | 26 | 13 |
| 22 34 54 | 7 12 | 1 | 12 19 | 27 | 14 |
| 22 38 40 | 8 13 | 2 | 13 3 | 28 | 15 |
| 22 42 25 | 9 14 | 3 | 13 48 | 29 | 16 |
| 22 46 9 | 10 16 | 4 | 14 32 | 29 | 17 |
| 22 49 53 | 11 17 | 5 | 15 15 | ♌ | 17 |
| 22 53 37 | 12 18 | 7 | 15 58 | 1 | 18 |
| 22 57 20 | 13 19 | 8 | 16 41 | 2 | 19 |
| 23 1 3 | 14 20 | 9 | 17 24 | 2 | 20 |
| 23 4 46 | 15 22 | 10 | 18 6 | 3 | 21 |
| 23 8 28 | 16 23 | 11 | 18 48 | 4 | 21 |
| 23 12 10 | 17 24 | 12 | 19 30 | 4 | 22 |
| 23 15 52 | 18 25 | 13 | 20 11 | 5 | 23 |
| 23 19 34 | 19 27 | 14 | 20 52 | 6 | 24 |
| 23 23 15 | 20 28 | 15 | 21 33 | 6 | 25 |
| 23 26 56 | 21 29 | 16 | 22 14 | 7 | 26 |
| 23 30 37 | 22 ♉ | 17 | 22 54 | 8 | 27 |
| 23 34 18 | 23 1 | 18 | 23 34 | 9 | 27 |
| 23 37 58 | 24 2 | 19 | 24 14 | 9 | 28 |
| 23 41 39 | 25 4 | 20 | 24 54 | 10 | 29 |
| 23 45 19 | 26 5 | 21 | 25 35 | 11 | ♍ |
| 23 48 59 | 27 6 | 23 | 26 14 | 11 | 1 |
| 23 52 40 | 28 7 | 22 | 26 54 | 12 | 1 |
| 23 56 20 | 29 8 | 23 | 27 33 | 13 | 2 |
| 24 0 0 | 30 9 | 24 | 28 12 | 14 | 3 |

# TABLES OF HOUSES FOR NEW YORK, Latitude 40º 43' N.

| Sidereal Time H. M. S. | 10 ♈ | 11 ♉ | 12 ♊ | Ascen ♋ | 2 ♌ | 3 ♍ |
|---|---|---|---|---|---|---|
| 0 0 0 | 0 | 6 | 15 | 18 53 | 8 | 1 |
| 0 3 40 | 1 | 7 | 16 | 19 38 | 9 | 2 |
| 0 7 20 | 2 | 8 | 17 | 20 23 | 10 | 3 |
| 0 11 0 | 3 | 9 | 18 | 21 12 | 11 | 4 |
| 0 14 41 | 4 | 11 | 19 | 21 55 | 12 | 5 |
| 0 18 21 | 5 | 12 | 20 | 22 40 | 12 | 5 |
| 0 22 2 | 6 | 13 | 21 | 23 24 | 13 | 6 |
| 0 25 42 | 7 | 14 | 22 | 24 8 | 14 | 7 |
| 0 29 23 | 8 | 15 | 23 | 24 54 | 15 | 8 |
| 0 33 4 | 9 | 16 | 23 | 25 37 | 15 | 9 |
| 0 36 45 | 10 | 17 | 24 | 26 22 | 16 | 10 |
| 0 40 26 | 11 | 18 | 25 | 27 5 | 17 | 11 |
| 0 44 8 | 12 | 19 | 26 | 27 50 | 18 | 12 |
| 0 47 50 | 13 | 20 | 27 | 28 33 | 19 | 13 |
| 0 51 32 | 14 | 21 | 28 | 29 19 | 19 | 13 |
| 0 55 14 | 15 | 22 | 28 | 0 ♌ 3 | 20 | 14 |
| 0 58 57 | 16 | 23 | 29 | 0 46 | 21 | 15 |
| 1 2 40 | 17 | 24 | ♋ | 1 31 | 22 | 16 |
| 1 6 23 | 18 | 25 | 1 | 2 14 | 22 | 17 |
| 1 10 7 | 19 | 26 | 2 | 2 58 | 23 | 18 |
| 1 13 51 | 20 | 27 | 3 | 3 43 | 24 | 19 |
| 1 17 35 | 21 | 28 | 3 | 4 27 | 25 | 20 |
| 1 21 20 | 22 | 29 | 4 | 5 12 | 25 | 21 |
| 1 25 6 | 23 | ♊ | 5 | 5 56 | 26 | 22 |
| 1 28 52 | 24 | 1 | 6 | 6 40 | 27 | 22 |
| 1 32 38 | 25 | 2 | 7 | 7 25 | 28 | 23 |
| 1 36 25 | 26 | 2 | 8 | 8 9 | 29 | 24 |
| 1 40 12 | 27 | 3 | 9 | 8 53 | 29 | 25 |
| 1 44 0 | 28 | 4 | 10 | 9 38 | 1 | 26 |
| 1 47 48 | 29 | 5 | 10 | 10 24 | 1 | 27 |
| 1 51 37 | 30 | 6 | 11 | 11 8 | 2 | 28 |

| Sidereal Time H. M. S. | 10 ♉ | 11 ♊ | 12 ♋ | Ascen ♌ | 2 ♍ | 3 ♎ |
|---|---|---|---|---|---|---|
| 1 51 37 | 0 | 6 | 11 | 11 8 | 2 | 28 |
| 1 55 27 | 1 | 7 | 12 | 11 53 | 3 | 29 |
| 1 59 17 | 2 | 8 | 13 | 12 38 | 4 | ♎ |
| 2 3 8 | 3 | 9 | 14 | 13 22 | 5 | 1 |
| 2 6 59 | 4 | 10 | 15 | 14 8 | 5 | 2 |
| 2 10 51 | 5 | 11 | 15 | 14 53 | 6 | 3 |
| 2 14 44 | 6 | 12 | 16 | 15 39 | 7 | 4 |
| 2 18 37 | 7 | 13 | 17 | 16 24 | 8 | 4 |
| 2 22 31 | 8 | 14 | 18 | 17 10 | 9 | 5 |
| 2 26 25 | 9 | 15 | 19 | 17 56 | 10 | 6 |
| 2 30 20 | 10 | 16 | 20 | 18 41 | 10 | 7 |
| 2 34 16 | 11 | 17 | 20 | 19 27 | 11 | 8 |
| 2 38 13 | 12 | 18 | 21 | 20 14 | 12 | 9 |
| 2 42 10 | 13 | 19 | 22 | 21 0 | 13 | 10 |
| 2 46 8 | 14 | 19 | 23 | 21 47 | 14 | 11 |
| 2 50 7 | 15 | 20 | 24 | 22 33 | 15 | 12 |
| 2 54 7 | 16 | 21 | 25 | 23 20 | 16 | 13 |
| 2 58 7 | 17 | 22 | 25 | 24 7 | 17 | 14 |
| 3 2 8 | 18 | 23 | 26 | 24 54 | 17 | 15 |
| 3 6 9 | 19 | 24 | 27 | 25 42 | 18 | 16 |
| 3 10 12 | 20 | 25 | 28 | 26 29 | 19 | 17 |
| 3 14 15 | 21 | 26 | 29 | 27 17 | 20 | 18 |
| 3 18 19 | 22 | 27 | ♌ | 28 4 | 21 | 19 |
| 3 22 23 | 23 | 28 | 1 | 28 52 | 22 | 20 |
| 3 26 29 | 24 | 29 | 1 | 29 40 | 23 | 21 |
| 3 30 35 | 25 | ♋ | 2 | 0 ♍ 29 | 24 | 22 |
| 3 34 41 | 26 | 1 | 3 | 1 17 | 24 | 23 |
| 3 38 49 | 27 | 2 | 4 | 2 6 | 25 | 24 |
| 3 42 57 | 28 | 3 | 5 | 2 55 | 26 | 25 |
| 3 47 6 | 29 | 4 | 6 | 3 43 | 27 | 26 |
| 3 51 15 | 30 | 5 | 7 | 4 32 | 28 | 27 |

| Sidereal Time H. M. S. | 10 ♊ | 11 ♋ | 12 ♌ | Ascen ♍ | 2 ♍ | 3 ♎ |
|---|---|---|---|---|---|---|
| 3 51 15 | 0 | 5 | 7 | 4 32 | 28 | 27 |
| 3 55 25 | 1 | 6 | 8 | 5 22 | 29 | 28 |
| 3 59 36 | 2 | 6 | 8 | 6 10 | ♎ | 29 |
| 4 3 48 | 3 | 7 | 9 | 7 0 | 1 | ♏ |
| 4 8 0 | 4 | 8 | 10 | 7 49 | 2 | 1 |
| 4 12 13 | 5 | 9 | 11 | 8 40 | 3 | 2 |
| 4 16 26 | 6 | 10 | 12 | 9 30 | 4 | 3 |
| 4 20 40 | 7 | 11 | 13 | 10 19 | 4 | 4 |
| 4 24 55 | 8 | 12 | 14 | 11 10 | 5 | 5 |
| 4 29 10 | 9 | 13 | 15 | 12 0 | 6 | 6 |
| 4 33 26 | 10 | 14 | 16 | 12 51 | 7 | 7 |
| 4 37 42 | 11 | 15 | 16 | 13 41 | 8 | 8 |
| 4 41 59 | 12 | 16 | 17 | 14 32 | 9 | 9 |
| 4 46 16 | 13 | 17 | 18 | 15 23 | 10 | 10 |
| 4 50 34 | 14 | 18 | 19 | 16 14 | 11 | 11 |
| 4 54 52 | 15 | 19 | 20 | 17 5 | 12 | 12 |
| 4 59 10 | 16 | 20 | 21 | 17 56 | 13 | 13 |
| 5 3 29 | 17 | 21 | 22 | 18 47 | 14 | 14 |
| 5 7 49 | 18 | 22 | 23 | 19 39 | 15 | 15 |
| 5 12 9 | 19 | 23 | 24 | 20 30 | 16 | 16 |
| 5 16 29 | 20 | 24 | 25 | 21 22 | 17 | 17 |
| 5 20 49 | 21 | 25 | 25 | 22 13 | 18 | 18 |
| 5 25 9 | 22 | 26 | 26 | 23 5 | 18 | 19 |
| 5 29 30 | 23 | 27 | 27 | 23 57 | 19 | 20 |
| 5 33 51 | 24 | 28 | 28 | 24 49 | 20 | 21 |
| 5 38 12 | 25 | 29 | 29 | 25 40 | 21 | 22 |
| 5 42 34 | 26 | ♌ | 0 | 26 32 | 22 | 22 |
| 5 46 55 | 27 | 1 | 1 | 27 25 | 23 | 23 |
| 5 51 17 | 28 | 2 | 2 | 28 16 | 24 | 24 |
| 5 55 38 | 29 | 3 | 3 | 29 8 | 25 | 25 |
| 6 0 0 | 30 | 4 | 4 | 30 0 | 26 | 26 |

| Sidereal Time H. M. S. | 10 ♋ | 11 ♌ | 12 ♍ | Ascen ♎ | 2 ♎ | 3 ♏ |
|---|---|---|---|---|---|---|
| 6 0 0 | 0 | 4 | 4 | 0 0 | 26 | 26 |
| 6 4 22 | 1 | 5 | 5 | 0 52 | 27 | 27 |
| 6 8 43 | 2 | 6 | 6 | 1 44 | 28 | 28 |
| 6 13 5 | 3 | 6 | 7 | 2 35 | 29 | 29 |
| 6 17 26 | 4 | 7 | 8 | 3 28 | ♏ | ♐ |
| 6 21 48 | 5 | 8 | 9 | 4 20 | 1 | 1 |
| 6 26 9 | 6 | 9 | 10 | 5 11 | 2 | 2 |
| 6 30 30 | 7 | 10 | 11 | 6 3 | 3 | 3 |
| 6 34 51 | 8 | 11 | 12 | 6 55 | 3 | 4 |
| 6 39 11 | 9 | 12 | 13 | 7 47 | 4 | 5 |
| 6 43 31 | 10 | 14 | 14 | 8 38 | 5 | 6 |
| 6 47 51 | 11 | 14 | 15 | 9 30 | 6 | 7 |
| 6 52 11 | 12 | 15 | 15 | 10 21 | 7 | 8 |
| 6 56 31 | 13 | 16 | 16 | 11 13 | 8 | 9 |
| 7 0 50 | 14 | 17 | 17 | 12 4 | 9 | 10 |
| 7 5 8 | 15 | 18 | 18 | 12 55 | 10 | 11 |
| 7 9 26 | 16 | 19 | 19 | 13 46 | 11 | 12 |
| 7 13 44 | 17 | 20 | 20 | 14 37 | 12 | 13 |
| 7 18 1 | 18 | 21 | 21 | 15 28 | 13 | 14 |
| 7 22 18 | 19 | 22 | 22 | 16 19 | 14 | 15 |
| 7 26 34 | 20 | 23 | 23 | 17 9 | 14 | 16 |
| 7 30 50 | 21 | 24 | 23 | 18 0 | 15 | 17 |
| 7 35 5 | 22 | 25 | 24 | 18 50 | 16 | 18 |
| 7 39 20 | 23 | 26 | 25 | 19 41 | 17 | 19 |
| 7 43 34 | 24 | 27 | 26 | 20 30 | 18 | 20 |
| 7 47 47 | 25 | 28 | 27 | 21 20 | 19 | 21 |
| 7 52 0 | 26 | 29 | 28 | 22 11 | 20 | 22 |
| 7 56 12 | 27 | ♍ | 29 | 23 0 | 21 | 23 |
| 8 0 24 | 28 | 1 | ♎ | 23 50 | 21 | 24 |
| 8 4 35 | 29 | 2 | 1 | 24 38 | 22 | 24 |
| 8 8 45 | 30 | 3 | 2 | 25 28 | 23 | 25 |

| Sidereal Time H. M. S. | 10 ♌ | 11 ♍ | 12 ♎ | Ascen ♎ | 2 ♏ | 3 ♐ |
|---|---|---|---|---|---|---|
| 8 8 45 | 0 | 3 | 2 | 25 28 | 23 | 25 |
| 8 12 54 | 1 | 4 | 3 | 26 17 | 24 | 26 |
| 8 17 3 | 2 | 5 | 4 | 27 5 | 25 | 27 |
| 8 21 11 | 3 | 6 | 5 | 27 54 | 26 | 28 |
| 8 25 19 | 4 | 7 | 6 | 28 43 | 27 | 29 |
| 8 29 26 | 5 | 8 | 7 | 29 31 | 28 | ♐ |
| 8 33 31 | 6 | 9 | 7 | 0 ♏ 20 | 28 | 1 |
| 8 37 37 | 7 | 10 | 8 | 1 8 | 29 | 2 |
| 8 41 41 | 8 | 11 | 9 | 1 56 | ♐ | 3 |
| 8 45 45 | 9 | 12 | 10 | 2 43 | 1 | 4 |
| 8 49 48 | 10 | 13 | 11 | 3 31 | 2 | 5 |
| 8 53 51 | 11 | 14 | 12 | 4 18 | 3 | 6 |
| 8 57 52 | 12 | 15 | 12 | 5 6 | 4 | 7 |
| 9 1 53 | 13 | 16 | 13 | 5 53 | 5 | 8 |
| 9 5 53 | 14 | 17 | 14 | 6 40 | 5 | 9 |
| 9 9 53 | 15 | 18 | 15 | 7 27 | 6 | 10 |
| 9 13 52 | 16 | 19 | 16 | 8 13 | 7 | 11 |
| 9 17 50 | 17 | 20 | 17 | 9 0 | 8 | 11 |
| 9 21 47 | 18 | 21 | 18 | 9 46 | 9 | 12 |
| 9 25 44 | 19 | 22 | 19 | 10 33 | 10 | 13 |
| 9 29 40 | 20 | 23 | 19 | 11 19 | 10 | 14 |
| 9 33 35 | 21 | 24 | 20 | 12 4 | 11 | 15 |
| 9 37 29 | 22 | 24 | 21 | 12 50 | 12 | 16 |
| 9 41 23 | 23 | 25 | 22 | 13 36 | 13 | 17 |
| 9 45 16 | 24 | 26 | 23 | 14 21 | 14 | 18 |
| 9 49 9 | 25 | 27 | 24 | 15 7 | 15 | 19 |
| 9 53 1 | 26 | 28 | 24 | 15 52 | 15 | 20 |
| 9 56 52 | 27 | 29 | 25 | 16 38 | 16 | 21 |
| 10 0 43 | 28 | ♎ | 26 | 17 22 | 17 | 22 |
| 10 4 33 | 29 | 1 | 27 | 18 7 | 18 | 23 |
| 10 8 23 | 30 | 2 | 28 | 18 52 | 19 | 24 |

| Sidereal Time H. M. S. | 10 ♍ | 11 ♎ | 12 ♏ | Ascen ♏ | 2 ♐ | 3 ♑ |
|---|---|---|---|---|---|---|
| 10 8 23 | 0 | 2 | 28 | 18 52 | 19 | 24 |
| 10 12 12 | 1 | 3 | 29 | 19 36 | 20 | 25 |
| 10 16 0 | 2 | 4 | ♏ | 20 20 | 20 | 26 |
| 10 19 48 | 3 | 5 | 1 | 21 7 | 21 | 27 |
| 10 23 35 | 4 | 6 | 1 | 21 51 | 22 | 28 |
| 10 27 22 | 5 | 7 | 2 | 22 35 | 23 | 28 |
| 10 31 8 | 6 | 7 | 3 | 23 20 | 24 | 29 |
| 10 34 54 | 7 | 8 | 4 | 24 4 | 25 | ♑ |
| 10 38 40 | 8 | 9 | 4 | 24 48 | 25 | 1 |
| 10 42 25 | 9 | 10 | 5 | 25 33 | 26 | 2 |
| 10 46 9 | 10 | 11 | 6 | 26 17 | 27 | 3 |
| 10 49 53 | 11 | 12 | 7 | 27 2 | 27 | 4 |
| 10 53 37 | 12 | 13 | 7 | 27 46 | 28 | 5 |
| 10 57 20 | 13 | 14 | 8 | 28 29 | 29 | 6 |
| 11 1 3 | 14 | 15 | 9 | 29 14 | ♐ | 7 |
| 11 4 46 | 15 | 16 | 10 | 29 57 | 1 | 8 |
| 11 8 28 | 16 | 17 | 11 | 0 ♐ 41 | 2 | 9 |
| 11 12 10 | 17 | 17 | 11 | 1 27 | 3 | 10 |
| 11 15 52 | 18 | 18 | 12 | 2 10 | 4 | 11 |
| 11 19 34 | 19 | 19 | 13 | 2 55 | 5 | 12 |
| 11 23 15 | 20 | 20 | 14 | 3 38 | 6 | 13 |
| 11 26 56 | 21 | 21 | 14 | 4 23 | 7 | 14 |
| 11 30 37 | 22 | 22 | 15 | 5 6 | 7 | 15 |
| 11 34 18 | 23 | 23 | 16 | 5 52 | 8 | 16 |
| 11 37 58 | 24 | 23 | 17 | 6 35 | 9 | 17 |
| 11 41 39 | 25 | 24 | 18 | 7 20 | 10 | 18 |
| 11 45 19 | 26 | 25 | 18 | 8 5 | 11 | 19 |
| 11 49 2 | 27 | 26 | 19 | 8 48 | 12 | 20 |
| 11 52 40 | 28 | 27 | 20 | 9 37 | 13 | 22 |
| 11 56 20 | 29 | 28 | 21 | 10 22 | 14 | 23 |
| 12 0 0 | 30 | 29 | 21 | 11 7 | 15 | 24 |

# TABLES OF HOUSES FOR NEW YORK, Latitude 40° 43' N.

**Upper half — Group 1**

| Sidereal Time H. M. S. | 10 ♎ | 11 ♎ | 12 ♏ | Ascen ♐ | 2 ♑ | 3 ♒ |
|---|---|---|---|---|---|---|
| 12 0 0 | 0 | 29 | 21 | 11 7 | 15 | 24 |
| 12 3 40 | 1 | ♏ | 22 | 11 52 | 16 | 25 |
| 12 7 20 | 2 | 1 | 23 | 12 37 | 17 | 26 |
| 12 11 0 | 3 | 1 | 24 | 13 19 | 17 | 27 |
| 12 14 41 | 4 | 2 | 25 | 14 7 | 18 | 28 |
| 12 18 21 | 5 | 3 | 25 | 14 52 | 19 | 29 |
| 12 22 2 | 6 | 4 | 26 | 15 38 | 20 | ♓ |
| 12 25 42 | 7 | 5 | 27 | 16 23 | 21 | 1 |
| 12 29 23 | 8 | 6 | 28 | 17 11 | 22 | 2 |
| 12 33 4 | 9 | 6 | 28 | 17 58 | 23 | 3 |
| 12 36 45 | 10 | 7 | 29 | 18 45 | 24 | 4 |
| 12 40 26 | 11 | 8 | ♐ | 19 32 | 25 | 5 |
| 12 44 8 | 12 | 9 | 1 | 20 20 | 26 | 7 |
| 12 47 50 | 13 | 10 | 2 | 21 8 | 27 | 8 |
| 12 51 32 | 14 | 11 | 2 | 21 57 | 28 | 9 |
| 12 55 14 | 15 | 12 | 3 | 22 43 | 29 | 10 |
| 12 58 57 | 16 | 13 | 4 | 23 33 | ♒ | 11 |
| 13 2 40 | 17 | 13 | 5 | 24 22 | 1 | 12 |
| 13 6 23 | 18 | 14 | 6 | 25 11 | 2 | 13 |
| 13 10 7 | 19 | 15 | 7 | 26 1 | 3 | 15 |
| 13 13 51 | 20 | 16 | 7 | 26 51 | 5 | 16 |
| 13 17 35 | 21 | 17 | 8 | 27 40 | 6 | 17 |
| 13 21 20 | 22 | 18 | 9 | 28 32 | 7 | 18 |
| 13 25 6 | 23 | 19 | 10 | 29 23 | 8 | 19 |
| 13 28 52 | 24 | 19 | 10 | 0 ♑ 14 | 9 | 20 |
| 13 32 38 | 25 | 20 | 11 | 1 7 | 10 | 21 |
| 13 36 25 | 26 | 21 | 12 | 2 0 | 11 | 23 |
| 13 40 12 | 27 | 22 | 13 | 2 52 | 12 | 24 |
| 13 44 0 | 28 | 23 | 13 | 3 46 | 13 | 25 |
| 13 47 48 | 29 | 24 | 14 | 4 41 | 15 | 26 |
| 13 51 37 | 30 | 25 | 15 | 5 35 | 16 | 27 |

**Upper half — Group 2**

| Sidereal Time H. M. S. | 10 ♏ | 11 ♏ | 12 ♐ | Ascen ♑ | 2 ♒ | 3 ♓ |
|---|---|---|---|---|---|---|
| 13 51 37 | 0 | 25 | 15 | 5 35 | 16 | 27 |
| 13 55 27 | 1 | 25 | 16 | 6 30 | 17 | 29 |
| 13 59 17 | 2 | 26 | 17 | 7 27 | 18 | ♈ |
| 14 3 8 | 3 | 27 | 18 | 8 23 | 20 | 1 |
| 14 6 59 | 4 | 28 | 18 | 9 20 | 21 | 2 |
| 14 10 51 | 5 | 29 | 19 | 10 18 | 22 | 3 |
| 14 14 44 | 6 | ♐ | 20 | 11 16 | 23 | 5 |
| 14 18 37 | 7 | 1 | 21 | 12 15 | 24 | 6 |
| 14 22 31 | 8 | 2 | 22 | 13 15 | 26 | 7 |
| 14 26 25 | 9 | 2 | 23 | 14 16 | 27 | 8 |
| 14 30 20 | 10 | 3 | 24 | 15 17 | 28 | 9 |
| 14 34 16 | 11 | 4 | 24 | 16 19 | ♓ | 11 |
| 14 38 13 | 12 | 5 | 25 | 17 23 | 1 | 12 |
| 14 42 10 | 13 | 6 | 26 | 18 27 | 2 | 13 |
| 14 46 8 | 14 | 7 | 27 | 19 32 | 4 | 14 |
| 14 50 7 | 15 | 8 | 28 | 20 37 | 5 | 16 |
| 14 54 7 | 16 | 9 | 29 | 21 44 | 6 | 17 |
| 14 58 7 | 17 | 10 | ♑ | 22 51 | 8 | 18 |
| 15 2 8 | 18 | 10 | 1 | 23 59 | 9 | 19 |
| 15 6 9 | 19 | 11 | 2 | 25 9 | 11 | 20 |
| 15 10 12 | 20 | 12 | 3 | 26 16 | 12 | 22 |
| 15 14 15 | 21 | 13 | 4 | 27 31 | 14 | 23 |
| 15 18 19 | 22 | 14 | 5 | 28 43 | 15 | 24 |
| 15 22 23 | 23 | 15 | 6 | 29 57 | 16 | 25 |
| 15 26 29 | 24 | 16 | 6 | 1 ♒ 14 | 18 | 26 |
| 15 30 35 | 25 | 17 | 7 | 2 28 | 19 | 28 |
| 15 34 51 | 26 | 18 | 8 | 3 46 | 21 | 29 |
| 15 38 49 | 27 | 19 | 9 | 5 5 | 22 | ♈ |
| 15 42 57 | 28 | 20 | 10 | 6 25 | 24 | 1 |
| 15 47 6 | 29 | 21 | 11 | 7 46 | 25 | 3 |
| 15 51 15 | 30 | 21 | 13 | 9 8 | 27 | 4 |

**Upper half — Group 3**

| Sidereal Time H. M. S. | 10 ♐ | 11 ♐ | 12 ♑ | Ascen ♒ | 2 ♓ | 3 ♈ |
|---|---|---|---|---|---|---|
| 15 51 15 | 0 | 21 | 13 | 9 8 | 27 | 4 |
| 15 55 25 | 1 | 22 | 14 | 10 31 | 28 | 5 |
| 15 59 36 | 2 | 23 | 15 | 11 56 | ♈ | 6 |
| 16 3 48 | 3 | 24 | 16 | 13 23 | 1 | 7 |
| 16 8 0 | 4 | 25 | 17 | 14 50 | 3 | 8 |
| 16 12 13 | 5 | 26 | 18 | 16 9 | 4 | 10 |
| 16 16 26 | 6 | 27 | 19 | 17 50 | 6 | 11 |
| 16 20 40 | 7 | 28 | 20 | 19 22 | 7 | 12 |
| 16 24 55 | 8 | 29 | 21 | 20 56 | 9 | 13 |
| 16 29 10 | 9 | ♑ | 22 | 22 30 | 11 | 15 |
| 16 33 26 | 10 | 1 | 23 | 24 7 | 12 | 16 |
| 16 37 42 | 11 | 2 | 24 | 25 44 | 14 | 17 |
| 16 41 59 | 12 | 3 | 26 | 27 23 | 15 | 18 |
| 16 46 16 | 13 | 4 | 27 | 29 4 | 17 | 19 |
| 16 50 34 | 14 | 5 | 28 | 0 ♓45 | 18 | 20 |
| 16 54 52 | 15 | 6 | 29 | 2 27 | 20 | 22 |
| 16 59 10 | 16 | 7 | ♒ | 4 11 | 21 | 23 |
| 17 3 29 | 17 | 8 | 2 | 5 56 | 23 | 24 |
| 17 7 49 | 18 | 9 | 3 | 7 43 | 24 | 25 |
| 17 12 9 | 19 | 10 | 4 | 9 30 | 26 | 26 |
| 17 16 29 | 20 | 11 | 5 | 11 18 | 27 | 27 |
| 17 20 49 | 21 | 12 | 7 | 13 8 | 29 | 28 |
| 17 25 9 | 22 | 13 | 8 | 14 57 | ♉ | ♊ |
| 17 29 30 | 23 | 14 | 9 | 16 48 | 2 | 1 |
| 17 33 51 | 24 | 15 | 10 | 18 41 | 3 | 2 |
| 17 38 12 | 25 | 16 | 12 | 20 33 | 5 | 3 |
| 17 42 34 | 26 | 17 | 13 | 22 25 | 6 | 4 |
| 17 46 55 | 27 | 19 | 14 | 24 19 | 7 | 5 |
| 17 51 17 | 28 | 20 | 16 | 26 12 | 9 | 6 |
| 17 55 38 | 29 | 21 | 17 | 28 7 | 10 | 8 |
| 18 0 0 | 30 | 22 | 18 | 30 | 12 | 9 |

**Lower half — Group 1**

| Sidereal Time H. M. S. | 10 ♑ | 11 ♑ | 12 ♒ | Ascen ♈ | 2 ♉ | 3 ♊ |
|---|---|---|---|---|---|---|
| 18 0 0 | 0 | 22 | 18 | 0 0 | 12 | 9 |
| 18 4 22 | 1 | 23 | 20 | 1 53 | 13 | 10 |
| 18 8 43 | 2 | 24 | 21 | 3 48 | 14 | 11 |
| 18 13 5 | 3 | 25 | 23 | 5 41 | 16 | 12 |
| 18 17 26 | 4 | 26 | 24 | 7 35 | 17 | 13 |
| 18 21 48 | 5 | 27 | 25 | 9 27 | 18 | 14 |
| 18 26 9 | 6 | 28 | 27 | 11 19 | 20 | 15 |
| 18 30 30 | 7 | 29 | 28 | 13 12 | 21 | 16 |
| 18 34 51 | 8 | ♒ | ♓ | 15 3 | 22 | 17 |
| 18 39 11 | 9 | 2 | 1 | 16 52 | 23 | 18 |
| 18 43 31 | 10 | 3 | 2 | 18 42 | 25 | 19 |
| 18 47 51 | 11 | 4 | 4 | 20 30 | 26 | 20 |
| 18 52 11 | 12 | 5 | 5 | 22 17 | 27 | 21 |
| 18 56 31 | 13 | 6 | 7 | 24 4 | 29 | 22 |
| 19 0 50 | 14 | 7 | 9 | 25 49 | ♊ | 23 |
| 19 5 8 | 15 | 9 | 10 | 27 33 | 1 | 24 |
| 19 9 26 | 16 | 10 | 12 | 29 15 | 2 | 25 |
| 19 13 44 | 17 | 11 | 13 | 0 ♉56 | 3 | 26 |
| 19 18 1 | 18 | 12 | 15 | 2 37 | 4 | 27 |
| 19 22 18 | 19 | 13 | 16 | 4 16 | 6 | 28 |
| 19 26 34 | 20 | 14 | 18 | 5 53 | 7 | 29 |
| 19 30 50 | 21 | 16 | 19 | 7 30 | 8 | ♋ |
| 19 35 5 | 22 | 17 | 21 | 9 4 | 9 | 1 |
| 19 39 20 | 23 | 18 | 22 | 10 38 | 10 | 2 |
| 19 43 34 | 24 | 19 | 24 | 12 10 | 11 | 3 |
| 19 47 47 | 25 | 20 | 25 | 13 41 | 12 | 4 |
| 19 52 0 | 26 | 21 | 27 | 15 10 | 13 | 5 |
| 19 56 12 | 27 | 23 | 29 | 16 37 | 14 | 6 |
| 20 0 24 | 28 | 24 | ♈ | 18 4 | 15 | 7 |
| 20 4 35 | 29 | 25 | 2 | 19 29 | 16 | 8 |
| 20 8 45 | 30 | 26 | 3 | 20 52 | 17 | 9 |

**Lower half — Group 2**

| Sidereal Time H. M. S. | 10 ♒ | 11 ♒ | 12 ♈ | Ascen ♉ | 2 ♊ | 3 ♋ |
|---|---|---|---|---|---|---|
| 20 8 45 | 0 | 26 | 3 | 20 52 | 17 | 9 |
| 20 12 54 | 1 | 27 | 5 | 22 14 | 18 | 9 |
| 20 17 3 | 2 | 29 | 6 | 23 35 | 19 | 10 |
| 20 21 11 | 3 | ♓ | 8 | 24 55 | 20 | 11 |
| 20 25 19 | 4 | 1 | 9 | 26 14 | 21 | 12 |
| 20 29 26 | 5 | 2 | 11 | 27 32 | 22 | 13 |
| 20 33 31 | 6 | 3 | 12 | 28 46 | 23 | 14 |
| 20 37 37 | 7 | 5 | 14 | 0 ♊ 1 | 24 | 15 |
| 20 41 41 | 8 | 6 | 15 | 1 17 | 25 | 16 |
| 20 45 45 | 9 | 7 | 16 | 2 29 | 26 | 17 |
| 20 49 53 | 10 | 8 | 18 | 3 41 | 27 | 18 |
| 20 53 51 | 11 | 10 | 19 | 4 51 | 28 | 19 |
| 20 57 52 | 12 | 11 | 21 | 6 1 | 29 | 20 |
| 21 1 53 | 13 | 12 | 22 | 7 9 | ♋ | 20 |
| 21 5 53 | 14 | 13 | 24 | 8 16 | 1 | 21 |
| 21 9 53 | 15 | 14 | 25 | 9 23 | 2 | 22 |
| 21 13 52 | 16 | 16 | 26 | 10 30 | 3 | 23 |
| 21 17 50 | 17 | 17 | 28 | 11 33 | 4 | 24 |
| 21 21 47 | 18 | 18 | 29 | 12 35 | 5 | 25 |
| 21 25 44 | 19 | 19 | ♉ | 13 41 | 6 | 26 |
| 21 29 40 | 20 | 21 | 2 | 14 43 | 6 | 27 |
| 21 33 35 | 21 | 22 | 3 | 15 44 | 7 | 28 |
| 21 37 29 | 22 | 23 | 4 | 16 45 | 8 | 28 |
| 21 41 23 | 23 | 24 | 6 | 17 45 | 9 | 29 |
| 21 45 16 | 24 | 25 | 7 | 18 44 | 10 | ♌ |
| 21 49 9 | 25 | 27 | 8 | 19 42 | 11 | 1 |
| 21 53 1 | 26 | 28 | 9 | 20 40 | 12 | 2 |
| 21 56 52 | 27 | 29 | 11 | 21 37 | 13 | 3 |
| 22 0 43 | 28 | ♈ | 12 | 22 33 | 14 | 4 |
| 22 4 33 | 29 | 1 | 13 | 23 30 | 14 | 5 |
| 22 8 23 | 30 | 3 | 14 | 24 25 | 15 | 5 |

**Lower half — Group 3**

| Sidereal Time H. M. S. | 10 ♓ | 11 ♈ | 12 ♉ | Ascen ♊ | 2 ♋ | 3 ♌ |
|---|---|---|---|---|---|---|
| 22 8 23 | 0 | 3 | 14 | 24 25 | 15 | 5 |
| 22 12 12 | 1 | 4 | 15 | 25 19 | 16 | 6 |
| 22 16 0 | 2 | 5 | 17 | 26 8 | 17 | 7 |
| 22 19 48 | 3 | 6 | 18 | 27 8 | 17 | 8 |
| 22 23 35 | 4 | 7 | 19 | 28 0 | 18 | 9 |
| 22 27 22 | 5 | 8 | 20 | 28 53 | 19 | 10 |
| 22 31 8 | 6 | 10 | 21 | 29 46 | 20 | 11 |
| 22 34 54 | 7 | 11 | 22 | 0 ♋ 37 | 21 | 12 |
| 22 38 40 | 8 | 12 | 23 | 1 28 | 21 | 12 |
| 22 42 25 | 9 | 13 | 24 | 2 20 | 22 | 13 |
| 22 46 9 | 10 | 14 | 25 | 3 9 | 23 | 14 |
| 22 49 53 | 11 | 15 | 27 | 3 59 | 24 | 15 |
| 22 53 37 | 12 | 17 | 28 | 4 49 | 24 | 16 |
| 22 57 20 | 13 | 18 | 29 | 5 38 | 25 | 17 |
| 23 1 3 | 14 | 19 | ♊ | 6 26 | 26 | 17 |
| 23 4 46 | 15 | 20 | 1 | 7 17 | 27 | 18 |
| 23 8 28 | 16 | 21 | 2 | 8 3 | 28 | 19 |
| 23 12 10 | 17 | 22 | 3 | 8 52 | 28 | 20 |
| 23 15 52 | 18 | 23 | 4 | 9 40 | 29 | 21 |
| 23 19 34 | 19 | 24 | 5 | 10 28 | ♌ | 22 |
| 23 23 15 | 20 | 26 | 6 | 11 15 | 1 | 23 |
| 23 26 56 | 21 | 27 | 7 | 12 2 | 2 | 23 |
| 23 30 37 | 22 | 28 | 8 | 12 49 | 2 | 24 |
| 23 34 18 | 23 | 29 | 9 | 13 37 | 3 | 25 |
| 23 37 58 | 24 | ♉ | 10 | 14 22 | 4 | 25 |
| 23 41 39 | 25 | 1 | 11 | 15 8 | 5 | 27 |
| 23 45 19 | 26 | 2 | 12 | 15 53 | 5 | 28 |
| 23 49 0 | 27 | 3 | 12 | 16 41 | 6 | 29 |
| 23 52 40 | 28 | 4 | 13 | 17 23 | 7 | 29 |
| 23 56 20 | 29 | 5 | 14 | 18 8 | 8 | ♍ |
| 24 0 0 | 30 | 6 | 15 | 18 53 | 9 | 1 |

# PROPORTIONAL LOGARITHMS FOR FINDING THE PLANETS' PLACES
## DEGREES OR HOURS

| Min | 0 | 1 | 2 | 3 | 4 | 5 | 6 | 7 | 8 | 9 | 10 | 11 | 12 | 13 | 14 | 15 | Min |
|---|---|---|---|---|---|---|---|---|---|---|---|---|---|---|---|---|---|
| 0 | 3.1584 | 1.3802 | 1.0792 | 9031 | 7781 | 6812 | 6021 | 5351 | 4771 | 4260 | 3802 | 3388 | 3010 | 2663 | 2341 | 2041 | 0 |
| 1 | 3.1584 | 1.3730 | 1.0756 | 9007 | 7763 | 6798 | 6009 | 5341 | 4762 | 4252 | 3795 | 3382 | 3004 | 2657 | 2336 | 2036 | 1 |
| 2 | 2.8573 | 1.3660 | 1.0720 | 8983 | 7745 | 6784 | 5997 | 5330 | 4753 | 4244 | 3788 | 3375 | 2998 | 2652 | 2330 | 2032 | 2 |
| 3 | 2.6812 | 1.3590 | 1.0685 | 8959 | 7728 | 6769 | 5985 | 5320 | 4744 | 4236 | 3780 | 3368 | 2992 | 2646 | 2325 | 2027 | 3 |
| 4 | 2.5563 | 1.3522 | 1.0649 | 8935 | 7710 | 6755 | 5973 | 5310 | 4735 | 4228 | 3773 | 3362 | 2986 | 2640 | 2320 | 2022 | 4 |
| 5 | 2.4594 | 1.3454 | 1.0614 | 8912 | 7692 | 6741 | 5961 | 5300 | 4726 | 4220 | 3766 | 3355 | 2980 | 2635 | 2315 | 2017 | 5 |
| 6 | 2.3802 | 1.3388 | 1.0580 | 8888 | 7674 | 6726 | 5949 | 5289 | 4717 | 4212 | 3759 | 3349 | 2974 | 2629 | 2310 | 2012 | 6 |
| 7 | 2.3133 | 1.3323 | 1.0546 | 8865 | 7657 | 6712 | 5937 | 5279 | 4708 | 4204 | 3752 | 3342 | 2968 | 2624 | 2305 | 2008 | 7 |
| 8 | 2.2553 | 1.3258 | 1.0511 | 8842 | 7639 | 6698 | 5925 | 5269 | 4699 | 4196 | 3745 | 3336 | 2962 | 2618 | 2300 | 2003 | 8 |
| 9 | 2.2041 | 1.3195 | 1.0478 | 8819 | 7622 | 6684 | 5913 | 5259 | 4690 | 4188 | 3737 | 3329 | 2956 | 2613 | 2295 | 1998 | 9 |
| 10 | 2.1584 | 1.3133 | 1.0444 | 8796 | 7604 | 6670 | 5902 | 5249 | 4682 | 4180 | 3730 | 3323 | 2950 | 2607 | 2289 | 1993 | 10 |
| 11 | 2.1170 | 1.3071 | 1.0411 | 8773 | 7587 | 6656 | 5890 | 5239 | 4673 | 4172 | 3723 | 3316 | 2944 | 2602 | 2284 | 1988 | 11 |
| 12 | 2.0792 | 1.3010 | 1.0378 | 8751 | 7570 | 6642 | 5878 | 5229 | 4664 | 4164 | 3716 | 3310 | 2938 | 2596 | 2279 | 1984 | 12 |
| 13 | 2.0444 | 1.2950 | 1.0345 | 8728 | 7552 | 6628 | 5866 | 5219 | 4655 | 4156 | 3709 | 3303 | 2933 | 2591 | 2274 | 1979 | 13 |
| 14 | 2.0122 | 1.2891 | 1.0313 | 8706 | 7535 | 6614 | 5855 | 5209 | 4646 | 4148 | 3702 | 3297 | 2927 | 2585 | 2269 | 1974 | 14 |
| 15 | 1.9823 | 1.2833 | 1.0280 | 8683 | 7518 | 6600 | 5843 | 5199 | 4638 | 4141 | 3695 | 3291 | 2921 | 2580 | 2264 | 1969 | 15 |
| 16 | 1.9542 | 1.2775 | 1.0248 | 8661 | 7501 | 6587 | 5832 | 5189 | 4629 | 4133 | 3688 | 3284 | 2915 | 2574 | 2259 | 1965 | 16 |
| 17 | 1.9279 | 1.2719 | 1.0216 | 8639 | 7484 | 6573 | 5820 | 5179 | 4620 | 4125 | 3681 | 3278 | 2909 | 2569 | 2254 | 1960 | 17 |
| 18 | 1.9031 | 1.2663 | 1.0185 | 8617 | 7467 | 6559 | 5809 | 5169 | 4611 | 4117 | 3674 | 3271 | 2903 | 2564 | 2249 | 1955 | 18 |
| 19 | 1.8796 | 1.2607 | 1.0153 | 8595 | 7451 | 6546 | 5797 | 5159 | 4603 | 4109 | 3667 | 3265 | 2897 | 2558 | 2244 | 1950 | 19 |
| 20 | 1.8573 | 1.2553 | 1.0122 | 8573 | 7434 | 6532 | 5786 | 5149 | 4594 | 4102 | 3660 | 3258 | 2891 | 2553 | 2239 | 1946 | 20 |
| 21 | 1.8361 | 1.2499 | 1.0091 | 8552 | 7417 | 6519 | 5774 | 5139 | 4585 | 4094 | 3653 | 3252 | 2885 | 2547 | 2234 | 1941 | 21 |
| 22 | 1.8159 | 1.2445 | 1.0061 | 8530 | 7401 | 6505 | 5763 | 5129 | 4577 | 4086 | 3646 | 3246 | 2880 | 2542 | 2229 | 1936 | 22 |
| 23 | 1.7966 | 1.2393 | 1.0030 | 8509 | 7384 | 6492 | 5752 | 5120 | 4568 | 4079 | 3639 | 3239 | 2874 | 2536 | 2223 | 1932 | 23 |
| 24 | 1.7781 | 1.2341 | 1.0000 | 8487 | 7368 | 6478 | 5740 | 5110 | 4559 | 4071 | 3632 | 3233 | 2868 | 2531 | 2218 | 1927 | 24 |
| 25 | 1.7604 | 1.2289 | 0.9970 | 8466 | 7351 | 6465 | 5729 | 5100 | 4551 | 4063 | 3625 | 3227 | 2862 | 2526 | 2213 | 1922 | 25 |
| 26 | 1.7434 | 1.2239 | 0.9940 | 8445 | 7335 | 6451 | 5718 | 5090 | 4542 | 4055 | 3618 | 3220 | 2856 | 2520 | 2208 | 1917 | 26 |
| 27 | 1.7270 | 1.2188 | 0.9910 | 8424 | 7318 | 6438 | 5706 | 5081 | 4534 | 4048 | 3611 | 3214 | 2850 | 2515 | 2203 | 1913 | 27 |
| 28 | 1.7112 | 1.2139 | 0.9881 | 8403 | 7302 | 6425 | 5695 | 5071 | 4525 | 4040 | 3604 | 3208 | 2845 | 2509 | 2198 | 1908 | 28 |
| 29 | 1.6960 | 1.2090 | 0.9852 | 8382 | 7286 | 6412 | 5684 | 5061 | 4516 | 4032 | 3597 | 3201 | 2839 | 2504 | 2193 | 1903 | 29 |
| 30 | 1.6812 | 1.2041 | 0.9823 | 8361 | 7270 | 6398 | 5673 | 5051 | 4508 | 4025 | 3590 | 3195 | 2833 | 2499 | 2188 | 1899 | 30 |
| 31 | 1.6670 | 1.1993 | 0.9794 | 8341 | 7254 | 6385 | 5662 | 5042 | 4499 | 4017 | 3583 | 3189 | 2827 | 2493 | 2183 | 1894 | 31 |
| 32 | 1.6532 | 1.1946 | 0.9765 | 8320 | 7238 | 6372 | 5651 | 5032 | 4491 | 4010 | 3576 | 3183 | 2821 | 2488 | 2178 | 1889 | 32 |
| 33 | 1.6398 | 1.1899 | 0.9737 | 8300 | 7222 | 6359 | 5640 | 5023 | 4482 | 4002 | 3570 | 3176 | 2816 | 2483 | 2173 | 1885 | 33 |
| 34 | 1.6269 | 1.1852 | 0.9708 | 8279 | 7206 | 6346 | 5629 | 5013 | 4474 | 3994 | 3563 | 3170 | 2810 | 2477 | 2168 | 1880 | 34 |
| 35 | 1.6143 | 1.1806 | 0.9680 | 8259 | 7190 | 6333 | 5618 | 5003 | 4466 | 3987 | 3556 | 3164 | 2804 | 2472 | 2164 | 1875 | 35 |
| 36 | 1.6021 | 1.1761 | 0.9652 | 8239 | 7174 | 6320 | 5607 | 4994 | 4457 | 3979 | 3549 | 3157 | 2798 | 2467 | 2159 | 1871 | 36 |
| 37 | 1.5902 | 1.1716 | 0.9625 | 8219 | 7159 | 6307 | 5596 | 4984 | 4449 | 3972 | 3542 | 3151 | 2793 | 2461 | 2154 | 1866 | 37 |
| 38 | 1.5786 | 1.1671 | 0.9597 | 8199 | 7143 | 6294 | 5585 | 4975 | 4440 | 3964 | 3535 | 3145 | 2787 | 2456 | 2149 | 1862 | 38 |
| 39 | 1.5673 | 1.1627 | 0.9570 | 8179 | 7128 | 6282 | 5574 | 4965 | 4432 | 3957 | 3529 | 3139 | 2781 | 2451 | 2144 | 1857 | 39 |
| 40 | 1.5563 | 1.1584 | 0.9542 | 8159 | 7112 | 6269 | 5563 | 4956 | 4424 | 3949 | 3522 | 3133 | 2775 | 2445 | 2139 | 1852 | 40 |
| 41 | 1.5456 | 1.1540 | 0.9515 | 8140 | 7097 | 6256 | 5552 | 4947 | 4415 | 3942 | 3515 | 3126 | 2770 | 2440 | 2134 | 1848 | 41 |
| 42 | 1.5351 | 1.1498 | 0.9488 | 8120 | 7081 | 6243 | 5541 | 4937 | 4407 | 3934 | 3508 | 3120 | 2764 | 2435 | 2129 | 1843 | 42 |
| 43 | 1.5249 | 1.1455 | 0.9462 | 8101 | 7066 | 6231 | 5531 | 4928 | 4399 | 3927 | 3501 | 3114 | 2758 | 2430 | 2124 | 1838 | 43 |
| 44 | 1.5149 | 1.1413 | 0.9435 | 8081 | 7050 | 6218 | 5520 | 4918 | 4390 | 3919 | 3495 | 3108 | 2753 | 2424 | 2119 | 1834 | 44 |
| 45 | 1.5051 | 1.1372 | 0.9409 | 8062 | 7035 | 6205 | 5509 | 4909 | 4382 | 3912 | 3488 | 3102 | 2747 | 2419 | 2114 | 1829 | 45 |
| 46 | 1.4956 | 1.1331 | 0.9383 | 8043 | 7020 | 6193 | 5498 | 4900 | 4374 | 3905 | 3481 | 3096 | 2741 | 2414 | 2109 | 1825 | 46 |
| 47 | 1.4863 | 1.1290 | 0.9356 | 8023 | 7005 | 6180 | 5488 | 4890 | 4365 | 3897 | 3475 | 3089 | 2736 | 2409 | 2104 | 1820 | 47 |
| 48 | 1.4771 | 1.1249 | 0.9330 | 8004 | 6990 | 6168 | 5477 | 4881 | 4357 | 3890 | 3468 | 3083 | 2730 | 2403 | 2099 | 1816 | 48 |
| 49 | 1.4682 | 1.1209 | 0.9305 | 7985 | 6975 | 6155 | 5466 | 4872 | 4349 | 3882 | 3461 | 3077 | 2724 | 2398 | 2095 | 1811 | 49 |
| 50 | 1.4594 | 1.1170 | 0.9279 | 7966 | 6960 | 6143 | 5456 | 4863 | 4341 | 3875 | 3454 | 3071 | 2719 | 2393 | 2090 | 1806 | 50 |
| 51 | 1.4508 | 1.1130 | 0.9254 | 7947 | 6945 | 6131 | 5445 | 4853 | 4333 | 3868 | 3448 | 3065 | 2713 | 2388 | 2085 | 1802 | 51 |
| 52 | 1.4424 | 1.1091 | 0.9228 | 7929 | 6930 | 6118 | 5435 | 4844 | 4324 | 3860 | 3441 | 3059 | 2707 | 2382 | 2080 | 1797 | 52 |
| 53 | 1.4341 | 1.1053 | 0.9203 | 7910 | 6915 | 6106 | 5424 | 4835 | 4316 | 3853 | 3434 | 3053 | 2702 | 2377 | 2075 | 1793 | 53 |
| 54 | 1.4260 | 1.1015 | 0.9178 | 7891 | 6900 | 6094 | 5414 | 4826 | 4308 | 3846 | 3428 | 3047 | 2696 | 2372 | 2070 | 1788 | 54 |
| 55 | 1.4180 | 1.0977 | 0.9153 | 7873 | 6885 | 6081 | 5403 | 4817 | 4300 | 3838 | 3421 | 3041 | 2691 | 2367 | 2065 | 1784 | 55 |
| 56 | 1.4102 | 1.0939 | 0.9128 | 7854 | 6871 | 6069 | 5393 | 4808 | 4292 | 3831 | 3415 | 3034 | 2685 | 2362 | 2061 | 1779 | 56 |
| 57 | 1.4025 | 1.0902 | 0.9104 | 7836 | 6856 | 6057 | 5382 | 4798 | 4284 | 3824 | 3408 | 3028 | 2679 | 2356 | 2056 | 1774 | 57 |
| 58 | 1.3949 | 1.0865 | 0.9079 | 7818 | 6841 | 6045 | 5372 | 4789 | 4276 | 3817 | 3401 | 3022 | 2674 | 2351 | 2051 | 1770 | 58 |
| 59 | 1.3875 | 1.0828 | 0.9055 | 7800 | 6827 | 6033 | 5361 | 4780 | 4268 | 3809 | 3395 | 3016 | 2668 | 2346 | 2046 | 1765 | 59 |
| | 0 | 1 | 2 | 3 | 4 | 5 | 6 | 7 | 8 | 9 | 10 | 11 | 12 | 13 | 14 | 15 | |

RULE: – Add proportional log. of planet's daily motion to log. of time from noon, and the sum will be the log. of the motion required. Add this to planet's place at noon, if time be p.m., but subtract if a.m., and the sum will be planet's true place. If Retrograde, subtract for p.m., but add for a.m.

What is the Long. of ☽ December 4, 2006 at 2.15 p.m.?
☽'s daily motion – 14° 12'
Prop. Log. of 14° 12' ......................2279
Prop. Log. of 2h. 15m. ......................1.0280
☽'s motion in 2h. 15m. = 1° 20' or Log. ..........1.2559

☽'s Long. = 5° ♊ 20' + 1° 20' = 6° ♊ 40'

The Daily Motions of the Sun, Moon, Mercury, Venus and Mars will be found on pages 26 to 28.